曾国藩
家书选注

【清】曾国藩　著

王海燕　王丽娟　编注

吉林出版集团股份有限公司｜全国百佳图书出版单位

图书在版编目（CIP）数据

曾国藩家书选注 /（清）曾国藩著 ；王海燕，王丽
娟编注 . -- 长春 : 吉林出版集团股份有限公司，2024.
8. --（曾国藩选集）. -- ISBN 978-7-5731-5611-2

Ⅰ . K827=52

中国国家版本馆 CIP 数据核字第 2024QJ2916 号

ZENG GUOFAN XUANJI

曾国藩选集

作　　者：[清]曾国藩　等 / 著　王海燕　王丽娟 / 编注
出版策划：崔文辉
项目执行：赵晓星
项目策划：于媛媛
责任编辑：姜婷婷　杨　蕊　李易媛
封面设计：观止堂 _ 未　氓
排　　版：长春美印图文设计有限公司
出　　版：吉林出版集团股份有限公司
　　　　　（长春市福祉大路 5788 号，邮政编码：130118）
发　　行：吉林出版集团译文图书经营有限公司
　　　　　（http://shop34896900.taobao.com）
电　　话：总编办 0431-81629909　　营销部 0431-81629880/81629881
印　　刷：三河市元兴印务有限公司
开　　本：787mm×1092mm　1/16
印　　张：96.75
字　　数：1180 千字
版　　次：2024 年 8 月第 1 版
印　　次：2024 年 8 月第 1 次印刷
书　　号：ISBN 978-7-5731-5611-2
定　　价：240.00 元（全四册）

印装错误请与承印厂联系　联系电话：15830621666

曾国藩像

妾欧阳氏敬禀

夫子大人福座劉得一到家接到所賜九
藥摺扇等件知目疾尚不十分碍事
欣喜之至服九藥甚相安然近日身
體頗好再做一丹亦不甚易應留自用
家中条宅平安諸事澤兒信中想
憂得詳矶即請
福安
妾謹呈
八旬孫媳

曾国藩夫人欧阳氏给曾国藩的家书遗墨

曾国藩长子曾纪泽像

曾国藩次子曾纪鸿与夫人郭筠像

诵苏贤乡夫人柱次屡闻乡间来画欣知
玉體諧適逷諸兒誦讀無間廣鍾偶惠瘀六族痊佳
潘六得正一品蔭生甚好門庭替續代衍喜氣元闓
何快此之廣鈞廣馆宜求　伯父丑六昧父之幕本留心
影荤我以不善書而畏諸昆季渠等宜補我之短非
賢鄉勤為訓迪至廣鈞寫信白字太多則宜先起草稿
請　省蕳先生删汲再行賸真務求寫得潦净矣
潤文理字體無一錯候苟字俗字力加懲汰年已十歲頒
書當讀二十遍者宜於無事時再加十遍溫書向讀六七十
葉若宗加至八九十葉挨寳繼暑砲三窝年總可日起有功
鄉前次西中欲塾一斤可著人往辥善堂取回冬間我必在
京購一斤以歸越也紀鸿娓携留住作課出洋之说弥此器钱
明年春闱六當努力一往餘不多及此請
近祺　誁切切好
紀鸿眉泐　二月初四

曾继鸿写给夫人的家书手迹

曾国藩小女曾纪芬像 曾国藩次女曾纪耀家书遗墨

曾纪芬九十大寿时的全家福（上海聂氏）

目　录

开篇：从高媚山下走来的一代名臣

> 高媚山下是侬家，岁岁年年斗物华。
>
> 老柏有情还忆我，天桃无语自开花。
>
> 几回南国思红豆，曾记西风浣碧纱。
>
> 最是故园难忘处，待莺亭畔路三叉。
>
> ——［清］曾国藩《乙未岁暮杂感》

　　200多年前的公元1811年，是由中国最后一个封建王朝的嘉庆皇帝统治的第十六年。这个嘉庆帝似乎并不走运。就在他刚刚从老爸乾隆帝手中接过康、雍、乾三朝百年盛世的仓廪衣钵，登基坐殿后的第六天，遍及川楚陕大地的白莲教起义爆发了，而且持续了九年仍未根绝。没过几年，北方各省又爆发了天理教大起义。他在执政的前二十年似乎无日不在为农民起义而烦恼忧叹，但他肯定想不到四十年后，他的子孙还要遭际远比这规模大的太平天国起义。尽管他在执政的二十四年间，大刀阔斧采取了许多整饬吏治腐败的措施，但这个王朝还是在他的手里开始走入了"嘉道中衰"时期。而后才有四面漏雨、八面透风又到处起火的所谓的"咸同中兴"时期。

这一年的农历十月，湖南湘乡县（今湖南省湘乡市）那片看万山红遍、层林尽染、漫江碧透的晚秋景色，已无可奈何地逝去，初冬季节已悄悄地却又不可阻挡地降临在四周的群山大地。湘乡城南百里之外的荷叶塘小镇，也笼罩在一片秋肃冬凉之中。尽管这里不似北方的十月那般肃杀苦寒，但毕竟是萧条冷酷的季节，那份寒意似乎更令人难以忍受。

政治气象由盛入衰自会令人心凉胆寒，而季节变换也是如此。由寒入暖时节自是令人日日舒服喜欢，而由暖入寒时节则自是让人天天难挨，周身总是凉飕飕的，冻得连情绪都热不起来。可是，在这个月份农历十一，公历11月26日这天，坐落在这个小镇高媚山下的白杨坪村，有一户人家却是热闹非凡、喜气洋洋。虽然已是子夜时分，大院各屋还是明堂蜡烛的灯火通明。原来这家的长房又添了一个长孙。这个出生的婴儿乳名叫宽一，他就是后来的曾国藩。

曾家大院从老太爷到小媳妇，男男女女、老老少少无不欢天喜地。尤其是四世同堂的大家长、老太爷竟希公，说他刚才梦中见一条巨蟒从半空中落入屋中，刚从梦中醒来，就听见了孩子出生的报喜声。这就更让一家人兴奋得不得了，认为这个孩子将来的前程一定不同凡响。蛇是什么？蛇是仅次于龙的吉祥象征，而且老蛇可化龙的呀？汉高祖刘邦、东吴大帝孙权、明太祖朱元璋，在民间传说中不都是有蛇缘的吗？这一家人就别提多高兴了。更让人惊奇的是，天亮时，人们发现院子里平地蹿出一根青藤，长得极快，后来把它盘缠的大树都缠死了，自己却长得如大灰蟒一般巨大。更奇怪的是在曾国藩去世那一年，这棵老藤竟也死去了。

这个有幸而又不幸的孩子从一出生就被家庭寄予了光宗

耀祖、振兴门庭的重任，给这个世代耕读勤俭礼仪，就是没有出过大官的家族，带来了遥远而又似乎立马可即的希望。但此时这个由鼎盛开始走向衰败的王朝掌门人，正在北方皇城乾清宫中熟睡的嘉庆帝，哪里会想到四十年后，正是这个乳名叫宽一的孩子，帮助他那些已经缺鳞损角飞不起来的龙子龙孙们，支撑起江南的半壁河山，并为已经让他看不到希望了的这个王朝继续苟延残喘而忠心耿耿、呕心沥血一生，成为这个危难四起、遍地狼烟的封建王朝的擎天白玉柱、架海紫金梁了呢！

当年这个曾氏家族在湘乡虽然不是富豪官宦人家，也谈不上书香门第，却是一个标准的耕读人家，很有名望的穷乡绅。据说这支曾氏子孙的远祖是曾子，初到湖南时落籍于衡阳。从曾国藩的曾祖父也就是太爷曾竟希那辈，始迁入湘乡荷花镇的白杨坪村，祖父叫曾玉屏，称星冈公；父亲叫曾麟书，称竹亭公。有一个叔叔叫曾骥云，称高轩公。曾麟书是星冈公的长子，曾国藩又是曾麟书的长子，是为长房长孙。这在家族中是很有地位的，犹如皇族中的太子，是未来的家族掌门人。而俗语则说"老儿子，大孙子，老太太的命根子"。所以曾国藩从出生开始就受到这个家族中所有成员的宠爱与敬重。

曾国藩这一代，共有亲兄妹九人，四女五男。长女是曾国藩的姐姐，叫曾国兰；其他三个女孩儿都是曾国藩的妹妹，依次为曾国蕙、曾国芝、早夭的小女儿。五男中曾国藩是老大，其他依次为曾国潢、曾国华、曾国荃、曾国葆。

曾国藩的乳名叫宽一，"入小学"时的学名叫子城，字伯函；二十岁时改号为涤生；二十七岁中进士入翰林院后又改名国藩。去世后谥号为文正公。当时的省官巡抚被称为中丞，两省以上的大区长官总督与各部尚书称中堂，凡是正副职的大学士又都可以被称为相爷。由于这些职务曾国藩都担任过，所以无论时人还是后人，对曾国藩的称呼极多。二弟曾国潢，字澄侯，又称辰君；三弟曾国华，字温甫，又称午君；四弟曾国荃，字沅浦；五弟曾国葆，字季洪，后改名贞幹、字事恒。曾国华、曾国荃在族中排行分别为老六、老九，所以又分称六弟、九弟。这些字、号、别名如果不搞清，读曾氏家书就很困难。所以一一列举于此。

人的许多个性、特点，都是天生的，并不完全可以靠后天习得与努力改变。就是唯物主义与现代科学研究成果也并不否认这一点。这个曾国藩从小就很特别。他的长相称不上美男子，也没有起起武夫气象，更不似孱弱书生，但天生性格倔强而又十分隐忍，天生统军当官的料。有史料称其"幼小时，状貌端重。自初生至三岁，庭户不闻啼泣声"。

曾国藩自幼便爱读书，十分受曾祖父竟希公的宠爱。五岁时就在家中开蒙，诵读都很聪明。从六岁开始入其父的私塾就学，学习很用功，但远非神童。他九岁时，二弟出生，老爸兼老师的竹亭公让他以"兄弟怡怡"为题，写一篇作文。阅卷后，竹亭公说道："文中有至性语，必能以孝友承其家矣。"从家书中观曾国藩一生之兄弟情，其父的评语信非虚言。

曾氏家族自入湖南以来，始终就是一个拥有百来亩土地的农户人家；到了祖父曾玉屏这一代，因其经常出头露面为人排解纠纷，成为乡里间头面人物，遂成穷乡绅。并下决心培养子弟攻读。长子曾麟书虽刻苦攻读，但考了十七次，连县门都没有考出去过，直到四十多岁，才考了一个秀才。终日在家开馆授学。但至此，曾家也算得上耕读人家了。而且代代有极严朴的家规家训，称得上很讲究的勤耕苦读有德望于乡里之人家。到了曾国藩这一代，老先生一定要把这个儿子培养起来，通过科举进入仕途来光大门第。老先生对于这个长子可谓耳提面命日夜不舍地教其诗书礼仪。但曾国藩的科举之路并不顺遂。

曾国藩十五岁时，父亲在家塾开始教他学习《周礼》《仪礼》《史记》《文选》，这也许正是他一生不舍经、史、文，而且学以致用，终至居外则有大儒、贤帅、名相之声闻，朝野皆碑，居家则有孝子、仁兄、严父之名望，见敬于族中乡间的几块奠基石吧。曾国藩十六岁时参加长沙府试，考取前七名；之后于衡阳、涟滨书院求学。他二十一岁时，父亲考中秀才。第二年，他在"县试"中也考取了秀才，但被通报批评试卷文理浅薄，大丢其丑，以至于令其念念不忘引为终生一辙。之后，他入岳麓书院求学，大有长进，屡获小试第一名，成为闻名乡里的青年才子。

曾国藩二十四岁时在"乡试"中考取了第三十六名举人，当年冬进京准备参加"会试"。可是贫窘的曾家竟连旅费都拿不出，连借数家都不得一文之助。后来还是一位远房叔伯，不顾自己家贫帮其凑齐了三十几缗钱，他才得以成行。后来曾国藩得第，一次就送给这位叔伯数百两白银，而且年年都有几十两礼敬钱相赠。就是他为丁父忧在家，仕途不顺，心中不胜烦忧之时，为了闭门谢客，得一时清静，也是跑到很远的这个叔伯家去隐居，令这位老伯受宠若惊，终生感动。这也是曾国藩一生只记人好，不记人恶的过人之处。凡在他贫贱之日对他有些微好处的人，他日后绝不吝惜钱财一一回报。尽管为此曾引发了兄弟间的大不快，但他此行终生不改，从不以积财为意，能施敬于人的就绝不吝啬。而自家兄弟于家事稍有挥霍铺张，就一定会大受其责，一切越简单越好。就是自己购置用品、书架、家具一类的东西，他也一定要把运费多少、工本费高低计算进去后，再决定到哪里去买，到哪里去加工，而对于他有恩之人，特别贫苦的亲旧，则念怀不忘、施济不辍、毫不吝惜。就是对引他入官场之门的老恩师穆彰阿，这个早已被人们遗忘冷弃、查抄革职的前朝遗老的后人，他也从不忘记，晚年还要登门拜访，给他的子女后人以周济，这也是穆彰阿提拔后进才俊的一番果报好处。

曾国藩带着这点路费，一路省吃俭用，但到了京城，也只剩下三串大钱，只能靠在京乡党故旧借钱度日。尽管曾国藩自考中秀才，中了举人，又在岳麓书院名声大噪，自己也雄心勃勃、自信百倍地来京赶考，但可惜的是天不遂人愿，这次第一次考进士，便名落孙山。

但由于这一年，皇太后过六十大寿，给天下举子学人一次特殊的惠顾，格外施恩，皇上决定在正科会试后，再加一次"恩科"会试，这就给天下的举人们一个提前三年的大比机会。此时二十四岁的曾国藩虽然在大比考场上一战铩羽，但既不灰心也不甘心，并没有打马回乡，而是留在京城中的长沙会馆，严治古诗文，苦读经史。到了第二年春天，他直接参加了皇恩浩荡的"恩科"会试，结果仍旧无以及第。这对于一个二十五岁的年轻人而言，无异于雪上加霜了。但这也许是天将降大任于斯人必须要履行的一道程序吧。曾国藩的长处在于凡事不怨天尤人，多反躬自求。他知道怨天尤人者多是无能之辈，更知道临渊羡鱼不如退而结网的道理，于是，接连败北于科场的曾国藩打点好行装南归。途中，他借钱买了一套二十三史，回到湖南老家，闭门谢客，日夜苦读，"晨起而读，中夜而休，泛览百家，足不出户者几一年"。曾国藩后来谆谆教导子弟"勤、专、精"，也许正是这一年的深切体悟吧。他又遍访名师，与湖南名士交游切磋琢磨。尤其是他在二十六岁这年在长沙结识了刘蓉、郭嵩焘这两位终生之交，同时也结识了诸多后来事业上的好帮手。

转眼间，三年过去了，又到了进京大比会试之年。1838

年，即道光十八年，这位二十七岁的湖南青年，又背着行囊，从高嵋山下的乡间小路出发，踏上了艰难而无常的第三次科举会试之路。什么是路？在一条线上走的次数多了，本没路、不是路的地方，也就变成路了。走得多了、久了，脚下的那些绊脚杂石、障道荆榛、连天荒草都会为你闪开。所以走多了的地方就有路，而且走多了，就是轻车熟路。不但怎么走心中有数，而且走得也轻快多了，就像高嵋山下、待莺亭前的那条三岔路口一样，曾国藩走惯了，不加辨认思考便知道哪个岔口通往哪里。可是哪一天你停下了脚步，不去走了，那里的路就变成了荒野。所以曾国藩又不断地教导自己的子弟做事要善终，要有恒。

苍天不负有心人，有志者事竟成。从六岁开始寒窗苦读了二十年的曾国藩，这次参加天下举子的大比会试，终于开花结果。在这次会试的中试、复试、殿试中，一路势如破竹、披沙拣金、榜上有名。值得一提的是，曾国藩初始的战绩并不好，中试只考取了第三十八名，复试只取了个三甲第四十二名。如果只考到这个成绩，仅仅能被视同为进士，叫作"赐同进士出身"，意思是说水平不够进士的资格，但也已经不容易了，恩赐一个"视同"吧。曾国藩的学问并不差，但他有两个弱项：一个是毛笔字写得一般，一个是古诗文一般。这就是他得不到高分的致命弱点。这也是他后半生致力于"作字"与古诗，并教导自己的子弟在这两方面要努力，以补自己终生之自惭的原因所在吧。但他的强项是经世致用的问对、策论，很有思想性，很有自己的见地。但在判卷先生那里，如果字写不好，诗作又一般，就有问题了，肯定会大大扣分。所以过了中试，复试又进了大线，这已是不易，更何况还有第三关——皇帝亲自坐镇的"朝试"呢！

人走厄运时，一不顺百不顺，凡事毫无希望，就像海明威的老渔夫，一连八十四天竟然一条鱼也不上钩。可是运气来临时，你挡都挡不住，好事想不要都不行。这次会试就是曾国藩的人走时气马走膘，红运当头之时。这次会试的总考官是当朝首辅穆彰阿，试题又是皇帝亲自命题：一是《言必信，行必果》，二是《万物并育而不相害，道并行而不相悖》，三是《颂其诗，读其书，不知其人可乎？》。这些都是曾国藩的强项，所以尽管成绩并不理想，但他总算连过两关，进了"录取线"，至少弄个"准进士"了。而且穆彰阿对这个小青年有了十分好的印象，从而令他在仕途之初便得着先鞭，且一路领先。当然，工匠的手艺再高，你自己首先得是那块好料。尽管好的工匠有化腐朽为神奇的本事，但谁会看上一块朽木呢？

接下来的朝考三试的题目则是《顺性命之理论》。尽管曾国藩由于成绩不佳而有心无心很勉强地参加了这最后一关的考试，但却考取了比前两关都好的成绩，列为一等第三名。加之极力网罗人才培植"穆党"的穆彰阿，把他的卷子送给道光皇帝看时，皇帝十分欣赏，竟然御笔亲点，把他从第三名提升为第二名。这一下，他的进士出身不仅不再是恩赐视同了，而且他可以直接留在翰林院，由考生变成了"庶吉士"，也就是翰林院的试用人员，职级却一步到位，直接定为从七品。但这个"庶吉士"身份的试用期很长，三年之内还要经过一次考试过关，才能留用于翰林院；过不了关的便会派到各地或各部委任吏员。这翰林院虽是朝中无职无权的清水衙门，但却是这个王朝的人才储备库，相当多的"院士"都由此而步入发达显赫的仕途。

曾国藩在被任为翰林院庶吉士的当年年底便请假回乡。因为庶吉士的职位是一个试用备选职位，可留京读学深造，也可回乡自学。所以曾国藩在家乡度过了近一年的时光，才在第二年也就是道光十九年（1839年）的十一月初二日，在他的长子曾纪泽出生那天，正式起程赴京，去开始了他的"京官"生活，步入了他一生政治生涯的"三岔路口"：凡在此供职者既是穷达两由，前途未卜，又是光明一片，海阔天空。这样的位置对于一个从山乡中走来的布衣农耕家子弟，也几乎是可望而不可即的了。

前面的那首诗就是曾国藩在京为官时所写下的一首怀乡小诗。此时也许连他自己也想不到十年内竟然连升七级，从从七品一路晋升到正二品；更想不到自己这样一个从高嵋山下普通农家走出来的山乡青年，在十几年后成为领兵元戎，封侯拜相，转战南北，驰骋大半个中国，成为清朝最强悍沉雄的雕鹰猎犬，成为清朝历史上的一代名臣。后人把"曾左彭胡"称为"咸同中兴"的四大名臣，其实在曾国藩面前，左中棠、彭玉麟、胡林翼，包括李鸿章，都不过是曾国藩一手提拔起来的部将，且大多是应执弟子门生之礼者。曾国藩是那个时代的佼佼者，无论资历、做人、学问、为官、功业都称得上"祖师爷"。

曾国藩生于嘉庆十六年（1811年），历经道光、咸丰年间，卒于同治十一年（1872年），享年六十一岁，先后经历了"嘉道中衰""咸同中兴"两个历史时期。个人经历大体可以分为以下几个阶段：

第一阶段：1811年—1814年，为幼儿时期。

第二阶段：1815年—1838年，为启蒙、求学、考取功名时期。

四岁启蒙；六岁入塾学；十五岁受学科举课程；二十三岁考取秀才；二十四岁考取举人；二十七岁入京参加会试，考为进士，进入朝廷的"人才库"翰林院。

第三阶段：1839年—1852年，为十三年的"京官"时代。

这一阶段的前十年，连升七级，从一个从七品小官，一路晋升为二品大员——先后任礼部、兵部等六部的侍郎。这一阶段，曾国藩并无大作为，除了官场交往、潜心治学、上了几道奏折很出风头外，其余乏善可陈，而且很受朝臣嫉妒。他深知官场政治弊端后，对朝廷很是失望。尤其是这一阶段欣赏他的道光皇帝去世，他的恩师穆彰阿被咸丰革职，他又大胆向新皇帝批评谏议，虽然表面上很受表扬，但实际上开始被冷遇，所以对朝政很是绝望。对京官生活也厌倦了。

第四阶段：1853年—1866年，为"军旅"时期。

这十三年也是他一生中最为艰辛且鼎盛的时期。1851年，太平天国金田起义；1852年，太平军攻入两湖一带。正值曾国藩奉令赴江西任乡试正考官，中途闻母丧，回乡丁忧在家。1853年1月，奉旨以朝臣身份留乡在长沙办团练创湘军，与太平军作战。前几年始终以"民兵"身份征战于大江南北，受尽地方官与国军绿营兵的排挤、嘲讽、屈辱，忍气吞声，克尽千辛万苦，历尽胜败坎坷，九死一生，仍不得朝廷信任、重用。直到咸丰十年（1860年），在清军主力江南、江北大营，悉数被太平军歼灭，朝廷所信任的绿营兵彻底丧失了战斗力，朝廷的那些督抚将帅、地方大员悉数走、死、逃、亡，东南半壁战局一败涂地不可收拾又无人可派之际，朝廷才决意起用曾国藩，先后任命他为两江总督，直辖江苏、江西、安徽三省，后来把浙江也交给他，并授以兵部尚书衔、钦差大臣身份，总督东南各省战事，并明令授权以上各省军政要员、大江南北各种武装力量都要服从他的指挥。

此时的曾国藩，在中国土地上，除了皇帝之外，似乎没有谁比他拥有更大的权力；而且经过了七年之久的战争考验，湘军这支原本只有一万七千余人的地方民间近似家族式的"民兵"，也已经成长壮大为一支近三十万人的水陆兼备的拥有强大战斗力的武装力量。水师闻名天下，陆军也是国内一流。曾国藩率领这支大军，又经历了四年多的浴血苦战，终于结束了长江中下游南北数省的战事，同治三年（1864年）五月，攻克南京，太平天国宣告失败，余部与北方的捻军会合继续与清军战斗。

南京战后，曾国藩封为一等侯，加封太子太保，成为朝中最高级别的一品大员。但同时也遭受了皇上的猜忌与满朝文武乃至湘军内部的攻击。因为他此时不仅是亲掌重兵在外的军事统帅，也是拥有数省行政权力的总督、兵部尚书、钦差大臣，而且还是汉人；且军功已到了功高不赏的极限；再加之名、位、权、势都到了足以令朝野望而生妒的地步，更有他要进南京当皇帝反清的说法。他真的是到了峣峣者易折的危境绝地。连他自己都日夜忧患恐惧不已。亏得他早为防范，马上在战后采取了主动裁军，兄弟要求解甲归田，修满城、修贡院，向皇上大表忠心、谦恭自退等一系列的明哲保身的措施，才使朝廷释疑，平息了对他的攻击，他也方得平顺过关，免遭了兔死狗烹的命运。

同治四年，即1865年，正当曾氏兄弟准备在南京战后全身而退，过一点安生日子的时候，在北方负责剿捻的蒙古族亲王僧格林沁阵亡。朝廷又先后派曾氏兄弟奔赴北方战场。但由于剿捻不力，在曾国藩本人不断申请辞职的情况下，朝廷在同治五年，即1866年年底，将其调回两江总督任上，而由李鸿章接替剿捻总指挥使。至此，他长达十三年之久的军旅生涯结束了。

第五阶段：1867年—1872年，为衰退时期。

曾国藩从平捻前线回任两江总督后不久，朝廷对他格外开恩，先后授予他体仁阁大学士、武英殿大学士，相当于一品大员，是可以与满人首辅倭仁分庭抗礼的汉人朝臣的第一把交椅，朝廷对他依然很倚重。但他身体与精神状态已经渐渐不堪重任，多病在身，不但双目渐近失明，而且经常头晕目眩，难于行走。在同治七年，他被调任为直隶总督，即地方总督中的最高职位。到了同治九年，曾国藩右目失明，随着肝病、高血压症的日益严重，不得不休假。此时，他已年近六十。在他六十大寿时，同治帝亲赐"勋高柱石"的御书匾额与生日贺礼。这对晚年多病的曾国藩无疑是一种极大的安慰。但恰巧天津教案发生，弄得国际上沸反盈天，又大有八国联军进北京的趋势，战端一触即发。这位老相爷于病中又奉命从总督驻地保定赶往天津处理教案，协调与外国的关系。此行之后，他一生的名节几乎败毁，受到朝野的猛烈攻击。恰巧此时两江总督遇刺身亡，朝廷便把他又调回南京任两江总督，由李鸿章来办结教案。在重回两江任上这两年，曾国藩基本上致力于洋务运动之兴起。

到了同治十一年，即1872年，曾国藩已六十一岁。3月12日午后，他在两江总督府衙花园中散步时，突然中风，两脚麻木不能行走，由长子曾纪泽扶回书房，端坐三刻而身亡。朝廷闻讣，罢朝三日，以示致哀，追赠太傅衔，谥号文正。6月25日灵柩至长沙。7月19日，归葬长沙城南金盆岭。次年改葬望城县（今湖南省长沙市望城区）湘西伏龙山，与夫人欧阳氏合葬。

这就是曾国藩一生的经历梗概。

曾国藩的一生无论生前身后，时人与后人，对他的评价呈现两个极端。称赞他的把他视为圣人、贤相、大儒、一代名臣，攻击他的说他是刽子手、卖国贼、一代元凶。但曾国藩的一生，总归是不同凡响的一生，有值得吸取的经验教训，也有许多对人有教益的东西。他有成功之处，也有失败之处，更何况人总是历史的产物，不过如河流中翻转沉浮的一翎鹅毛，不可能完全自主。但不管怎样，一直到今天，他仍旧能在世人心中有那样大的影响力，似乎总该有他让人佩服称赞之处吧。

读过他的传记、家书后，绝不想再从任何角度来评价他，只感到一种人生的悲凉，一种有意义与无意义、有价值与无价值、进与退、行与藏、取与舍、理想与现实、个人与社会、苦与乐互相矛盾纠结而又统一胶着的沉重。官场、政治、战争与社会物质同样，都是人的产品；但人又反过来为自己的产品所影响，所左右；人又会利用自己的产品来影响、左右他人。人无一例外地在利用着所遇到的一切条件，人也无一例外地被利用着。人无时无刻不在"生产"，人又无时无刻不在"被生产"。人无时无刻不在消费，人又无时无刻不在被消费。这也许就是所有人都无法逃逸规避的命运吧。

午夜掩卷沉思，写下几首小诗，把它记下来，算作一份读后感吧：

红楼一把辛酸泪，虎帐万斛甘苦汁。
十年百战几生死，患败忧胜皆谤词。
时人多讥皇家猜，齿摇目矇胆寒时。
换得封侯拜相日，客死蕉鹿梦得失。

原本三湘农家子，百年身后名两歧。
当年底事有谁知，后人妄评说梦痴。
平生未起龙蛇心，所求不过耀祖祠。
人性使然皆如此，世人何必论公私。
宦海荣辱两登峰，生前身后种种名。

做人五伦无愧怍，居官三纲有襟胸。

修齐治平称绝儒，众口悠悠罪元凶。

闲来无能嚼能者，横批名人为出名。

人生谁能逾百年，生占一床死一棺。

所搏都是身外物，无非自炫于人前。

他人口舌他人嚼，我行何碍我自然。

无负胸中平生愿，不虚此行人世间。

不管时人、世人、后人怎样评说，曾国藩的一生自是不同凡响的一生。而他一生的心路历程，也许通过他的家书，能够更真实地看清楚一些。家书中所陈述的诸多做人、做事、做官的道理，对人还是有不同方面、不同程度的启示的。这也正是本书的价值所在。

1

禀父母：报入京一路平安及京中之事

〔**提要**〕这是曾国藩自道光十九年（1839年），从湖南老家起程赴京任职后，于次年初在北京写给父母的一封报平安的家书。信中所述大体三事：其一，报一路平安；其二，叙京中生活起居；其三，叙皇宫及同年、同乡京官生死沉浮等事。该信为一般报平安家书，无多实际内容。但在文献资料所存曾氏家书中，似为最早的一封，当视为曾氏一生转折的一个早期里程标志，故选收为开篇。

男国藩跪禀父亲母亲大人膝下：

去年十二月十六日，男在汉口寄家信，①付湘潭人和纸行，不知已收到否？后于廿一日在汉口开车。二人共雇二把手小车六辆，男占三辆半。行三百馀里，至河南八里汉度岁。正月初二日开车，初七日至周家口，即换大车。雇三套篷车二辆，每套钱十五千文。男占四套，朱占二套。初九日开车，十二日至河南省城，拜客耽搁四天，获百馀金。十六日起行，即于是日三更趁风平浪静径渡黄河。廿八日到京。一路清吉平安，天气亦好，惟过年二天微雪耳。到京在长郡会馆卸车。二月初一日移寓南横街千佛庵。屋四间，每月赁钱四千文，与梅、陈二人居址甚近。三人联会，间日一课。每课一赋一诗誊真。初八日是汤中堂老师大课，题"智若禹之行水赋"，以"行所无事则智大矣"为韵；诗题"赋得池面鱼吹柳絮行"得"吹"字。三月尚有大课一次。②

同年未到者不过一二人，梅、陈二人皆正月始到。岱云江南、山东之行无甚佳处，到京除偿债外，不过存二三百金，又有八口之家。

男路上用去百金，刻下光景颇好。接家眷之说，郑小珊现无回信。伊若允诺，似尽妥妙；如其不可，则另图善计，或缓一二年亦可，因儿子太小故也。③家中诸事都不挂念，惟诸弟读书不知有进境否？须将所作文字诗赋寄一二首来京。丹阁叔大作亦望寄示。男在京一切谨慎，家中尽可放心。

又禀者：大行皇后于正月十一日升遐，百日以内禁剃发，期年禁燕会音乐。何仙槎年伯于二月初五日溘逝。是日男在何家早饭，并未闻其大病，不数刻而凶问至矣。没后，加太子太保衔。其次子何子毅，已于去年十一月物故。自前年出京后，同乡相继殂逝者：夏一卿、李高衢、杨宝筠三主事，熊子谦、谢切庵及何氏父子凡七人。光景为之一变。④男现慎保身体，自奉颇厚。

季仙九师升正詹，放浙江学政，初十日出京。廖钰夫师升尚书。吴甄甫师任福建巡抚。朱师、徐师灵榇，并已回南矣。

詹有乾家墨到京竟不可用，以胶太重也。拟仍付回，或退或用随便。接家眷事，三月又有信回。家中信来，须将本房及各亲戚家附载详明，堂上各老人须一一分叙，以烦琐为贵。

　　谨此跪禀万福金安！

　　　　　　　　　　　　　　　　二月初九日

【注释品札】

走马上任的翰林院"试用生"

　　①"男在汉口寄家信"句：1838年，曾国藩二十七岁，入京第三次参加会试，四月得中进士，五月进入翰林院为庶吉士，也就是见习试用人员。当年年底回乡探亲。家居近一年，于次年十一月初二起程进京。一路先由湘乡至长沙，由水路至武汉；然后由陆路雇大、小车，于河南境内过春节；正月初二再起程，过郑州，渡黄河，于正月二十八到北京。前后历时竟达三个月零二十六天，足见当时交通之不便，出行舟车劳顿之苦。当然，其中不乏各处拜访、逗留之时日。

　　②"三月尚有大课一次"句：当年曾氏初入翰林院，只是被定职为"庶吉士"，这个职务只是一个从七品"副处级"的见习试用人员。"试用期"为三年。三年期满还要经历一次考试评定，合格者可留任翰林院为"正式员工"，不合格者便淘汰或外派。这三年"庶吉士"干什么呢？主要任务是学习，继续提高深造。但学习的方式随便，自修、入馆、回乡、留京都可以，所以称"散馆"。但不管如何"散"，只要考试合格就可以。曾国藩这次入京，主要准备考试过关。所以在考前还要听一些"老师"们的辅导大课与模拟考试。不久，曾氏考试过关，正式留任翰林院供职。

　　③"因儿子太小故也"句：曾国藩启程入京那天，他的长

子曾纪泽正好出生。所以他只能只身入京。到了第二年，欧阳夫人才携子入京。同行的还有父亲与九弟曾国荃。其父不久返乡，曾国荃留在曾国藩身边教习功课，准备让他走科举之路。但曾国荃并不用心于此，也过不惯京都小家的城市生活，后来坚决要求回湖南老家。直到太平天国兴起，他随兄参加了湘军，才有了后来因军功而封一等伯，晋升为湖北巡抚等封疆大吏的前程。

学会超然、坦然、泰然、自然的人生态度

④ "光景为之一变"句：这一段叙述宫中及湖南籍京官的倏忽亡故之事。传说麻姑去赴王母娘娘蟠桃宴时，路过大海，在天上看到大海那般茫茫无际，便说要把这沧海买下来，让它变成桑田该多好。其实，人世沧桑是一种必然，何须去买？人事有代谢，往来成古今，这是自然法则所规定的，人力不可抗拒。人的生命也是同样，由幼而壮，由盛年到衰老死亡，就像树上的叶子一样，秋天的叶子不落，春天的新芽儿往哪里长呢？人的祸福吉凶也同样，常祸与永福，久逆而恒顺者，都是难得之例外。观曾国藩青年时代的一日千里，春风得意马蹄疾，书生意气挥斥方遒；中年的坎坷、劫难与一峰突起丘陵妒的骤然崛起；晚年的强弩之末，无边落木萧萧下般的凄苦悲凉，正是沧海桑田的变律，也是一种必然。所以，人生最要紧的态度是要学会面对，学会超然、坦然、泰然、自然。

所谓"淡"，凡事不要太热衷、偏执，要做到冷热平衡；所谓"定"，对任何事变，要有定力，宠辱不惊，得之不喜，失之不忧，不患得患失。所谓"超然"，不为外物所动心，所诱惑，超然于物外，超越于自我；所谓"坦然"，一切敢于、

肯于无所畏惧地面对；所谓"泰然"，不管处于什么境况之下，都能从容应对，游刃有余，不惊慌失措；所谓"自然"，凡事不强求，顺其自然，水到渠成，瓜熟蒂落，学会"待熟说"。人生能达到"四然"境界，可称之为俗世之仙人；能达其一二境界，亦可称为俗世之非常之人；游离进出于四境之内外者，为世俗之常人；一境一界而不能入，则为纯粹世俗之凡人、庸人。

② 致诸弟：教为官不知修己治人之道 与牧猪奴何异

〔**提要**〕这是曾国藩任京官时寄诸弟的一封家书。其基本思想有四：其一，人不读书无以为完美之人；其二，读书人必从读《大学》开始，从"三纲领"开始，要以修身为目的；其三，当官不懂得"修己治人之道"，便与乡村中的小猪倌没什么两样；其四，读书当以立志为先，人之立志亦分为大志、小志。一身一家世俗得失之志为小志，修身立德忧乐于天下为大志。信中尤其对"格物""致知""诚意"，做了十分精辟独到的阐释。

诸位贤弟足下：

十月廿一，接九弟①在长沙所发信，内途中日记六叶，外药子一包。廿二，接九月初二日家信。欣悉以慰！

自九弟出京后，余无日不忧虑，诚恐道路变故多端，难以臆揣。及读来书，果不出吾所料，千辛万苦，始得到家。幸哉幸哉！郑伴之不足恃，余早已知之矣。郁滋堂如此之好，余实不胜感激。在长沙时，曾未道及彭山屺，何也？又为祖母买皮袄，极好极好，可以补吾之过矣。

观四弟来信甚详，其发奋自励之志溢于行间；然必欲找馆出外，此何意也？不过谓家塾离家太近，容易耽搁，不如出外较清净耳。然出外从师，则无甚耽阁；若出外教书，其耽搁更甚于家塾矣。且苟能发奋自立，则家塾可读书，即旷野之地、热闹之场，亦可读书，负薪牧豕，皆可读书。苟不能发奋自立，则家塾不宜读书，即清净之乡、神仙之境，皆不能读书。何必择地，何必择时，但自问立志之真不真耳。

六弟自怨数奇，②余亦深以为然。然屈于小试，辄发牢骚，吾窃笑其志之小而所忧之不大也。君子之立志也，有民胞物与之量，有内圣外王之业，而后不忝于父母之生，不愧为天地之完人。故其为忧也，以不如舜、不如周公为忧也，以德不修、学不讲为忧也。是故顽民梗化，则忧之；蛮夷猾夏，则忧之；小人在位、贤才否闭，则忧之；匹夫匹妇不被己泽，则忧之。所谓悲天命而悯人穷，此君子之所忧也。若夫一身之屈伸、一家之饥饱，世俗之荣辱得失、贵贱毁誉，君子固不暇忧及此也。六弟屈于小试，自称数奇，余窃笑其所忧之不大也。

盖人不读书则已，亦既自名曰读书人，则必从事于《大学》。《大学》之纲领有三：明德、新民、止至善，③皆我分内事也。若读书不能体贴到身上去，谓此三项与我身了不相涉，则读书何用？虽使能文能诗、博雅自诩，亦只算得识字之牧猪奴④耳，岂得谓之明理有用之人也乎？朝廷以制艺取士，亦谓其能代圣贤立言，必能明圣贤之理，行圣贤之行，可以居官莅民，整躬率物也。若以明德、新民为分外事，则虽能文能诗，而于修己治人之道实茫然不讲，朝廷用此等人作官，与用牧猪奴作官，何以异哉？

　　然则既自名为读书人，则《大学》之纲领皆己身切要之事明矣。其条目有八。自我观之，其致功之处，则仅二者而已：曰格物，曰诚意。**格物，致知之事也。诚意，力行之事也。**物者何？即所谓本末之物也。身、心、意、知、家、国、天下，皆物也，天地万物，皆物也。日用常行之事，皆物也。**格者，即物而穷其理也。**如事亲定省，物也。究其所以当定省之理，即格物也。事兄随行，物也。究其所以当随行之理，即格物也。吾心，物也。究其存心之理，又博究其省察涵养以存心之理，即格物也。吾身，物也。究其敬身之理，又博究其之齐坐尸以敬身之理，即格物也。每日所看之书，句句皆物也。**切己体察，穷究其理，即格物也。此致知之事也。所谓诚意者，即其所知而力行之，是不欺也。知一句便行一句，此力行之事也。此二者并进，下学在此，上达亦在此。**

　　吾友吴竹如格物工夫颇深，一事一物，皆求其理。倭艮峰先生则诚意工夫极严，每日有日课册。一日之中，一念之差，一事之失，一言一默，皆笔之于书，书皆楷字。三月则订一本。自乙未年起，今三十本矣。盖其慎独之严，虽妄念偶动，必即时克治，而著之于书。故所读之书，句句皆切身之要药。兹将艮峰先生日课，抄三叶付归，与诸弟看。

　　余自十月初一日起，亦照艮峰样，每日一念一事，皆写之于册，以便触目克治，亦写楷书。冯树堂与余同日记起，亦有日课册。树堂极为虚心，爱我如兄，敬我如师，将来必有所成。余向来有无恒之弊，自此次写日课本子起，可保终身有恒矣。盖明师益友，重重夹持，能进不能退也。本欲抄余日课册付诸弟阅，因今日镜海先生来，要将本子带回去，故不及抄。十一月有折差，准抄几叶付回也。

余之益友，如倭艮峰之瑟僴，令人对之肃然。吴竹如、窦兰泉之精义，一言一事，必求至是。吴子序、邵蕙西之谈经，深思明辨。何子贞之谈字，其精妙处，无一不合，其谈诗尤最符契。子贞深喜吾诗，故吾自十月来，已作诗十八首，兹抄二叶付回，与诸弟阅。冯树堂、陈岱云之立志，汲汲不遑，亦良友也。镜海先生，吾虽未尝执贽请业，而心已师之矣。

吾每作书与诸弟，不觉其言之长，想诸弟或厌烦难看矣。然诸弟苟有长信与我，我实乐之，如获至宝，人固各有性情也。

余自十月初一起记日课，念念欲改过自新。思从前与小珊有隙，实是一朝之忿，不近人情，即欲登门谢罪。恰好初九日小珊来拜寿，是夜余即至小珊家久谈。十三日与岱云合伙请小珊吃饭。从此欢笑如初，前隙尽释矣。金竺虔报满用知县，现住小珊家。喉痛月馀，现已全好。李笔峰在汤家如故。易莲舫要出门就馆，现亦甚用功，亦学倭艮峰者也。同乡李石梧已升陕西巡抚。两大将军皆锁拿解京治罪，拟斩监候。英夷之事业已和抚，去银二千一百万两，又各处让他码头五处。现在英夷已全退矣。两江总督牛鉴亦锁解刑部治罪。

近事大略如此。容再续书。

兄国藩手具。

十月廿六日

【注释品札】

曾氏五兄弟之始终

① "九弟"：指曾国藩的四弟曾国荃。

曾国藩本兄弟五人，曾国藩是长子。二弟为曾国潢，字澄侯，小曾国藩九岁，一生无所成。太平天国兴起时，曾国潢在家乡办团练自卫，常借势杀人。县官因惧曾氏之势力，也无可奈何。曾国藩回乡探家时知此事后，便用锥子扎曾国潢的腿。曾国潢大叫呼痛。曾国藩便问他："你杀人就不痛吗？"曾氏兄弟五人中，四人均驰骋沙场，只曾国潢一人终身料理家务。

三弟曾国华，字温甫，比曾国藩小十一岁。因叔父无子，便过继给叔父为子。少年读书无成，功名不就。咸丰五年，曾国藩统兵于江西，被围困危机中，曾国华才奔走于武昌求救，率五千清兵赶赴江西救兄难。后来曾国华跟随李续宾转战皖南，在太平军三河大捷中，与李一同战死。

曾国藩的四弟就是曾国荃，字沅甫，比曾国藩小十三岁。曾国藩初为京官于翰林院时，就带他入京培植，曾国荃时年十四岁。后曾国荃一生追随镇压太平军与捻军，为其兄主要军事臂助，因军功封为地方大吏，与其兄比肩的一等侯。

曾国藩的五弟为曾国葆，字季洪，后改名贞幹，字事恒，比曾国藩小十七岁，很有才干，从小便不肯走科举之路。后曾国葆随曾国藩办团练、组湘军，为人很有见识。随湘军东征初败后回乡避居山中，不与人交往，不肯入世入仕。直到哥哥曾国华在三河战死后，他才重新出山从军，追随胡林翼，发誓为兄报仇。他先后与曾国荃会师安庆、南京，因战功封为知府，后病死于军中。

曾国藩的家书多是写给这几个弟弟的。沅弟便是曾国荃，澄弟便是曾国潢，温弟便是曾国华，季弟便是曾国葆。因曾国华排老六，也称六弟；曾国荃在兄妹中排行老九，所以又称九弟，后带湘军征战，军中又称其为"九帅"，以别于曾国藩。

②"六弟自怨数奇"句：六弟科举不顺，抱怨自己命运不好。

《大学》"三纲领"之要义

③"明德、新民、止至善"：为《大学》的"三纲领"。明德：指人应通过学习，明白做人的德行、道理。新民：四书原版"亲民"。宋朝的程子认为亲民即新民——以德使天下人自新。止至善：做人要达到完美的境界。明德为自身修养之途。新民为教化影响他人。止至善为修己化人不止不休。

无知者岂得牧民

④"牧猪奴"：即农村的猪倌，旧日农村每村都有放猪的，早晨把全村的猪收拢到一起，到村外去放牧，晚上归来。猪倌多是没钱读书的穷人家的小孩子。在这里，曾国藩以猪倌代指无知之人、无识之人，认为无知者牧猪尚可，牧民则大谬必然，为官者当晓"修己治人之道"，不修身则无以服人，而人非可治者，为官须懂得人性，方有"治"可望。

3

致诸弟：教终身不辍者三事，读书者三不可缺

〔提要〕这是曾公于京为官时写给诸弟的家书。该信基本思想有三：其一，立志自新者有三件事终生不可废止：日记日思己过；每日读书；每日茶余饭后与人交流小谈，并记手札一则。其二，交友当以纠正自己的不足为目的。其三，读书有三者不可缺一之要诀——有志、有识、有恒。信中多述京中家事，读来亦颇有兴味，字里行间充满亲情。

诸位贤弟足下：

十一月十七寄第三号信，想已收到。父亲到县纳漕，诸弟何不寄一信，交县城转寄省城也？以后凡遇有便，即须寄信。切要切要！九弟到家，遍走各亲戚家，必各有一番景况，何不详以告我？

四妹小产，以后生育颇难，然此事最大，断不可以人力勉强，劝渠家只须听其自然，不可过于矜持。又闻四妹起最晏，往往其姑反服事她，此反常之事，最足折福，天下未有不孝之妇而可得好处者，诸弟必须时劝导之，晓之以大义。

诸弟在家读书，不审每日如何用功？余自十月初一立志自新以来，虽懒惰如故，而每日楷书写日记，每日读史十叶，每日记《茶馀偶谈》一则，此三事未尝一日间断。①十月廿一日立誓永戒吃水烟，洎今已两月不吃烟，已习惯成自然矣。予自立课程甚多，惟记《茶馀偶谈》、读史十叶、写日记楷本此三事者，誓终身不间断也。诸弟每人自立课程，必须有日日不断之功，虽行船走路，俱须带在身边。除此三事外，他课程不必能有成，而此三事者将终身以之。

前立志作予《曾氏家训》一部，曾与九弟详细道及。后因采择经史，若非经史烂熟胸中，则割裂零碎，毫无线索；至于采择诸子各家之言，尤为浩繁，虽抄数百卷，犹不能尽收。然后知古人作《大学衍义》《衍义补》诸书，乃胸中自有条例，自有议论，而随便引书以证明之，非翻书而遍抄之也。然后知著书之难，故暂且不作《曾氏家训》，若将来胸中道理愈多，议论愈贯串，仍当为之。

现在朋友愈多：讲躬行心得者，则有镜海先生、艮峰前辈、吴竹如、窦兰泉、冯树堂；穷经知道者，则有吴子序、邵蕙西；讲诗文、字而艺通于道者，则有何子贞；才气奔放，则有汤海秋；英气逼人志大神静，则有黄子寿。又有王少鹤（名锡振，广西主事，年廿七岁，张筱浦之妹夫）、朱廉甫（名琦，广西乙未翰林）、吴莘畬（名尚志，广东人，吴抚台之世兄）、庞作人（名文寿，浙江人）。此四君者，皆闻予名而先来拜。虽所造有浅深，要皆有志之士，不甘居于庸碌者也。京师为人文渊薮，不求则无之，愈求则愈出。②近来闻好友甚多，予不欲先去拜别人，恐徒标榜虚声。盖求友以匡己之不逮，此大益也；标榜以盗虚名，是大损也。天下有益之事，既有足损者寓乎其中，^③不可不辨。

黄子寿近作《选将论》一篇，共六千馀字，真奇才也！子寿戊戌年始作破题，而六年之中，遂成大学问，此天分独绝，万不可学而至，诸弟不必震而惊之。予不愿诸弟学他，但愿诸弟学吴世兄、何世兄。吴竹如之世兄，现亦学艮峰先生写日记，言有矩，动有法，其静气实实可爱。何子贞之世兄，每日自朝至夕总是温书，三百六十日，除作诗文时，无一刻不温书，真可谓有恒者矣。故予从前限功课教诸弟，近来写信寄弟从不另开课程，但教诸弟有恒而已。盖士人读书，第一要有志，第二要有识，第三要有恒。有志则断不甘为下流。有识则知学问无尽，不敢以一得自足，如河伯之观海，如井蛙之窥天，皆无识者也。有恒则断无不成之事。此三者缺一不可。诸弟此时惟有识不可以骤几，至于有志、有恒，则诸弟勉之而已。予身体甚弱，不能苦思，苦思则头晕；不耐久坐，久坐则倦乏。时时属望，惟诸弟而已。

明年正月，恭逢祖父大人七十大寿，京城以进十为正庆，予本拟在戏园设寿筵，窦兰泉及艮峰先生劝止之，故不复张筵。盖京城张筵唱戏，名为庆寿，实则打把戏。兰泉之劝止，正以此故。现在作寿屏两架：一架淳化笺四大幅，系何子贞撰文并书，字有茶碗口大；一架冷金笺八小幅，系吴子序撰文，予自书。淳化笺系内府用纸，纸厚如钱，光彩耀目，寻常琉璃厂无有也。昨日偶有之，因买四张。子贞字甚古雅，惜太大，万不能寄回。奈何奈何！

侄儿甲三体日胖而颇蠢，夜间小解知自报，不至于湿床褥。女儿体好，最易扶携，全不劳大人费心力。

今年冬间，贺耦庚先生寄三十金，李双圃先生寄廿金，其馀尚有小进项，汤海秋又自言借百金与我用。计还清兰溪、寄云外，尚可宽裕过年。统计今年除借会馆房钱外，仅借百五十金，岱云则略多些。岱云言在京已该账九百馀金，家中亦有此数，将来正不易还，寒士出身，不知何日是了也。我在京该账尚不过四百金，然苟不得差，则日见日紧矣。

书不能尽言，惟诸弟鉴察。

兄国藩手草。

十二月二十日

【注释品札】

常虑己不如人处自无人可及

①"此三事未尝一日间断"句：曾国藩一生过人之处则在于内修自省之深功。闻过必改，立志必行。既肯自我反省，又肯听人之言；一旦有志于此，则不废不止，知行若一。

曾公信中所言三事：每日记日记、读史十页、记《茶馀偶谈》一则，身体力行，终身不废。即便于军旅危困之际亦不稍有弛废。尤其日记一事，自入京供职于翰林院始，终生不辍，并把日记当成每日必须完成的功课，称之为"日课"；把每月中写诗文若干称为"月课"。而日记中多记自己当日的过失，不当之处、不如人处。此等内省之功，官场之上少见。

西方哲人讲人在本质上是一种能够自我反省的动物，中国的圣贤讲吾日三省吾身。世间也许只有曾公做到了。人大多喜求备苛责于人、怨天尤人，有几人遇事能反躬自省呢？人人都想出类拔萃，但常常忘记的是：只有那些善于自省之人，常虑己不如人处者自无人可及。

人生贵一"求"

②"不求则无之，愈求则愈出"句：曾公此言是讲京师人才济济，但不求时就如同没有一样，可是接触得越多，便越感觉到这里的人才真多。正所谓："河谷之深，其流也无声。"世间事大抵如此。万事万物各自深藏不露其本质。而人目之所见心之所感都不过是表象而已。犹如大海，人之所见无非汪洋一片接天之势，蔚蓝悦目之色而已。至于其摧毁之力、浮载之巨、孕育之功、宝藏之深厚，岂是目所能见者。只有以心求之、以身探之、以力搏之，方可知其一二，得其富藏之涓滴。

古人云"铅刀贵一割"，我言人生贵一"求"。求而不舍，大抵万事可成。所以古人又有实事求是、锲而不舍、水滴石穿、金石为开诸说；又有铁杵成针、磨砖为镜、夸父逐日、精卫填海之故事流传至今，皆无非教人一种求而不舍之精神。仔细想来，人之一生无非只一个"求"字而已。

利有所不趋，害有所不避

③"天下有益之事，既有足损者寓乎其中"句：曾公的意思是天下事有许多看似有益的，其实都有害处藏于其中。

趋利避害是人之本能，亦是人之理智所愿，但很少有人知道利害相连之理，所以追逐功名利禄者如过江之鲫、恒河之沙。世间有许许多多走错了房间的事发生，就有许多朝云暮雨、朝生暮死、朝三暮四、朝秦暮楚种种苍黄颠覆的事发生。

所以，人不但要知利之所在，更应懂害之所伏，懂利害相寓相连、一利一弊、一沉一浮、一兴一衰、缘起缘灭之大道至理，方可得利而远害。人生处世，当奉利有所不趋，害有所不避为圭臬。

4

─── 禀祖父：报连升四级授内阁学士之职 ───

〔**提要**〕此为曾国藩向祖父星冈公报喜的家书。星冈公自小便喜欢这个长房的大孙子；曾国藩也相当崇敬其祖父的仪表威严，并以此教导自己的子弟安定稳重、威严，不可轻浮，所以这次连升四级的大喜事，特向祖父专信告达。并将红顶子、二品官服等物寄家收藏炫耀，农家子弟的心胸不过如此。这也是他终生不敢反叛朝廷，不听他人之煽动，自立为帝王的根本之处。人心胸小一点没什么坏处，但野心一大了，便有灭门之灾。这也是曾国藩一生的绝大智慧之处，小农自有小农的安稳处，书生自有书生的满足时。

孙国藩跪禀祖父大人万福金安：

六月十五日接家中第九号信，系四月初三日四弟在县城发者。知祖父身体康强，服刘三爷之药，旧恙已经全愈，孙等不胜欣喜。前五月底，孙发第五号信，言大考蒙恩记名赏缎事，想家中已收到。

六月初二，孙荷蒙皇上破格天恩，升授内阁学士兼礼部侍郎衔。由从四品骤升二品，超越四级，①迁擢不次，惶悚实深。

初六日考试教习，孙又蒙天恩派为阅卷大臣。初六日入闱，初七日王大臣点名。士子入闱者，进士、举人共三百八十馀名，贡生入闱者一百七十馀名。初八早发题纸，十一日发榜，十三日复试，十四日复命。初三日谢恩及十四复命，两次召见，奏对尚无愆误。教习取中额数共一百二十一名，湖南得取十一人，另有全单。

十七日冯树堂回南，孙寄回红顶二个、二品补服三付及他物，另有单。大约八月初旬可到省，存陈季牧家中。望大人于中秋前后专人至省来接，命九弟写信与季牧可也。

孙等身体平安，癣疾已将全好，头上竟看不见。孙妇及曾孙男女皆好。

馀俟续具。

孙谨禀。

六月十七日

【注释品札】

"命"由天定，"运"由人主

① "超越四级"句：曾国藩早年官场生涯如意处，何止这次连升四级。曾国藩之所以能一生官运亨通无非三事兼得：其一，自身服得艰苦修为，是一块当官的料，学养修为之气质自然溢于外表，让人一见不凡，一接即服，乐于拔助。其二，得当朝首辅穆彰阿的特殊赏识，极特殊的援手，于同辈人中一着先鞭而终生一路领先。当然，须得自己会跑，跑得快，又耐得住长跑。其三，得其时势，应运而生，又自能与时俱进、俱变。如无清朝之中衰大势，如无太平天国兴起，清朝未必会如

此重用一汉人；他本人在朝为官之时与后来的曾国藩犹如凤凰涅槃，前后判若两人，如无自我调整之功，自我改变之力，去屈心抑己地与外部处境相适应，断无其一生如此之结局，一生如此之命运。

5

─── 致诸弟：教不可改葬祖坟坏了风水 ───

〔提要〕这是道光二十七年（1847年），曾国藩一步连升四级，由四品的侍讲学士之职越过从三品、正三品、从二品，直接升授为正二品的内阁学士兼礼部侍郎衔时，写给湖南老家三位弟弟的信，报告晋升的好消息。同时，寄回皇上赐予祖父、父亲两件上好袍褂衣料，要留作殓服用。之后，又极嘱其弟，不可改葬祖坟，因为自祖母去世后，家中事一切顺遂，都是坟茔地风水好的缘故，尽管那里地面太小，不宜立牌坊门楼，封树碑亭，但也不要改，等到祖父去世时，不要与祖母合葬，另择吉地以利修建诰封碑亭。要提前与祖父商定。古往今来，越是高官显位富商大贾越相信五行风水，其实未必是迷信，无非患得患失使然。

澄侯、子植、季洪三位老弟足下：

五月寄去一信，内有大考赋稿，想已收到。

六月二日，蒙皇上天恩及祖父德泽，予得超升内阁学士。①顾影扪心，实深惭悚！湖南三十七岁至二品者，本朝尚无一人。予之德薄才劣，何以堪此！近来中进士十年得阁学者，惟壬辰季仙九师，乙未张小浦及予三人。而予之才地，实不及彼二人远甚，以是尤深愧仄。

冯树堂就易念园馆，系予所荐，以书启兼教读，每年得百六十金。李竹屋出京后，已来信四封。在保定，讷制台赠以三十金，且留干馆与他。在江苏，陆立夫先生亦荐干俸馆与他。渠甚感激我。考教习，余为总裁，而同乡寒士如蔡贞斋等皆不得取，余实抱愧。

寄回祖父、父亲袍褂二付。祖父系夹的，宜好好收拾。每月一看，数月一晒。百岁之后，即以此为殓服，以其为天恩所赐，其材料外间买不出也。父亲做棉的，则不妨长着，不必为深远之计。盖父亲年未六十，将来或更有君恩赐服，亦未可知。

祖母大人葬后，家中诸事顺遂，祖父之病已好，予之癣疾亦愈，且骤升至二品，则风水之好可知，万万不可改葬。若再改葬，则谓之不祥，且大不孝矣。然其地予究嫌其面前不甚宽敞，不便立牌坊起诰封碑亭，又不便起享堂立神道碑。予意仍欲求尧阶相一吉地，为祖父大人将来寿藏。弟可将此意禀告祖父，不知可见允否？盖诰封碑亭，断不可不修，而祖母又断不可改葬，将来势不能合葬，②乞禀告祖父，总以祖父之意为定。

前此问长女对袁家，次女对陈家，不知堂上之意如何？现在陈家信来，谓我家一定对，渠甚欢喜。

馀容后具。

兄国藩草。

六月十八日

【注释品札】

仕途一帆风顺

①"予得超升内阁学士"句：曾国藩早年仕途，超乎寻常的一帆风顺。自道光十八年（1838年）会试，得中进士入翰林院为试用人员的"庶吉士"之职，为从七品之后，一路飙升。道光二十三年（1843年）升为侍讲，委派四川乡试正考官，回来后升任文渊阁校理。道光二十四年（1844年）升为翰林院侍读。道光二十五年（1845年）升授翰林院侍讲学士，为四品。道光二十七年（1847年）一次跨越四级升为二品大员，任内阁学士，兼礼部侍郎衔。道光二十九年（1849年），又奉职调任礼部右侍郎，同年不久兼任兵部右侍郎。这一年他才三十八岁。这是他在道光年间的升迁足迹。

他四十岁那年，朝廷改元换代，也就是1851年，为咸丰帝元年。这一年他又先后转任、兼署其他四部——吏、工、刑、户部。至此，朝中六部，他都任职过，也因此对朝中的腐败了如指掌，所以十分热衷于功名仕途的他，后来教谕自己的子弟千万不要进入官场。

在他这十几年的京官生涯中，他最为得意的当数道光二十七年（1847年）这次的连升四级，使他一步登天成为真正的国家大员，各省巡抚才是三品大员，而他虽然才三十六岁就已是二品大员了，相当于掌握两省以上的各大区、小区的总督了。所以他在家书中不无炫耀地自称：三十六岁官居二品者，我们湖南人在本朝以来我是第一个；近年来，从进士出身十年之内升到内阁学士的，算我在内也只有三个人。尽管天德、皇恩、祖泽样样言及，又自谦于他人之不及，表面上谦恭自惭，实则喜形于色，溢于言表。

不许祖父母合葬似名令心迷

②"将来势不能合葬"句：曾国藩骤升二品大员，十分感恩于祖母坟地风水好。但为了不破坏风水，竟嘱诸弟与祖父商定祖父死后夫妇不能合葬，一来免坏了风水，二来也好择一大地立诰封碑亭，以显他一人光宗耀祖之功德。曾国藩是什么都要，就是不要祖父母合葬。也许是利令智昏，名令心迷了吧，很觉可笑。何必呢！真是应了可怜天下父母心那句话，不仅生前要为儿女当牛做马，效劳一生；就连死后都要为了子孙后代而分居二穴。好在死者已无所知，而活人却有目共睹啊！

6

致诸弟：告派任武会试正总裁
殿试阅卷大臣

〔**提要**〕这是曾国藩于道光二十七年（1847年）三十六岁时升任内阁学士，兼礼部侍郎后，于当年秋试，被委派为武科监考主官时，写给三位弟弟的信，因此时，六弟即三弟曾国华正在京于他身边就读，所以未具其名。信中所言三事：其一，通报他在京一家人的起居平安；其二，讲主考、阅卷武试的情况；其三，述居京乡党琐事。

澄侯、沅甫、季洪三弟足下：

十月十二日接到九月初六澄弟在县学宪行台所发信，十五日又接二十三日在省城曾子庙所发信。其八月在省各信，已于前月收到，前次信已提及矣。惟九月一日托树堂代寄一信，今尚未到。京寓大小平安。余之癣疾近日已全好，百分中不过一二分未复元，皆生首乌之功也。六弟近日体亦好。内人怀喜，大约明年正月分娩。甲三兄妹皆好。甲三读至《滕文公上》，大女读至《颜渊第十二》。

余蒙皇上天恩，得派武会试正总裁，又派武殿试读卷大臣。①会试于十三日入闱，十七发榜，复命后始归。殿试三十日入内阁，初四发榜始归，共中额六十四人。殿试读卷，不过阅其默写武经。其弓矢技勇，皆皇上亲自阅看。初二日，皇上在紫光阁阅马步箭。初三日，皇上在景运门外箭亭内看弓刀石，读卷大臣及兵部堂官两日在御前侍班。湖南新进士谌琼林以石力不符，罚停殿试一科。今年但有状元、榜眼而无探花，仰见皇上慎重科名之意。

同乡诸公并皆如常。黄恕皆喉痛，病势甚重。郑小山随大钦差至河南办赈济。近日河南大旱，山东盗贼蜂起，行旅为之不安。

十月九日父亲大人寿辰，余因家中有祖母之制，故未宴客，早晚皆仅一席。凌荻舟现就园子一馆，其回城内则寓余处。宋芗宾在余家教书，亦甚相得。

馀不尽书。

兄国藩手草。

十月十五日

【注释品札】

人生"龙门"之所在

①"又派武殿试读卷大臣"句：曾国藩告诉诸弟，自己被委派为今年全国会试的武科正总裁，武科殿试的阅卷大臣。想当初十年前，曾国藩不过一介风尘仆仆入京赶考的穷举子，而今则是高踞于全国众举子之上的会试总裁、殿试大臣，真是此一时彼一时也，鱼龙变化自可一日千里而不可同日而语。传说鲤鱼之所以不断地跳龙门，是因为跳过龙门之后，鱼便可以化

为龙。虽然鱼、龙各有种,但仍可变化如斯,人生真当好自为之,不可妄自菲薄。这"跃龙门"自须费一番苦功夫,但不付苦中苦,怎得甜之甜,这是一个定理吧。而"辛苦"二字也许正是这鱼龙变化的"龙门"吧。

7

致诸弟：教子弟不入仕途
只为耕读孝友之家

〔**提要**〕这是曾公在京官任上的一封家书。主要叙思家亲情，由此而论及仕途之事。劝诸弟平淡仕途之心，自己虽已入宦海，却时时有上岸之心。一来仕宦之家，古今未有长福久安者；二来做人并不等于官高位显便是贤肖之人。其余则多述及家事。显然这封信是他在朝中已晋升为二品大员后，对官场失去信心所写的。

澄侯、温甫、子植、季洪足下：

四月十四日接到己酉三月初九所发第四号来信，次日又接到二月廿三所发第三号来信，其二月初四所发第二号信则已于前次三月十八接到矣，惟正月十六、七所发第一号信则至今未接到。京寓今年寄回之家书：正月初十发第一号（折弁），二月初八发第二号（折弁），廿六发第三号（折弁），三月初一发第四号（乔心农太守），大约五月初可到省；十九发第五号（折弁），四月十四发第六号（由陈竹伯观察），大约五月底可到省。《岳阳楼记》，竹伯走时尚未到手，是以未交渠。然一两月内，不少妥便，亦必可寄到家也。

　　祖父大人之病，日见日甚如此，为子孙者远隔数千里外，此心何能稍置！温弟去年若未归，此时在京，亦刻不能安矣。诸弟仰观父、叔纯孝之行，能人人竭力尽劳，服事堂上，此我家第一吉祥事。我在京寓，食膏粱而衣锦绣，竟不能效半点孙子之职；妻子皆安坐享用，不能分母亲之劳。每一念及，不觉汗下。

　　吾细思凡天下官宦之家，多只一代享用便尽，其子孙始而骄佚，继而流荡，终而沟壑，能庆延一二代者鲜矣；商贾之家，勤俭者能延三四代；耕读之家，谨朴者能延五六代；孝友之家，则可以绵延十代八代。我今赖祖宗之积累，少年早达，深恐其以一身享用殆尽，故教诸弟及儿辈，但愿其为耕读孝友之家，不愿其为仕宦之家。诸弟读书不可不多，用功不可不勤，切不可时时为科第仕宦起见。若不能看透此层道理，则虽巍科显宦，终算不得祖父之贤肖、我家之功臣。若能看透此道理，则我钦佩之至。澄弟每以我升官得差，便谓我是肖子贤孙，殊不知此非贤肖也。如以此为贤肖，则李林甫、卢怀慎辈，何尝不位极人臣，煊奕一时，讵得谓之贤肖哉？予自问学浅识薄，谬膺高位，然所刻刻留心者，此时虽在宦海之中，却时作上岸之计。要令罢官家居之日，己身可以淡泊，妻子可以服劳，可以对祖、父、兄弟，可以对宗族乡党。如是而已。诸弟见我之立心制行与我所言有不符处，望时时切实箴规。至要至要！

　　鹿茸一药，我去腊甚想买就寄家，曾请漱六、岷樵两人买五六天，最后买得一架，定银九十两。而请人细看，尚云无力。其有力者，必须百馀金，到南中则直二百馀金矣，然至少亦须四五两乃可奏效。今澄弟来书，言谭君送四五钱便有小效，则去年之不买就急寄，余之罪可胜悔哉！近日拟赶买一架付归。以父、叔之孝行推之，祖大人应可收药力之效。叔母之病，不知宜用何药？若南中难得者，望书信来京购买。

安良会极好。地方有盗贼，我家出力除之，正是我家此时应行之事。细毛虫之事，尚不过分，然必须到这田地方可动手。不然，则难免恃势欺压之名。既已惊动官长，故我特作书谢施梧冈，到家即封口送县可也。去年欧阳家之事，今亦作书谢伍仲常，送阳凌云，属其封口寄去可也。

澄弟寄俪裳书，无一字不合。蒋祝三信已交渠。兹有回信，家中可专人送至渠家，亦免得他父母悬望。予因身体不旺，生怕得病，万事废弛，抱疚之事甚多。本想诸弟一人来京帮我，因温、沅乡试在迩，澄又为家中必不可少之人，洪则年轻，一人不能来京；且祖大人未好，岂可一人再离膝下？只得俟明年再说。

希六之事，余必为之捐从九品。但恐秋间乃能上兑，乡试后南旋者乃可带照归耳。

书不能详，馀俟续寄。

国藩手草。

四月十六日

【注释品札】

人是天地间最不能自已之物

曾公在信中说：我教诸弟及儿辈，但愿都以耕读孝友之家为志，而不愿成为仕宦之家。虽然读书不可不多，不可用功不勤，却不可以时时以科举为目的。其一，升官得差，并不见得有益于家、国，也不见得是贤肖之人。就像李林甫那等奸臣，就是位极人臣，但能称得上好人吗？我虽然已入仕途，但时时想上岸。如果能罢官回家，该多淡泊自由啊！其二，我仔细想来，天下官宦人家，大多只一代享用便尽，他们的子弟多不成器，先是骄奢淫逸、放荡不羁，最后死无葬身之地，至多能绵延一二代者也很少见；商人之家，只要勤俭则可绵延三四代；耕读之家，谨朴者能延五六代；孝友之家则可以绵延十代八代。我现在虽赖祖之积德，位居高官，但生怕家德兴盛只我一人就享用完了，而后世不得久长，所以希望子弟们能使我家成为孝友之家，得以兴盛长久。

显然这封信，是曾公在朝受挫之后，对官场心灰意冷时之言，无非是抒不如意之心怀，所虑者却是实言。所以其在官场终生惕厉自省，无日无时无事不虑及远祸一事，而不巴望得宠荣升，这也是事实。

官场犹如一座围城，进去的想出来，外面的想进去，而世事则多不遂人意：越想出来的反而身不由己，越蹚越深；越想进去的，越进不去。这似乎也是一种定律吧。其实无论哪一条路都可以向前走，走哪一条路都是一种得，但也都必有一种失。正所谓尺有所短、寸有所长，水有所高、山有所低。所以凡事无须强求，一切顺其自然为好。农耕之家自有其贫苦，也自有其安乐自由，轻松快活；仕宦人家自有其煊赫荣耀之处，但也自有其忧虑苦恼与不自由之处。

身居高位之人永远没有平民的快乐、自由可享，也绝不会有平民所际遇的衣食柴米之忧，但他之所忧亦绝非平民所能承受。而人所难以摆脱的，一是不甘现状，二是不甘居人下、人后，总为一种尊卑荣辱穷达之心所驱使、所策动，所以便有了世间的种种竞进与不休，虽苦乐疲竭直至艰苦生死而有所不顾。很可悲，也无奈，此为人性使然。谁能不为欲望、需求所支配、所役使呢？天地间还有何物比人类更幸福、更苦辛、更不能自已的呢？

⑧ 致诸弟：教尽忠报国
不得再顾身家之私

〔**提要**〕这是曾国藩在1851年——咸丰元年，也就是咸丰皇帝即位头一年写给家中诸弟的一封信。信中所言四事：其一，讲自己的癣病大有好转；其二，讲自己上疏直批咸丰帝的事；其三，述乡党、熟人的"大京堂考差"后升迁情况，信中所言"大京堂考差"似为清朝的一种对京官升任、差派的考试制度，对于考试好的可以升任，或者派美差，但不参加考试的也可以正常升任或差派；其四，述请托收礼之事，令人发笑之余，也足见清朝吏治之腐败——大讲程朱理学的曾国藩尚且如此，何论其余。

澄侯、温甫、子植、季洪四位老弟足下：

四月初三日发第五号家信。厥后折差久不来，是以月馀无家书。五月十二折弁来，接到家中四号信，乃四月一日所发者，具悉一切。植弟大愈，此最可喜！

京寓一切平安，癣疾又大愈，比去年六月更无形迹。去年六月之愈，已为五年来所未有，今又过之。或者从此日退，不复能为恶矣。皮毛之疾，究不甚足虑，久而弥可信也。

四月十四日考差题"乐民之乐者，民亦乐其乐"，经文题"必有忍，其乃有济，有容，德乃大"，赋得"濂溪乐处"得"焉"字。

廿六日，余又进一谏疏，敬陈圣德三端，预防流弊。① 其言颇过激切，而圣量如海，尚能容纳，岂汉唐以下之英主所可及哉！余之意，盖以受恩深重，官至二品，不为不尊；堂上则诰封三代，儿子则荫任六品，不为不荣。若于此时再不尽忠直言，更待何时乃可建言？而皇上圣德之美，出于天亶自然，满廷臣工遂不敢以片言逆耳，将来恐一念骄矜，遂至恶直而好谀，则此日臣工不得辞其咎。是以趁此元年新政，即将此骄矜之机关说破，使圣心日就兢业，而绝自是之萌，此余区区之本意也。现在人才不振，皆谨小而忽于大，人人皆习脂韦惟阿之风，欲以此疏稍挽风气，冀在廷皆趋于骨鲠，而遇事不敢退缩。此余区区之余意也。

折子初上之时，余意恐犯不测之威，业将得失祸福置之度外，不意圣慈含容，典赐矜全。自是以后，余益当尽忠报国，不得复顾身家之私。然此后折奏虽多，亦断无有似此折之激直者；此折尚蒙优容，则以后奏折，必不致或触圣怒可知。诸弟可将吾意细告堂上大人，毋以余奏折不慎，或以戆直干天威为虑也。

父亲每次家书，皆教我尽忠图报，不必系念家事。余敬体吾父之教训，是以公尔忘私、国尔忘家，计此后但略寄数百金偿家中旧债，即一心以国事为主，一切升官得差之念，毫不挂于意中。故昨五月初七大京堂考差，余即未往赴考。侍郎之得差不得差，原不关乎与考不与考。上年己酉科，侍郎考差而得者三人，瑞常、花沙纳、张芾是也；未考而得者亦三人，灵桂、福济、王广荫是也。今年侍郎考差者五人，不考者三人。是日题"以义制事，以礼制心论"，诗题"'楼观沧海日'得'涛'字"。五月初一放云贵差，十二放两广、福建三省，名见京报内，兹不另录。袁漱六考差颇为得意，诗亦工妥，应可一得，以救积困。

朱石翘明府初政甚好，自是我邑之福，余下次当写信与之。霞仙得县首，亦见其犹能拔取真士。

刘继振既系水口近邻，又送钱至我家，求请封典，义不可辞，②但渠三十年四月选授训导，已在正月廿六恩诏之后，不知尚可办否。当再向吏部查明。如不可办，则当俟明年四月升祔恩诏乃可呈请。若并升祔之时推恩不能及于外官，则当以钱退还，家中须于近日详告刘家，言目前不克呈请，须待明年六月乃有的信耳。

澄弟河南、汉口之信，皆已接到。行路之难，乃至于此！自汉口以后，想一路载福星矣。刘午峰、张星垣、陈谷堂之银皆可收，刘、陈尤宜受之，不受反似拘泥。然交际之道，与其失之滥，不若失之隘。③吾弟能如此，乃吾之所欣慰者也。西垣四月廿九到京，住余宅内，大约八月可出都。

此次所寄折底，④如欧阳家、汪家及诸亲族，不妨抄送共阅。见余忝窃高位，亦欲忠直图报，不敢惟阿取容，惧其玷辱宗族，辜负期望也。

馀不一一。

兄国藩手草。

五月十四日

初生之犊不畏龙的曾国藩

①"预防流弊"句：曾国藩在十余年的京官闲职期间的绝大部分时间，用来与当朝大儒唐鉴、倭仁等一大批人探讨程朱理学与经世致用的学说，日夜不舍地修炼自己的人格，职务也一路高升，成为湖南人在京官中的骄傲，结识了一大批来京的乡党，这成为他后来回乡办团练、创湘军的有利条件。这一时期他结交的许多乡党，都成为他创办湘军的奠基者、帮手与中坚力量，是一生的事业同志、挚友，如刘蓉、郭嵩焘、江忠源、罗泽南等都是清史上入传有名的人物。

太平天国起义爆发后，咸丰帝即位主政，很是着急，但又不思进取，碌碌无为。这个虽已官至二品却少于官场历练依然书生意气十足的曾国藩，既看不惯朝臣只知对新皇帝阿谀奉承及官场上的种种流弊，也看不上咸丰这个新主子的作为，便大胆上了一道名为《敬呈皇圣德三端预防流弊疏》的奏折，把攻击点直接对准了咸丰帝本人。疏中大体所言三事：其一，指责咸丰只是太讲究小节，而疏于大计，比如对于朝服礼仪反复过问，对于重要职位的任用却用非其人；其二，指责皇帝表面广开言路，虚心纳谏，却心口不一，对一些贤直之臣表面表扬，实际上却在疏远冷遇；其三，指责皇帝食言、自用，孤家寡人，作风不民主，并警告皇帝如果长此下去，只知自高自大，且不听直臣忠告，只听溜须拍马，认为直臣可憎、谀臣可亲的话，那就没有希望了。

曾国藩此奏疏，并不是空前的，此前在道光年间，在咸丰即位之初，他就有过攻击时政的建言，但却是绝后的，他再也没有过类似的奏折。这封奏折对于曾国藩而言，已不是初生之犊不畏虎了，而是直揭龙鳞、棒喝龙头了，古今无几人敢如此。刚刚登上金銮宝殿的咸丰帝看了这个折子，似乎没有看完，就怒不可遏地摔在了地上，并请大臣们对曾国藩进行议罪。亏得大臣们代为缓颊，曾国藩才免遭一劫。因为此事有些轰动，所以咸丰发了一个文件，一方面为自己辩护，另一方面阳似纳谏，对曾国藩很优待，让他继续担任五部的侍郎，但在心里已很冷淡他了。

那时的曾国藩是很想济世救民、精忠报国的，在这封家书中也可以看出他政治上的幼稚之处，认为良好的愿望和一道奏折就可以起作用。所以，不久，他又上了一道《备陈民间疾苦疏》的折子。他虽然绝不再直犯龙鳞了，但也不肯放过虎须，矛头直指贪官污吏，认为许多地方造反，都是官逼民反，就是不反之处，早晚也会被逼反的，比如：农民赋税不收粮物，而折银收缴，百姓苦不堪言；地方盗贼太多，官府不能剿灭，反趁机敲诈勒索百姓，烧百姓房子，滥杀无辜，并以此虚报战功；还有冤案颠倒黑白，许多有理的原告反被判为诬告；民告官的，即使上告到刑部，又一层层往下，发回重审，结果是官官相护，不了了之。"各省都是如此。一家长期诉讼，十家因之破产；一人蒙受冤屈，百人饱尝痛苦"。对解决这些问题，他还提出自己的看法。咸丰很重视，批示各部研究解决的办法。但这些问题哪个能解决呢？哪朝哪代能解决呢？这也是让曾国藩空怀一腔报国志，对朝政绝望的根本原因吧！这一年，曾国藩已四十岁了。

曾氏如此：清朝吏治腐败之可见

②"义不可辞"句：这是令人发笑又引人深思的一段家书。信中讲刘继振是我家近邻，送钱到我家求封典，这对我而言是义不容辞的事。我一定会帮忙，但要等合适的机会。如果办不成的话就把钱退还。请你们详细告诉刘家。曾国藩办事收银，办不成退钱，似乎已经很仁义了吧！至于其他那些来送钱的，都可以收下。以程朱理学标榜自我的曾国藩尚且如此，可见清朝吏治腐败之一斑。

交际之道：失其混滥不若失其窄

③"不若失之隘"句：尽管曾国藩教其弟在家可以有选择地放胆收银子，但仍不忘忧患之处，这是曾国藩一生的处世准则。他又教诸弟与人交往宁可少一点，不可滥交，以免受株连。这应是至今仍有用的交际原则吧。

④"此次所寄折底"句："折底"是指曾国藩随信所寄的那封直接批评皇上的折子的底件，让弟弟们转抄给亲属、朋友们传看，以显示自己的作为，这是曾氏一贯的做法。在这方面，曾国藩是很有"共享"意识的。

9

致诸弟：告九轴诰封到手事

〔**提要**〕这是曾公在咸丰元年（1851年）写给四位老弟的家书。信中所言事：其一，关于长子纪泽与贺家联姻之事；其二，关于皇上给曾氏家族中人九轴诰封敕文加盖皇印之事；其三，叙同乡、同年京官琐事及朝中府库空虚等事。其中以前二事颇为耐人寻味。

澄侯、温甫、子植、季洪四位老弟足下：

十二月十一日发家书十六号，中言纪泽儿姻事，求家中即行与贺家订盟，其应办各物，已于书中载明。并悔前此嫌是庶出之咎云云，①想已接到。如尚未到，接得此信，即赶紧与贺家订盟可也。

诰封各轴已于今日领到，正月廿六恩诏四轴（曾祖父母、祖父母、父母、叔父母）。四月十三恩诏亦四轴，三月初三恩诏一轴（本身妻室）。凡九轴。八月初六用宝一次，我家诸轴因未曾托人，是以未办。曾于闰八月写信告知，深愧我办事之疏忽。后虽托夏阶平，犹未放心，又托江苏友人徐宗勉，渠系中书科中书，专办诰敕事宜。今日承徐君亲送来宅，极为妥当，一切写法、行款俱极斟酌，比廿六年所领者不喑天渊之别，颇为欣慰。②虽比八月用宝者迟五个月，而办法较精，且同年同乡中有八月领到者，或止一次，未能三次同领，或此番尚未用宝者亦颇有之。诸弟为我敬告父母大人、叔父母大人，恭贺大喜也。③惟目前无出京之人，恐须明年会试后乃交公车带归。重大之件，不敢轻率。向使八月领到，亦止十二月陈泰阶一处可付（与雨苍同行）。此外无便。

余于十八日陈奏民间疾苦一疏，十九日奏银钱并用章程一疏，奉朱批交户部议奏，兹将两折付回。文任吾于十三日搬至我家，庞省三于廿四日放学，寓中一切如常，内外大小平安。今年腊底颇窘，须借二百金乃可过年。不然，恐被留住也。袁漱六亦被年留住。刘佩泉断弦，其苦不可名状，儿女大小五六人无人看视。黎越翁尚未到京，闻明年二月始能到，未带家眷。涂心畬已到京，尚未来见我。公车中惟龙皞臣及澧州馆到二人而已。粤西事用银已及千万两而尚无确耗，户部日见支绌，内库亦仅馀六百万。时事多艰，无策以补救万一，实为可愧！明年拟告归，以避尸位素餐之咎，诸弟为我先告堂上可也。

馀不一一。

国藩手草。

十二月廿二日

【注释品札】

为儿子悔婚却让老子大光其火

①"并悔前此嫌是庶出之咎云云"句：曾的长子纪泽到了十三岁，家中为其与长沙城内名门望族贺氏女商订婚约。这件

事本是曾国藩与父亲共同商定的，但后来曾的夫人欧阳氏听说此女是庶出（即其母是妾），便不同意。于是曾致信家中，要退掉这门婚约。退婚、悔约在乡里一般人家都是很丢人的事，而且让对方很没面子，常常会因此而毁了对方的一生，更何况双方都是有门面的人家。曾是朝中二品大员，贺氏族中也有过督抚一类的大员。所以老太爷一接到曾的信，便大为光火，给曾国藩写了一封措辞极为严厉而且道理充足得无懈可击的信责备他。信中内容的大意是：儿女婚事，自当由父母做主，做爷爷的不该干涉，我也不敢干涉。所以你来信要我帮纪泽选媳妇，我并没有答应。你们与贺氏的婚约是罗山先生做的媒，你也来信说一定要与贺氏联姻。可是现在你又说因为女方为庶出，怕将来婆婆嫌、纪泽嫌，你管不了。你这是什么话呢？纪泽是你的儿子，他一岁时，我历四千里之劳苦赴京把他给你带到身边，就是给他订一桩婚事也不为过，怎么可以以庶出为借口毁约呢？汉代的大将卫青没有姥家，其母连庶出都不如，就没有良家女嫁给他了吗？今人胡太守之妻也是庶出，我可没听说他嫌弃过，他的庶出之媳不也成了诰命夫人吗？你的夫人不同意，你可以劝她啊！什么是夫人？夫人是扶持丈夫的，是扶持人伦的，之所以称夫人，你的媳妇应听你的教训；你的儿子不同意，你当细细与其说清，不要以为自己很了不起，更何况父为子纲。当初就此事征求你的意见，你是同意的，连订婚的日子都选好了，你也是同意的，已弄得全乡人都知道这个婚约了，你一反悔，让女孩儿怎么再嫁他人？而你是朝中大员，是参与国家大事的，如果连这点诚信都不讲，还怎么取信于天下人？你儿子的事，你自己定，随你的便，我不管了。

这老爷子不愧是过了十七关的老秀才，不愧为塾师人表，一席话义正词严、字字句句在理，曾国藩读到此信时，可能会哑然失笑，也可能会汗如雨下吧，所以马上回信告诉他的弟弟们"纪泽儿姻事，求家中即行与贺家订盟"，并很后悔此前"嫌是庶出"的错误，"接得此信，即赶紧与贺家订盟可也"，这种忙不迭的"求"与"可也"真是让人捧腹。曾老太爷的棒喝真是威力大大。当然，上述之语并非原信之语，是翻译过来的今人之俗语。

那么，曾国藩对儿女的婚约就那么草率吗？不是的。在封建社会，庶出与嫡出的区别是很大的，主要缘于夫人与妾的地位之大不同，尤其是官宦人家就更为不同。夫人是丈夫的女人，是主内的一把手；而妾则与侍女差不多，妾是立女，是在丈夫与夫人面前只有站着的资格的女人，所以又有侍妾之称。而且为人妾者既无地位，也不光彩。所以她们所生的子女在家庭中也没地位，在外面也受轻视。有时，母子都很受气。所以想要毁婚之事，不仅欧阳夫人有此意，就是曾国藩也不会没有此意。

皇封诰命领到手还要贿赂托人

②"颇为欣慰"句：曾国藩升为二品大员，朝中惯例连祖上、子孙都要受诰命皇封的。曾国藩在写信这天十分高兴，因为这年正月皇上颁发了四道诰命（曾祖父母、祖父母、父母、叔父母）诏书、三月颁发的一道诰命诏书（自己夫人的）、四月颁发的四道诰命诏书（兄弟子女的），一共九道诰命诏书都正式领到手了。这是年底十二月份的事了。为什么历时一年才领到手呢？因为皇上颁发诏书，要送到中书省起草书写、加印、装裱成卷轴，才能发到个人手上。如果是皇上手书圣谕一类的军国大事的诏书，是无人敢耽搁的。但是，诰命皇封是只发给一家一人的，谁敢去问皇上为什么没有发呢？所以，中书省那些管这

类诏书的人便可以趁机勒索了。有人情过来的，便早发，便很用心地书写、装裱，及时加印下发。如果在那里干等的，你就等着吧，没有年月下不来。曾国藩身为二品大员，屡次托人，还要等一年才能领到，而即使如此，曾国藩也十分满足了，其余则可想而知了。这也正是那些小吏敢如此胆大妄为之原因。靠山吃山，靠水吃水；官府衙门，钱通神鬼。

虚荣心：人皆难免的人间钓饵

③"恭贺大喜也"句：以曾国藩其身其人，为了一纸诰命到手，竟然如此大喜，一般人自是可想而知。都言"人为财死，鸟为食亡"，其实人有许多时候会为那些毫无实际意义的虚荣、虚名所诱惑。民间年画中有刘海钓金蟾，他用什么钓那只三条腿的蟾蜍呢？用一串铜钱为钩、为饵。其实人世间最大的钓饵也许真的不是财与食，而是一种虚荣之心。如王冕所说"不要人夸好颜色，只留清气满乾坤"的实属难得之人。

⑩

致六弟、九弟：教为官治家的
"守缺求全"之道

〔**提要**〕这是曾公在京写给曾国华、曾国荃两个弟弟的家书。此信洸洸数千言，大抵为一事：曾公于京中寄家四百金，以赠各亲友，受到家弟们极严的责难，此信专为向兄弟们解释其主张接济、馈赠亲友之缘由，剖白自己的心境。这也许是人们始料不及的，身为高官竟有如此之难。其一，解释自己责怨家书迟少之情由；其二，解释接济亲友并无沽名之意，不会如此鄙奸，更不会以此来彰显家人之吝啬；其三，讲述君子当如何处顺逆之境；其四，讲守缺求全之道。此信前半部两千余言，皆述亲情、友情，朴实动人，不啻为"陈情表第二"，可堪详读，细品其殷殷陈情。

六弟、九弟左右：

三月八日接到两弟二月十五所发信，信面载第二号，则知第一号信未到。比去提塘追索，渠云并未到京，恐尚在省未发也。以后信宜交提塘挂号，不宜交折差手，反致差错。来书言自去年五月至十二月，计共发信七八次。兄到京后，家人仅检出二次：一系五月廿二日发，一系十月十六日发，其馀皆不见。远信难达，往往似此。

腊月信有"糊涂"字样，亦情之不能禁者。盖望眼欲穿之时，疑信杂生，怨怒交至。惟骨肉之情愈挚，则望之愈殷；望之愈殷，则责之愈切。度日如年，居室如圜墙，望好音如万金之获，闻谣言如风声鹤唳；又加以堂上之悬思，重以严寒之逼人。其不能不出怨言以相詈者，情之至也。然为兄者观此二字，则虽曲谅其情，亦不能不责之。非责其情，责其字句之不检点耳。何芥蒂之有哉？至于回京时有折弁南还，则兄实不知。当到家之际，门几如市，诸务繁剧。吾弟可想而知。兄意谓家中接榜后所发一信，则万事可以放心矣，岂尚有悬挂者哉？来书辩论详明，兄今不复辩。盖彼此之心虽隔万里，而赤诚不啻目见，本无纤毫之疑，何必因二字而多费唇舌？①以后来信，万万不必提起可也。

所寄银两，以四百为馈赠族戚之用。来书云："非有未经审量之处，即似稍有近名之心。"此二语推勘入微，兄不能不内省者也。又云："所识穷乏得我而为之，抑逆知家中必不为此慷慨，而姑为是言。"斯二语者，毋亦拟阿兄不伦乎？兄虽不肖，亦何至鄙且奸至于如此之甚！所以为此者，盖族戚中有断不可不一援手之人，而其馀则牵连而及。

兄己亥年至外家，见大舅陶穴而居，种菜而食，为恻然者久之。通十舅送我，谓曰："外甥做外官，则阿舅来作烧火夫也。"南五舅送至长沙，握手曰："明年送外甥妇来京。"余曰："京城苦，舅勿来。"舅曰："然。然吾终寻汝任所也。"言已泣下。兄念母舅皆已年高，饥寒之况可想，而十舅且死矣。及今不一援手，则大舅、五舅者，又能沾我辈之馀润乎？十舅虽死，兄意犹当恤其妻子，且从俗为之延僧，如所谓道场者，以慰逝者之魂而尽吾不忍死其舅之心。我弟我弟，以为可乎？

兰姊、蕙妹，家运皆舛。兄好为识微之妄谈，谓姊犹可支撑，蕙妹再过数年则不能自存活矣。同胞之爱，纵彼无觖望，吾能不视如一家一身乎？

欧阳沧溟先生夙债甚多，其家之苦况，又有非吾家可比者，故其母丧，不能稍隆厥礼。岳母送余时，亦涕泣而道。兄赠之独丰，则犹徇世俗之见也。

楚善叔为债主逼迫，抢地无门，二伯祖母尝为余泣言之。又泣告子植曰："八儿夜来泪注地，湿围径五尺也。"而田货于我家，价既不昂，事又多磨。尝贻书于我，备陈吞声饮泣之状。此子植所亲见，兄弟尝唏嘘久之。

丹阁叔与宝田表叔昔与同砚席十年，岂意今日云泥隔绝至此！知其窘迫难堪之时，必有饮恨于实命之不犹者矣。丹阁戊戌年曾以钱八千贺我，贤弟谅其景况，岂易办八千者乎？以为喜极，固可感也；以为钓饵，则亦可怜也。任尊叔见我得官，其欢喜出于至诚，亦可思也。

竟希公一项，当甲午年抽公项三十二千为贺礼，渠两房颇不悦，祖父曰："待藩孙得官，第一件先复竟希公项。"此语言之已熟，特各堂叔不敢反唇相稽耳。同为竟希公之嗣，而菀枯悬殊若此，设造物者一旦移其菀于彼二房，而移其枯于我房，则无论六百，即六两亦安可得耶？

六弟、九弟之岳家，皆寡妇孤儿，槁饿无策。我家不拯之，则孰拯之者？我家少八两，未必遂为债户逼取；渠得八两，则举室回春。贤弟试设身处地，而知其如救水火也。

彭王姑待我甚厚，晚年家贫，见我辄泣。兹王姑已没，故赠宜仁王姑丈，亦不忍以死视王姑之意也。腾七，则姑之子，与我同孩提长养。各舅祖，则推祖母之爱而及也。彭舅曾祖则推祖父之爱而及也。陈本七、邓升六二先生，则因觉庵师而牵连及之者也。

其馀馈赠之人，非实有不忍于心者，则皆因人而及。非敢有意讨好沽名钓誉，又安敢以己之豪爽形祖、父之刻啬，为此奸鄙之心之行也哉？

诸弟生我十年以后，见诸戚族家皆穷，而我家尚好，以为本分如此耳，而不知其初皆与我家同盛者也。兄悉见其盛时气象，而今日零落如此，则大难为情矣。凡盛衰在气象：气象盛，则虽饥亦乐；气象衰，则虽饱亦忧。今我家方全盛之时，而贤弟以区区数百金为极少，不足比数。设以贤弟处楚善、宽五之地，或处葛、熊二家之地，贤弟能一日以安乎？

凡遇之丰啬顺舛，有数存焉，虽圣人不能自为主张。天可使吾今日处丰亨之境，即可使吾明日处楚善、宽五之境。**君子之处顺境，兢兢焉常觉天之过厚于我，我当以所馀补人之不足。君子之处啬境，亦兢兢焉常觉天之厚于我；非果厚也，以为较之尤啬者，而我固已厚矣。古人所谓境地须看不如我者，此之谓也。**②

来书有"区区千金"四字，其毋乃不知天之已厚于我兄弟乎？兄尝观《易》之道，察盈虚消息之理，而知人不可无缺陷也。日中则昃，月盈则亏，天有孤虚，地阙东南，未有常全而不缺者。"剥"也者，"复"之几也，君子以为可喜也。"夬"也者，"姤"之渐也，君子以为可危也。是故既吉矣，则由吝以趋于凶；既凶矣，则由悔以趋于吉。君子但知有悔耳。悔者，所以守其缺而不敢求全也。小人则时时求全。全者既得，而吝与凶随之矣。众人常缺，而一人常全，天道屈伸之故，岂若是不公乎？

今吾家椿萱重庆，兄弟无故，京师无比美者，亦可谓至万全者矣。故兄但求缺陷，名所居曰求阙斋。盖求缺于他事，而求全于堂上。③此则区区之至愿也。家中旧债不能悉清，堂上衣服不能多办，诸弟所需不能一给，亦求缺陷之义也。内人不明此意，时时欲置办衣物，兄亦时时教之。"今幸未全备。待其全时，则吝与凶随之矣。此最可畏者也。"贤弟夫妇诉怨于房闼之间，此是缺陷。吾弟当思所以弥其缺而不可尽给其求，盖尽给则渐几于全矣。吾弟聪明绝人，将来见道有得，必且韪余之言也。

至于家中欠债，则兄实有不尽知者。去年二月十六接父亲正月四日手谕，中云："年事一切银钱敷用有馀。上年所借头息钱均已完清。家中极为顺遂，故不窘迫。"父亲所言如此，兄亦不甚了了。不知所完究系何项，未完尚有何项？兄所知者，仅江孝八外祖百两、朱岚暄五十两而已。其馀如耒阳本家之账，则兄由京寄还，不与家中相干。甲午冬借添梓坪钱五十千，尚不知作何还法，正拟此次禀问祖父。此外账目，兄实不知。下次信来，务望详开一单，使兄得渐次筹画。如弟所云家中欠债千馀金，若兄早知之，亦断不肯以四百赠人矣。如今信去已阅三月，馈赠族戚之语，不知乡党已传播否？若已传播而实不至，则祖、父受啬吝之名，我加一信，亦难免二三其德之诮。此兄读两弟来书，所为踌躇而无策者也。兹特呈堂上一禀，依九弟之言书之。谓朱啸山、曾受恬处二百落空，非初意所料；其馈赠之项，听祖、父、叔父裁夺。或以二百为赠，每人减半亦可；或家中十分窘迫，即不赠亦可。戚族来者，家中即以此信示之，庶不悖于过则归己之义。贤弟观之，以为何如也？

若祖、父、叔父以前信为是，慨然赠之，则此禀不必付归，兄另有安信付去，恐堂上慷慨持赠，反因接吾书而尼沮。**凡仁心之发，必一鼓作气，尽吾力之所能为。稍有转念，则疑心生，私心亦生。疑心生，则计较多而出纳吝矣；私心生，则好恶偏而轻重乖矣。**使家中慷慨乐与，则慎无以吾书生堂上之转念也，使堂上无转念，则此举也，阿兄发之，堂上成之，无论其为是为非，诸弟置之不论可耳。向使去年得云贵、广西等省苦差，并无一钱寄家，家中亦不能责我也。

九弟来书，楷法佳妙，余爱之不忍释手。起笔、收笔皆藏锋，无一笔撒手乱丢，所谓有往皆复也。想与陈季牧讲究，彼此各有心得。可喜可喜！然吾所教尔者，尚有二事焉：一曰换笔。古人每笔中间必有一换，如绳索然，第一股在上；一换，则第二股在上；再换，则第三股在上也。笔尖之着纸者仅少许耳。此少许者，吾当作四方铁笔用，起处东方在左、西方向右，一换则东方向右矣。笔尖无所谓方也，我心中常觉其方。一换而东，再换而北，三换而西，则笔尖四面有锋，不仅一面相向矣。二曰结字有法。结字之法无穷，但求胸有成竹耳。

六弟之信，文笔拗而劲；九弟文笔婉而达，将来皆必有成。但目下不知各看何书？万不可徒看考墨卷，汩没性灵。每日习字不必多，作百字可耳。读背诵之书不必多，十叶可耳。看涉猎之书不必多，亦十叶可耳。但一部未完，不可换他部。此万万不易之道。阿兄数千里外教尔，仅此一语耳。

罗罗山兄读书明大义，极所钦仰，惜不能会面畅谈。余近来读书无所得，酬应之繁，日不暇给，实实可厌。惟古文、各体诗，自觉有进境，将来此事当有成就；恨当世无韩愈、王安石一流人与我相质证耳。贤弟亦宜趁此时学为诗、古文，无论是否，且试拈笔为之。及今不作，将来年长，愈怕丑而不为矣。每月六课，不必其定作时文也。古文、诗、赋、四六，无所不作，行之有常，将来**百川分流，同归于海。则通一艺即通众艺，通于艺即通于道，初不分而二之也。**

此论虽太高，然不能不为诸弟言之。使知大本大原，则心有定向，而不至于摇摇无着。虽当其应试之时，全无得失之见乱其意中；即其用力举业之时，亦于正业不相妨碍。诸弟试静心领略，亦可徐徐会悟也。

外附录《五箴》一首、《养身要言》一纸、《求缺斋课程》一纸。

诗文不暇录，惟谅之。

兄国藩手草。

三月初十日

【注释品札】

手足不亲，岂念他人

① "何必因二字而多费唇舌"：句中所言二字为"糊涂"。曾氏兄弟屡屡为信迟、信少而生口战，甚至互相责怒，恨怨不已。责骂对方"糊涂"到忘了写信。虽不为大雅，亦足见手足情深。就是在战场上，兄弟间也是生死与共，义无反顾。这也许正是曾氏家门至此一代鼎盛至极的一个重要原因。为人者不顾其家，岂有报国之心；兄弟手足不亲，岂能顾念他人？诚然，绝顶自私，唯一身一家而无他者除外。

处顺守逆之道

②"君子之处顺境……此之谓也"句：君子处于顺境之时，当战战兢兢，觉得老天待我太厚了，应该时常想到以自己的有余而补他人之不足；处于逆境之中，也应该想到老天优厚于我，不在于事实上的薄厚，而在于和那些比我更悲惨的相比较，我算是幸运的了。所以古人说，境地须看不如我的人，就是这个道理吧。曾公处顺、逆境之说，当为人一生安身立命之金言。处顺当思天恩，有余当思补不足；处逆当思不如我者，犹当自足、自勉、自强。果真能如此，人生复有何难何忧？

世上永恒不变的只有"变"　走向自身反面的就是"化"

③"盖求缺于他事，而求全于堂上"句：曾公通过研究《易经》的道理，知道世上没有十全十美的事物，一旦到了全、美之时，便会走向反面。

人这一生无论从政为官、从商为贾、治家理财、做人做事，都不可以苛求完美。"完美"二字当新释为完了也就没了。而"完全"之日，也就是"全完"之时。正如雪莱诗中所言：冬天到了，春天还会远吗？反之则是：春天到了，冬天还会远吗？世界万物没有可称永恒的，而永恒不变的只有"变化"二字。万事万物都在时刻扬弃自我的现时态，这就是"变"；在"变"中一步步走向自己的反面，这就是"化"。

⑪

致六弟、九弟信附件：立身五箴、养身要言

〔**提要**〕该二文是曾国藩于三月初十日致六弟、九弟信的附件。《五箴》一文，主要讲立身箴言：其一，立志；其二，居敬；其三，主静；其四，谨言；其五，有恒。《养身要言》主要讲仁、义、礼、智、信五言，分主人的肝、肺、心、肾、脾五个器官。此二文是曾国藩修身养性之要旨所在，无论做人与为官，皆足玩味镜鉴。

五　箴

（并序　甲辰春作）

少不自立，荏苒遂洎今兹。盖古人学成之年，而吾碌碌尚如斯也，不其戚矣！继是以往，人事日纷，德慧日损，下流之赴，抑又可知。夫疢疾所以益智，逸豫所以亡身。仆以中才而履安顺，将欲刻苦而自振拔，谅哉其难之与！作《五箴》①以自创云。

立　志　箴

煌煌先哲，彼不犹人。藐焉小子，亦父母之身。聪明

福禄，予我者厚哉！弃天而佚，是及凶灾。积悔累千，其终也已。往者不可追，请从今始。荷道以躬，舆之以言。一息尚活，永矢弗谖。

居 敬 箴

天地定位，二五胚胎。鼎焉作配，实曰三才。俨恪斋明，以凝女命。②女之不庄，伐生戕性。谁人可慢？何事可弛？弛事者无成，慢人者反尔。纵彼不反，亦长吾骄。人则下女，天罚昭昭。

主 静 箴

斋宿日观，天鸡一鸣，万籁俱息，但闻钟声。后有毒蛇，前有猛虎。神定不慑，谁敢余侮？岂伊避人，日对三军。我虑则一，彼纷不纷。驰骛半生，曾不自主。今其老矣，殆扰扰以终古。

谨 言 箴

巧语悦人，自扰其身。闲言送日，亦搅女神。解人不夸，夸者不解。道听途说，智笑愚骇。骇者终明，谓女实欺。笑者鄙女，虽矢犹疑。尤悔既从，铭以自攻。铭而复蹈，嗟女既耄。

有 恒 箴

自吾识字，百历洎兹。二十有八载，则无一知。曩之所忻，阅时而鄙。故者既抛，新者旋徒。德业之不常，曰为物牵。尔之再食，曾未闻或愆。黍黍之增，久乃盈斗。天君司命，敢告马走。

养身要言[3]

（癸卯入蜀道中作）

一阳初动处，万物始生时。不藏怒焉，不宿怨焉。右仁，所以养肝也。

内有整齐思虑，外而敬慎威仪。泰而不骄，威而不猛。右礼，所以养心也。

饮食有节，起居有常。作事有恒，容止有定。右信，所以养脾也。

扩然而大公，物来而顺应。裁之吾心而安，揆之天理而顺。右义，所以养肺也。

心欲其定，气欲其定，神欲其定，体欲其定。右智，所以养肾也。

【注释品札】

立志：少壮不至，老大何攀？

①《五箴》：该文为曾公进入官场及中老年后，自思少年业不深，而想继续提高自己，又有公务在身，人际纷杂，实在很困难，如此，唯恐连原来的德、智都要渐渐下降，所以在

五个方面写下了立身处世的条文，作为箴言来自勉，同时来教谕诸弟，大有少壮不努力，老大徒伤悲，年一过往，何可攀缘之滋味。其五言如下：

其一，立志。一句"往者不可追，请从今始"，足见曾公对同学少年时代的追悔之心，从此自强自振自拔之决心。人之立志一为志向，一为志气。志向有目标之意，决定人一生走什么路，要成为一个什么样的人；志气则是实现目标的奋斗精神。人有什么志向就一定会去追求、追寻什么，而志气之长短、之恒暂则决定你能否达到、得到。所以他说："一息尚活，永矢弗谖。"

居敬：谁人可慢？何事可弛？

其二，居敬。敬人者人恒敬之，爱人者人恒爱之。反之亦如此。居敬：一为敬业。"何事可弛？""弛事者无成。"二为敬人。不可傲慢待人。"谁人可慢？""慢人者反尔。纵彼不反，亦长吾骄。"也就是说，人是不可慢待的。你不敬重别人，别人也不敬重你，也要攻击你。即使不如此，那么也会自长骄气。骄傲的人是没人看得起你的。三为自敬，如果连自己都不尊重自己，别人怎么会尊重你呢？

主静：我虑则一，彼纷不纷

其三，主静。不管什么情况下，都要气定神闲，泰山崩于前而色不变。正如其所说："后有毒蛇，前有猛虎。神定不慑，谁敢余侮？岂伊避人，日对三军。我虑则一，彼纷不纷。"意思是说：后有蛇逼，前有虎视，但我什么都不怕，不慌乱。谁敢来欺负我？岂是怕你这个人，我面对三军都无所畏惧。只要能做到心神不乱，心有一定之规，主意拿定，你所面对的纷乱也就不乱了。这是曾公半生历尽劫波苦难的心得以教诸弟之语。

谨言：出语务慎，免讥远祸

其四，谨言。说话一定要谨慎。花言巧语、闲言碎语、道听途说之语，都不要去说，否则不但自扰扰人、心神不宁，还会在真相大白时，遭人取笑。而且曾公在他的信中称"多言"为取祸之道。

有恒：黍黍之增，久乃盈斗

其五，有恒。这是曾公一生所倡导的精神。无论读书、做事，只要能持之以恒，没有半途而废便会有所成。如《五箴》中所说："黍黍之增，久乃盈斗。"只要肯一粒米一粒米地增加，时间久了，自然会把斗装满。且政教功名尤重积累之功，绝不可一蹴而就。欲速则不达。

自庄自重，配称三才

②"以凝女命"句：在天、地、人三才中，人是配属天地的。人只有恪守自然之道、自庄自重，才配称三才之一。如孔子所言，以德修身、以诚处世，则人可与天地相接，并立为三，无所不通。古文"女"与"汝"通假，指"你"。如"吾"指"我"，"渠"指"他"同义。

德以安身，不藏怒、不宿怨

③"养身要言"：这是曾公在出差到四川途中所作的立身及养生之语。主讲仁以养肝、礼以养心、信以养脾、义以养肺、智以养肾。大体为身、心互相影响，生理、心理互相感染之意。曾公特重养身，很重滋补之物。他在《养身要言》中所讲的"不藏怒""不宿怨"，不让怒怨积郁于心，泰然自若而不骄躁，威而不猛，饮食有节制，起居有规律，做事有恒，行止有定，扩大心胸，不逆反外物，处世行政要做到心安理顺，心定、气定、神定、体定等诸语无一不大益于身心健康，而非仅限于待人处世者。

⑫
致诸弟：教字写得好坏关乎一生之福分

〔提要〕这是曾国藩为京官时出差到四川与家中久未通信，回京后所写的一封家书。由于久未通信，兄弟互相责骂"糊涂"，读来令人发笑，饶有兴味之中，尚可见其兄弟之亲情，正所谓"烽火连三月，家书抵万金"了。信中基本要点有二：其一，凡事求专，不可见异思迁；其二，字要写得好，写字的好坏，关乎一个人一生的福分。也许有人会以为这是小题大做、耸人听闻之语，其实不然。

四位老弟左右：

正月廿三日接到诸弟信，系腊月十六在省城发。不胜欣慰！四弟女许朱良四姻伯之孙，兰姊女许贺孝七之子，人家甚好。可贺！惟蕙妹家颇可虑，亦家运也。

六弟、九弟今年仍读书省城，罗罗山兄处附课甚好。既在此附课，则不必送诗文与他处看，以明有所专主也。凡事皆贵专。求师不专，则受益也不入；求友不专，则博爱而不亲。心有所专宗，而博观他途以扩其识，亦无不可。无所专宗，而见异思迁，此眩彼夺，则大不可。①罗山兄甚为刘霞仙、欧晓岑所推服，有杨生（任光）者，亦能道其梗概，则其可为师表明矣，惜吾不得常与居游也。在省用钱，可在家中支用（银三十两，则够二弟一年之用矣，亦在吾寄一千两之内）。予不能别寄与弟也。

我去年十一月廿日到京，彼时无折差回南，至十二月中旬始发信，乃两弟之信，骂我糊涂，何不检点至此！赵子舟与我同行，曾无一信，其糊涂更何如耶？余自去年五月底至腊月初，未尝接一家信。我在蜀，可写信由京寄家；岂家中信不可由京寄蜀耶？又将骂何人糊涂耶？凡动笔不可不检点。

陈尧农先生信至今未接到。黄仙垣未到京。家中付物，难于费心，以后一切布线等物，均不必付。九弟与郑、陈、冯、曹四信，写作俱佳。可喜之至！**六弟与我信，字太草率。此关乎一生福分，**②**故不能不告汝也。四弟写信，语太不圆。由于天分，吾不复责。**

馀容续布，诸惟心照。

兄国藩手具。

正月廿六日

【注释品札】

天下事忌一"泛"字

①"凡事皆贵专……则大不可"句：读书不可以泛读，泛读等于没读，白浪费时间；也不可只读一书、一学，因为知识都是相互贯通的。最好的方法是在一专的基础上去广采。曾国藩在别的信中嘱其弟称："读背诵之书不必多，十叶可耳。看涉猎之书不必多，亦十叶可耳。但一部未完，不可换他部，此万万

不易之道。阿兄数千里之外教尔，仅此一语耳。"足见其对读书的积累之功、循序而进、善始善终的重视，对专一的推重。

读书如此，交友也不可泛交。其一，天下人不可能交得遍；其二，天下人没几个可以成为真朋友的；其三，人生有几个真心的好朋友足矣；其四，交友多等于没交，就和请十个人一起吃饭等于没请一样；其五，集约经营，一亩地可抵十亩地之收获，当然首先要选好吧。这也许正是曾公的"守约之道"吧。

工作也是同样。一要有坚守，有坚守，才有专，才有权威，才有达到顶点的可能；二要有专注，都讲勤能补拙，其实专注本身就是一种智力的补充。马戏团里选猴子的时候，一定选注意力集中的，对于那些精力分散、东张西望的猴子一律淘汰。因为前者很快就会成为上台的"演员"，后者则无法调教成功。

写字与命运

②"字太草率。此关乎一生福分"句：字草率则代表心浮气躁，不认真。如此之人，很难成事。而只要字写得好，会有一种晕轮效应，会被认为此人很有才气、才学。为官者一定要把字练得像个样子才过得去。因为常人是靠眼睛来认识、评价事物的，字写得不好，即使不影响你的官运，至少会让你遭人怀疑与笑话。

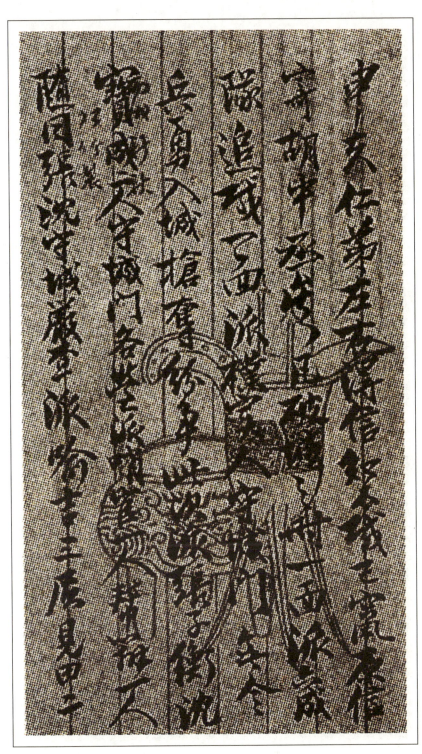

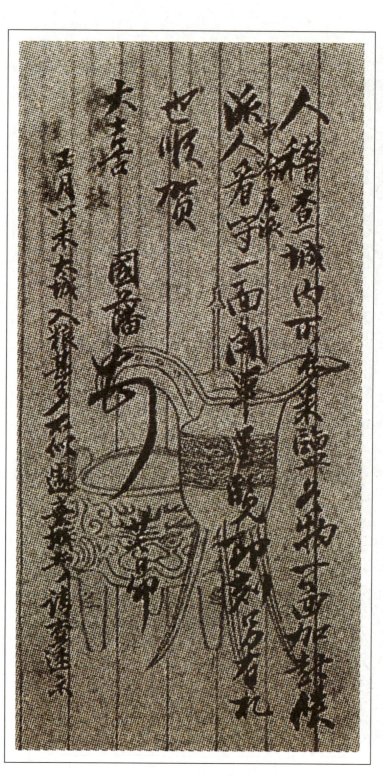

 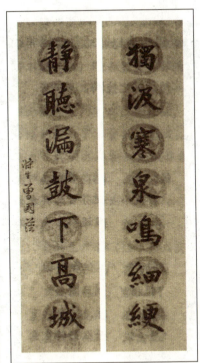

曾国藩对联书法手迹

曾国藩致刘铭传书信手迹

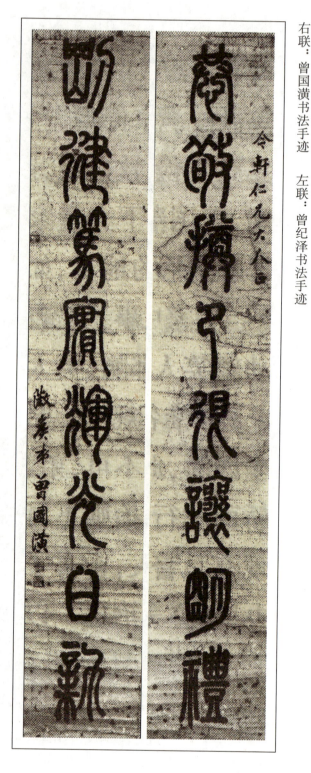

右联：曾国潢书法手迹　　左联：曾纪泽书法手迹

曾国荃书法手迹

鼎石埭桂正華憫水旱之洊臻痛鴻雁之在澤爰與
撫邮饑荒庶有慈航渡世之志吾民亦幸得登彼岸
旣慶橋之成是宜並書其名壽諸金石俾江南士庶
欣然誦周官恤民之義各矢同舟共濟之忱尚慎旃
光緒乙酉年十二月湘鄉曾國荃撰并書

壽南等九軍門久助篆

一片光明心比月
十分欣喜我知魚

沅滴曾國荃謹題

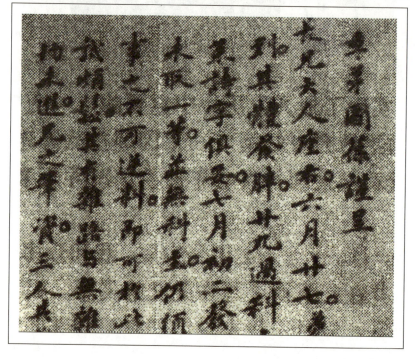

第國華謹啟

大兄大人左右十四日在縣城接到去腊初十日所發之信籍悉一切甚善并問及第何以無一字至京弟非不欲時＋作書訊問 趄居但每攬鏡自照面目增赧輒亦中止蓋弟之與兄學問則一醇而一陋地位則一貴而一賤人品則一薰而一蕕雖目置千萬字於 兄側無益於兄祇之增弟之赧辱耳昔問之疏職是之由伏惟原宥本朝定鼎帶礪之誓士人必聞威如庸然後可得甲科内子柔懦無感可畏弟坐是沈淪二十年今擬增置一妾秋風桂子庭其有望于然此亦無聊之極思必明日九弟麓山去矢季弟課四兒子弟則利見齋頭一致吾不相為謀各言其志而已家中春□平安堂上各位老人均極康健 兄不必挂念即候

長姒大人新禧

正月廿三夜呈

左季國葆謹上

大兄大人座右六月十七□春瑞弟體吝肿廿九遍科□不宜字供千七月初二夜本取一羊生無科王□之不可止科所可栖此武傾必王□□□□柳在迹尺之年□三今太

【曾國藩選集】

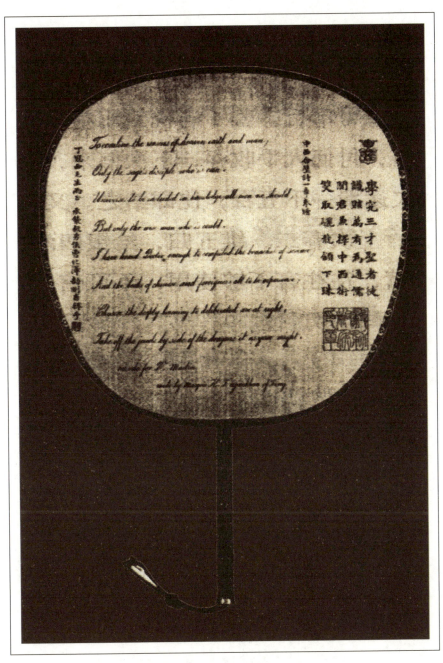

曾纪泽出访英法时送给外国友人的扇子，
上面的中英文书法都是他的手迹

男紀鴻跪稟

父親大人膝下接奉

手諭欲男不可冒昧往營苦心作詩文經策男現請

宋生香先生改詩文第未作經策耳男前在家

時曾送詩文至金陵係生香先生所批改文筆

甚是圓熟故此時仍從之

母親及 九叔均以為相宜昨已開會作詩文各一篇

謹將原稿呈

閱此間諸事皆平安即請

萬福金安 五月初七日 男謹呈

曾纪鸿家书手迹

13

致诸弟：教兄弟相处、读书择友之道

〔**提要**〕该信之要点大体有三：其一，讲兄弟相处之道，可称义理之人的大境界，足可普适于官场；其二，讲读书治学之道，大抵讲一"专"字、一"耐"字、一重"义理"的"守约"之道；其三，亲师择友，凡人必有师，而择友则关乎"一生之成败"，不可不慎。

诸位老弟足下：

正月十五日接到四弟、六弟、九弟十二月初五日所发家信。

四弟之信三叶，语语平实，责我待人不恕，甚为切当。谓月月书信徒以空言责弟辈，却又不能实有好消息，令堂上阅兄之书，疑弟辈粗俗庸碌，使弟辈无地可容云云。此数语，兄读之不觉汗下。①

我去年曾与九弟闲谈云："为人子者，若使父母见得我好些，谓诸兄弟俱不及我，这便是不孝；若使族党称道我好些，谓诸兄弟俱不如我，这便是不弟。"何也？盖使父母心中有贤愚之分，使族党口中有贤愚之分，则必其平日有讨好底意思，暗用机计，使自己得好名声，而使其兄弟得坏名声，必其后日之嫌隙由此而生也。**刘大爷、刘三爷兄弟皆想做好人，卒至视如仇雠。因刘三爷得好名声于父母族党之间，而刘大爷得坏名声故也。**今四弟之所责我者，正是此道理，我所以读之汗下。但愿兄弟五人，各各明白这道理，彼此互相原谅。兄以弟得坏名为忧，弟以兄得好名为快。兄不能使弟尽道得令名，是兄之罪；弟不能使兄尽道得令名，是弟之罪。若各各如此存心，则亿万年无纤芥之嫌矣。

至于家塾读书之说，我亦知其甚难，曾与九弟面谈及数十次矣。但四弟前次来书，言欲找馆出外教书。兄意教馆之荒功误事，较之家塾为尤甚。与其出而教馆，不如静坐家塾。若云一出家塾便有明师益友，则我境之所谓明师益友者我皆知之，且已夙夜熟筹之矣。惟汪觉庵师及欧阳沧溟先生是兄意中所信为可师者。然衡阳风俗，只有冬学要紧，自五月以后，师弟皆奉行故事而已。同学之人，类皆庸鄙无志者，又最好讪笑人。（其笑法不一，总之不离乎轻薄而已。四弟若到衡阳去，必以翰林之弟相笑。薄俗可恶。）**乡间无朋友，实是第一恨事。不惟无益，且大有损。习俗染人，所谓与鲍鱼处亦与之俱化也。**兄尝与九弟道及，谓衡阳不可以读书，涟滨不可以读书，为损友太多故也。

今四弟意必从觉庵师游，则千万听兄嘱咐，**但取明师之益，无受损友之损也。**②接到此信，立即率厚二到觉庵师处受业。其束脩，今年谨具钱十挂。兄于八月准付回，不致累及家中。非不欲从丰，实不能耳。兄所最虑者，同学之人无志嬉游，端节以后放散不事事，恐弟与厚二效尤耳。切戒切戒！凡从师，必久而后可以获益。四弟与季弟今年从觉庵师，若地方相安，则明年仍可从游。若一年换一处，是即无恒者见异思迁也，欲求长进难矣。

此以上答四弟信之大略也。

六弟之信，乃一篇绝妙古文。排奡似昌黎，拗很似半山。予论古文，总须有倔强不驯之气、愈拗愈深之意，故于太史公外，独取昌黎、半山两家。论诗亦取傲兀不群者，论字亦然。每蓄此意而不轻谈，近得何子贞，意见极相合，偶谈一二句，两人相视而笑，不知六弟乃生成有此一支妙笔。往时见弟文，亦无大奇特者。今观此信，然后知吾弟真不羁才也。欢喜无极，欢喜无极！凡兄所有志而力不能为者，吾弟皆可为之矣。

信中言兄与诸君子讲学，恐其渐成朋党，所见甚是。然弟尽可放心。兄最怕标榜，常存暗然尚纲之意，断不致有所谓门户自表者也。信中言四弟浮躁不虚心，亦切中四弟之病。四弟当视为良友药石之言。

信中又有"荒芜已久，甚无纪律"二语。此甚不是。臣子与君亲，但当称扬善美，不可道及过错；但当谕亲于道，不可疵议细节。兄从前常犯此大恶，但尚是腹诽，未曾形之笔墨，如今思之，不孝孰大乎是？常与阳牧云并九弟言及之，以后愿与诸弟痛惩此大罪。六弟接到此信，立即至父亲前磕头，并代我磕头请罪。

信中又言："弟之牢骚，非小人之热中，乃志士之惜阴。"读至此，不胜惘然，恨不得生两翅忽飞到家，将老弟劝慰一番，纵谈数日乃快。然向使诸弟已入学，则谣言必谓学院做情。众口铄金，何从辩起？所谓：塞翁失马，安知非福？科名迟早，实有前定，虽惜阴念切，正不必以虚名萦怀耳。

来信言"看《礼记》疏一本半，浩浩茫茫，苦无所得，今已尽弃，不敢复阅，现读朱子《纲目》，日十馀叶"云云。说到此处，兄不胜悔恨。恨早岁不曾用功，如今虽欲教弟，譬盲者而欲导人之迷途也，求其不误，难矣。然兄最好苦思，又得诸益友相质证，于读书之道，有必不可易者数端：

穷经必专一经，不可泛骛。读经以研寻义理为本，考据名物为末。读经有一"耐"字诀：一句不通，不看下句；今日不通，明日再读；今年不精，明年再读。此所谓耐也。读史之法，莫妙于设身处地，每看一处，如我便与当时之人酬酢笑语于其间。不必人人皆能记也，但记一人，则恍如接其人；不必事事皆能记也，但记一事，则恍如亲其事。经以穷理，史以考事。舍此二者，更别无学矣。

盖自西汉以至于今，识字之儒约有三途：曰义理之学，曰考据之学，曰词章之学。各执一途，互相诋毁。兄之私意，以为义理之学最大。义理明，则躬行有要而经济有本。词章之学，亦所以发挥义理者也。考据之学，吾无取焉矣。此三途者，皆从事经史，各有门径。吾以为欲读经史，但当研究义理，则心一而不纷，是故经则专守一经，史则专熟一代，读经史则专主义理。此皆守约之道③，确乎不可易者也。

若夫经史而外，诸子百家，汗牛充栋。或欲阅之，但当读一人之专集，不当东翻西阅。如读《昌黎集》，则目之所见、耳之所闻，无非昌黎，以为天地间除《昌黎集》而外更别无书也。此一集未读完，断断不换他集，亦"专"字诀也。六弟谨记之。

读经、读史、读专集，讲义理之学，此有志者万不可易者也。圣人复起，必从吾言矣。然此亦仅为有大志者言之，若夫为科名之学，则要读"四书"文，读试帖律赋，头绪甚多。四弟、九弟、厚二弟天质较低，必须为科名之学。六弟既有大志，虽不科名可也，但当守一"耐"字诀耳。观来信言读《礼记》疏似不能耐者。勉之勉之！

兄少时天分不甚低，厥后日与庸鄙者处，全无所闻，窃被茅塞久矣。及乙未到京后，始有志学诗、古文并作字之法，亦洎无良友。近年得一二良友，知有所谓经学者、经济者，有所谓躬行实践者，始知范、韩可学而至也，司马迁、韩愈亦可学而至也，程、朱亦可学而至也。慨然思尽涤前日之污，以为更生之人，以为父母之肖子，以为诸弟之先导。无如体气本弱，耳鸣不止，稍稍用心便觉劳顿。每自思念，天既限我以不能苦思，是天不欲成我之学问也，故近日以来，意颇疏散。计今年若可得一差，能还一切旧债，则将归田养亲，不复恋恋于利禄矣。粗识几字，不敢为非以蹈大戾已耳，不复有志于先哲矣。吾人第一以保身为要。我所以无大志愿者，恐用心太过，足以疲神也。诸弟亦须时时以保身为念。无忽无忽！

来信又驳我前书，谓必须博雅有才而后可明理有用，所见极是。兄前书之意，盖以躬行为重，即子夏"贤贤易色"章之意。以为博雅者不足贵，惟明理者乃有用，特其立论过激耳。六弟信中之意，以为不博雅多闻，安能明理有用。立论极精，但弟须力行之，不可徒与兄辩驳见长耳。

来信又言四弟与季弟从游觉庵师，六弟、九弟仍来京中，或肄业城南云云。兄之欲得老弟共住京中也，其情如孤雁之求曹也。自九弟辛丑秋思归，兄百计挽留，九弟当能言之。及至去秋决计南归，兄实无可如何，只得听其自便。若九弟今年复来，则一岁之内忽去忽来，不特堂上诸大人不肯，即旁观亦且笑我兄弟轻举妄动。且两弟同来，途费须得八十金，此时实难措办。弟云能自为计，则兄窃不信。

曹西垣去冬已到京，郭云仙明年始起程，目下亦无好伴。惟城南肄业之说，则甚为得计。兄于二月间准付银二十两至金竺虔家，以为六弟、九弟省城读书之用。竺虔于二月起身南旋，其银四月初可到。弟接到此信，立即下省肄业。

省城中兄相好的，如郭云仙、凌笛舟、孙芝房，皆在别处坐书院。贺蔗农、俞岱青、陈尧农、陈庆覃诸先生皆官场中人，不能伏案用功矣。惟闻有丁君者（名叙忠，号秩臣，长沙廪生），学问切实，践覆笃诚。兄虽未曾见面，而稔知其可师。凡与我相好者，皆极力称道丁君。两弟到省，先到城南住斋，立即去拜丁君（托陈季牧为介绍），执贽受业。**凡人必有师，若无师，则严惮之心不生。既以丁君为师，此外择友则慎之又慎。昌黎曰："善不吾与，吾强与之附；不善不吾恶，吾强与之拒。"一生之成败，皆关乎朋友之贤否，不可不慎也。**

来信以进京为上策，以肄业城南为次策。兄非不欲从上策，因九弟去来太速，不好写信禀堂上。不特九弟形迹矛盾，即我禀堂上，亦必自相矛盾也。又目下实难办途费。六弟言能自为计，亦未历甘苦之言耳。若我今年能得一差，则两弟今冬与朱啸山同来甚好。目前且从次策。如六弟不以为然，则再写信来商议可也。

此答六弟信之大略也。

九弟之信，写家事详细，惜话说太短。兄则每每太长，以后截长补短为妙。尧阶若有大事，诸弟随去一人帮他几天。牧云接我长信，何以全无回信？毋乃嫌我话太直乎？扶乩之事，全不足信。九弟总须立志读书，不必想及此等事。季弟一切皆须听诸兄话。

此次折弁走甚急，不暇抄日记本。馀容后告。冯树堂闻弟将到省城，写一荐条，荐两朋友。弟留心访之可也。

正月十七日

【注释品札】

虽至亲之人亦不可责之太切

①"兄读之不觉汗下"句：曾国藩写给弟弟们的信，多为教诲之语，所以导致四弟的逆反，复信向他"抗议"。但曾国藩非但不反感，反而是那么认真地检讨自己。兄弟们的反驳之语是：你待人很不宽厚，总是用大道理指责我们的过错，总怀疑我们粗俗庸碌，让我们无地自容，你能否考虑到我们的自尊心呢？而曾国藩的态度则是：你的批评是很有道理的，让我直流冷汗，很是惭愧。是啊，如果让父母觉得我比你们优秀，让父母有贤愚之分，这就是我的不孝之处了；如果在族人乡党中让人感到你们不如我，这就是我的不悌之处了。一旦出现这种情况，就会导致兄弟之间的不和睦，互相怨恨仇视了。这正是我读了你的信后直流汗的原因。我们兄弟都应该知道这个道理，应该互相谅解才是。当哥哥的应当以兄弟们的名声不好为自己的罪过，而弟弟们当以兄长不得好名为罪过；如果我们都能如此想，那就不会有什么矛盾了。

曾国藩所言兄弟相处之道，发人深省，不仅适用于兄弟之间，也适用于同事、官场之间。如果真能达到曾国藩所说的人际境界，还有什么矛盾会发生呢？令人深省的是，不管面对何人，不管你说的话出于好心坏心，总要考虑到他人的自尊，都要把握语言的分寸。总是批评、指责，人何以堪？亲兄弟都不可以，何况他人呢？而人的弊端都是待之愈亲，责之愈切。

没有人愿意听到伤自尊的话语，不管出自何人之口。古人讲："顺情说好话，耿直讨人嫌。""糖衣"之所以能成为"炮弹"，是因为它是甜的，人们乐于接受。那些苦药都要包上糖衣，就是这个道理。病也治了，病人也没觉得苦涩难咽。世间总有两全其美、两遂其愿的办法，关键在于我们是否肯去动脑，肯去寻找。更可怕的是，你如果只想让人"苦"，而不是想治病，那就真是无药可救了。

千里马也不可独倚足力

②"但取明师之益，无受损友之损也"句：曾国藩讲人若要有长进必得有良师益友，无师则无所畏惮；而"一生之成败，皆关乎朋友之贤否"，所以择友必须"慎之又慎"。其实，于人生路上得一良师，何止于畏惮之用，更有开导、辟路、风助之功；人生的成功有哪一个离得开师、友之助呢？

守约之道，不唯读书

③"守约之道"：这是曾国藩一贯倡导的读书之道。他始终认为读书不在多，认为"博雅者不足贵，惟明理者乃有用"。他认为读书不但要有持之以恒的耐力，要有所专精，更要以"义理"为重，要懂得做人行事的道理，并要去实践才有用。尽管他在此信中自称有些立论偏激，却是很有道理的。其实，守约之道不只适用于读书，无论交人、做事、敛财皆应恪守此道。多则滥，频则烦，繁则冗，而人的精力是有限的，更何况万事皆物极必反。凡事取其有用之处，弃其无用之处，天下便没有无道理的道理了。

14

致诸弟：教怨天尤人发牢骚何如自省

〔提要〕此信是曾公在京为官后期，写给四位老弟的信。信中所言五事：其一，劝诸弟努力科举，以入仕途，也算帮助他了，让他轻松一点，因为他的几个弟弟青少年时代都不肯用心读书；其二，尤其是六弟温甫曾国华应少发牢骚，自己努力，不要辜负了自己的聪明；其三，述京中乡党人士之多不幸无常、生死穷达、倏忽之变故；其四，述本乡靠募捐弥补官府历任财政亏库之事，劝诸弟不要勉强他人，免得惹不好名声，甚至成为官府的把柄被反咬一口；其五，叙人情债务往来之开支情况等琐事。

澄侯、温甫、子植、季洪四弟足下：

日来京寓大小平安。癣疾又已微发，幸不为害，听之而已。

湖南榜发，吾邑竟不中一人。沅弟书中言温弟之文典丽矞皇，亦尔被抑。不知我诸弟中将来科名究竟何如？以祖宗之积累及父亲、叔父之居心立行，则诸弟应可多食厥报。以诸弟之年华正盛，即稍迟一科，亦未遽为过时。**特兄自近年以来事务日多，精神日耗，常常望诸弟有继起者，长**

住京城，为我助一臂之力。且望诸弟分此重任，余亦欲稍稍息肩，①乃不得一售，使我中心无倚。

盖植弟今年一病，百事荒废，场中又患眼疾，自难见长。温弟天分本甲于诸弟，②惟牢骚太多，性情太懒。前在京华，不好看书，又不作文，余心即甚忧之。近闻还家以后，亦复牢骚如常，或数月不搦管为文。吾家之无人继起，诸弟犹可稍宽其责，温弟则实自弃，不得尽诿其咎于命运。吾尝见友朋中牢骚太甚者，其后必多抑塞，如吴枟台、凌荻舟之流，指不胜屈。**盖无故而怨天，则天必不许；无故而尤人，则人必不服。感应之理，自然随之。**温弟所处，乃读书人中最顺之境，乃动则怨尤满腹，百不如意，实我之所不解。以后务宜力除此病，以吴枟台、凌荻舟为眼前之大戒。**凡遇牢骚欲发之时，则反躬自思：**③吾果有何不足而蓄此不平之气？猛然内省，决然去之。不惟平心谦抑，可以早得科名，亦且养此和气，可以稍减病患。万望温弟再三细想，勿以吾言为老生常谈，不值一哂也。

王晓林先生（植）在江西为钦差，昨有旨命其署江西巡抚。余署刑部，恐须至明年乃能交卸。袁漱六昨又生一女。凡四女，已殇其二。又丧其兄，又丧其弟，又一差不得。甚矣！穷翰林之难当也。黄麓西由江苏引见入京，迥非昔日初中进士时气象，居然有经济才。王衡臣于闰月初九引见，以知县用，后于月底搬寓下洼一庙中，竟于九月初二夜无故遽卒。先夕与同寓文任吾谈至二更，次早饭时，讶其不起，开门视之，则已死矣。死生之理，善人之报，竟不可解。

邑中劝捐弥补亏空之事，余前已有信言之，万不可勉强勒派。**我县之亏，亏于官者半，亏于书吏者半，而民则无辜也。向来书吏之中饱，上则吃官，下则吃民。名为包征包解，其实当征之时，则以百姓为鱼肉而吞噬之；当解之时，则以官为雉媒而播弄之。官索钱粮于书吏之手，犹索食于虎狼之口。再四求之，而终不肯吐。所以积成巨亏，并非实欠在民，亦非官之侵蚀入己也。今年父亲大人议定粮饷之事，一破从前包征包解之陋风，实为官民两利；所不利者，仅书吏耳。即见制台留朱公，亦造福一邑不小，诸弟皆宜极力助父大人办成此事。惟捐银弥亏，则不宜操之太急，须人人愿捐乃可。若稍有勒派，则好义之事，反为厉民之举。将来或翻为书吏所藉口，必且串通劣绅，仍还包征包解之故智，万不可不预防也。

梁侍御处银二百，月内必送去。凌宅之二百，亦已兑去。公车来，兑六七十金，为送亲族之用，亦必不可缓。但京寓近极艰窘，此外不可再兑也。邑令既与我商办公事，自不能不往还，然诸弟苟可得已，即不宜常常入署。陶、李二处，容当为书。本邑亦难保无假名请托者，澄弟宜预告之。

书不详尽，馀俟续具。

兄国藩手草。

九月初五日

【注释品札】

一枝独秀者最难过家族关

①"余亦欲稍稍息肩"句：曾国藩在京官任上十几年的时间里，不断地把几个弟弟轮流带在身边，教他们功课。但最让

他头疼的是来了一个便都要急着回老家，没有一个肯认真读书的，只有曾国荃稍好一些，但也只在京学了两年。而且兄弟几个对他都有嫉妒心理，认为他太耀眼了，让他们显得都没有光彩。而且为了周济那些穷亲朋好友的事，他的几个弟弟竟然联合起来抗议、指责他。当时曾家确实也很穷困。而且因为书信往来之事，兄弟之间竟然在信中互相出言不逊。

尽管曾国藩比他的几个弟弟年长许多，而且也很受几个弟弟的尊重，有长兄如父之意，但是这几个弟弟在渐渐长成后处于叛逆阶段时，几乎都与他有隔阂，甚至在背后议论、算计他。但曾国藩总是不放弃对他们学习、做人、处世方面的严格管教，软硬兼施，常常装出一副很谦虚的样子，表示他们说得很对，接受他们的批评，但一定苦口婆心地劝诱他们走上他所希望的道路，并不断地以他亲历的经验教训，教他们做人处世，以及怎样做官，怎样全身远害，力尽了一个兄长所能尽到的责任。但让他很失望的是几个弟弟没有一个能走上科举之路的。所以，他在信中讲道：近年来我特别累，常常希望你们之中有一个继起者帮上我，分担一点负重，让我歇歇肩，助我一臂之力。可是竟然一个都没有，让我心中一点倚靠都没有。话说得很动情也很客气，实际上心中充满了失望。事实上也如此，如果没有太平天国战事的爆发，他的几个兄弟也许就是平常乡绅。

曾国藩回乡办团练时，几个弟弟都来帮忙，而且都很卖力气。尤其是老二、老三都办过乡镇的团练。但不可能所有兄弟都去当兵啊，便留下大的看家，主持家中事务，其他几个兄弟便随他上了战场。但最有能力、最有军事才干的曾国荃骄横异常，仍旧经常和他闹别扭，意见相左，有时甚至须曾国藩严词惩戒才得执行。有时弟弟甚至在公开场合不给其兄面子，但其兄大多会忍过去，宽大为怀。所以官场之上竟然传闻他们兄弟交恶，影响很不好。而且曾国荃不断地在官场、军旅间给曾国藩惹事。曾国藩终于苦口婆心征服改造了这个弟弟，成为其得力臂助。

但毕竟是亲兄弟，几个弟弟渐渐地对曾国藩有了谅解，都成为他的得力帮手。尤其是当曾国藩被困江西南昌时，两兄弟各提生力军昼夜闯关破垒，一路血战去救援兄长之难时，真的是令人血脉偾张，感人实深。血浓于水的人伦亲情似乎是永远的真理吧。两个弟弟先后战死沙场，对于曾国藩而言，无疑是致命的打击，这也是他在身心与官场两个方面早衰的一个重要原因。连曾国潢在家中也要求曾国藩一定要保证曾国荃不要再出问题，曾国藩也不断地致信要求曾国荃不许再亲自去冲锋陷阵，但兄弟二人早已在军旅间积劳成疾了。曾国荃终于在其兄生前身后成长为国家的栋梁，这也许是曾国藩这个兄长一生最希望也是最高兴的了。曾国藩一生教弟功不可没。

让曾国藩忧爱交加的四个弟弟

②"温弟天分本甲于诸弟"句：温弟就是曾国藩的三弟曾国华。在几个兄弟中，这个温弟的天分是高于其他几个弟弟的。曾国藩初为京官时，最操心的便是他的几个弟弟，而且他是长子，最小的弟弟比他小十七岁，所以，他很疼爱他的几个弟弟。最让他头疼的是，几个弟弟都不爱读书，长大后仍旧让他放心不下。

二弟曾国潢根本就不读书。除了在长沙、衡阳为其兄帮办了一段团练外，一生都留在家中照管家族。又是本乡镇团练的"团长"，后来因其兄关系，又不断地参与县、府乃至省里的事务，所以曾国藩十分害怕他惹事，因为他的性格很不好。初年在乡镇办团练时，就有一点"小恶霸"的味道，经常草菅人命。曾国藩回乡知道后，曾用锥子刺他的大腿，让他领略一下被害人的滋味。而且曾国潢操持家政也总是大手大脚。后来长成，在曾国藩的严格管教下，也有一些出息，但凡事不忍，总算成为一个不错的地方乡绅，一个家族的好管家，至少让曾国藩免去家务之烦忧。

三弟曾国华就是信中所说的温甫、温弟。此人青少年时代最为聪明，但最没出息，既懒惰不肯读书，又总是怨天尤人，甚至对他的哥哥曾国藩经常口出怨言，心中甚是不服，并在兄弟间散布不满情绪，说曾国藩怕老婆，是在老婆的管束下才有所长进的。曾国藩就是把他带到北京亲教，他也不肯认真读书，反而更加牢骚不断，怨天尤人。不久，他回乡与其兄国潢办团练，一直到曾国藩回乡办湘军，出省作战，在1857年被困于江西南昌时，才激起他心中的血气与兄弟之情，拿着家父的手札，千辛万苦地穿越战场赶到武昌，找胡林翼借兵五千，赴江西作战，援助兄长，从此加入湘军，与湘军名将李续宾共领一军，驰骋于安徽战场之上，屡立战功，不幸在太平军著名的"三河大捷"中，全军覆没，与李续宾一同战死。

四弟即曾国荃，人品暂且不论，但有两大长处：其一，是曾国藩诸弟中较认真读书的一个。其二，军事才干很强，连朝廷都很赏识他这一点。曾经在二十三岁那年以府试第一名考为秀才，第二年又在县学中"科试一等，补廪膳生"。二十八岁举优贡，这是他一生的最高"学历"了，总算是科举中人。也是在曾国藩被困江西南昌之时，才三十二岁的曾国荃急赴兄难，找到湖南巡抚骆秉章，募得乡勇三千人，与周凤山一军三千人，共六千人，急赴江西作战，连克数城、数县，极大缓解了南昌的压力，后吉安守军败，为太平军所占领。江西巡抚起用曾国荃统兵吉安诸军，大败石达开，合围吉安，先后攻克吉水、万安、吉安，生擒太平军首领李雅凤，因功升任知府，还军长沙。

咸丰九年，曾国荃又入江西，三战皆捷，肃清江西战事，升为道员。之后随曾国藩、胡林翼进军安徽战场。回湖南募军万人，与其弟曾国葆合力大败陈玉成，攻克安徽省城安庆，因功升按察使记名、加布政使衔，赐黄马褂，赐号伟勇巴特鲁。又挥师东下一路连克数城，加头品顶戴。此时的曾国荃已在朝中赫赫有名，同治元年先后升为浙江按察使、江苏布政使，并以军务紧急为由，诏令不用回避与其兄同省为官，因此时曾国藩已被任为两江总督，直辖江苏。之后，曾国荃率其弟曾国葆、彭玉麟等湘军战将纵横皖南，攻无不克，战无不胜，于同治元年五月，率师直逼南京，驻军雨花台，围困南京长达两年，率病疲交加之师以壕战抗击南京城内外数十万太平军之夹击，不断获胜，因功升授浙江巡抚仍统军前线如故，终于在同治三年六月独率军攻破南京城，获平灭太平天国首功，被朝廷封为一等伯，加太子少保衔，赠名威毅公，赐双眼花翎。当年因遭受朝野攻击，受曾国藩命，裁撤湘军，曾国荃以养病为名回乡，以平息风波渡过难关。

同治四年，其兄调任剿捻"总司令"。朝中升任他为山西巡抚，他坚辞不受。诏命他重出，任湖北巡抚，调旧部剿捻。后因剿捻不力，再加之他在朝野中得罪人太多，没有给他说好话的，竟被免职回乡，闲居数年之久，直到光绪元年才被起用为陕西巡抚，先后历河道总督、山西巡抚，在山西任上大灾之年，救活灾民六百余万，民众为其立生祠。后又历任陕甘总督、两广总督、署礼部尚书、两江总督兼通商大臣。光绪十五年加太子太保衔，升为一品大员。光绪六年，与其兄一样去世于两江总督任上，兄弟二人与南京结下了生死缘。

纵观曾国荃一生，为曾国藩军旅生涯的得力臂助，也同为曾氏家族增添了不少光彩，曾国藩自小至大，也最疼爱这位兄弟。但曾国荃在官场上也为他带来了许多麻烦。诸多麻烦在其他注释中多已说明，不一一赘述。此人最大的缺点是过分倔强自是，总是与人搞摩擦，就连曾氏兄弟的共同致密朋友彭玉麟都要致信弹劾他；连他的上司、朝中信任的官文他都敢弹劾；连李鸿章都不敢招惹他，其他友军、同僚就不用说了。因而他的官场一生不但不断地被弹劾、举报、攻击，而且多次被免职回乡与交部议处。而且此人治军不严，骄纵军旅，杀人如麻，滥用人且极贪婪。如果早年没有其兄曾国藩的软硬兼施，严加约拘，早就不可收拾跌倒中途了。

再就是曾国藩的五弟曾国葆了，信中所说的季洪、季弟、贞幹、恒弟等是他的名、字、号。他比曾国藩小十七岁，从小就很有个性，很有个人见解。入县学后，他坚决不肯走科举之路。曾国藩也十分疼爱器重这位比自己小十七岁的小老弟。曾国葆虽然是诸兄弟中最小的，却是随其兄从军最早的。在曾国藩办团练之初，他就跟随其身边。他先后参加了剿灭常德、宁乡匪患的战事，认为其兄身边的把总杨载福、幕僚彭玉麟二人是非常之人，不断向其兄推荐，并表示甘居二人之下。湘军兴办水师，二人为统领，曾国葆便随二人同领水军。水师兵败岳州，曾国葆主动承担责任，开脱主将无罪，并引咎辞职回乡隐居于紫田山中，不再参与军政之事。直到他的哥哥曾国华阵亡于三河战役，他才重新出山，发誓为其兄报仇。胡林翼派他自领千人，从黄州转战于潜山、太湖一带。在安庆城下与其兄曾国荃会师合兵，从此始终与曾国荃并肩作战，成为曾国荃的得力帮手。在攻克安庆时，他设计招降太平军守将之一的程启功，因而攻克安庆此功居多。同治元年，兄弟二人分兵沿长江一路向南京进军，连破鲁港、繁昌、南陵、芜湖。兄弟二人会师于雨花台下，开始围困南京。曾国葆先后以军功升任训导、国子监学正，赐号迅勇巴图鲁。在雨花台围困南京时，军中瘟疫流行，他也身染重病，正要请假休养时，李秀成等太平军将领汇集浙江战场等地的主力部队数十万人来为南京解围。曾国葆扶病而起，与其兄曾国荃共同率军苦战了四十六天。太平军撤退解围后，他也累垮了。朝廷因功升任他为知府，可是任命到达时，曾国葆已一命呜呼了。朝中追赠其内阁学士依二品议恤，为建专祠，谥号靖毅。

自省则心平，则气和事顺

③"则反躬自思"句：这一大段都是曾国藩批评、教育他那位心高气傲、聪明却懒惰，总是牢骚不断、怨天尤人的温弟的话，读来令人颇受教益。

人生不得意处十之八九。凡不得意、不顺利的时候，怨天尤人者居多，所以世多庸人；反躬自省者为少，所以能自省者多为成功者。人的心境与处境、事境有时是成正比的，你越是心平气和的时候，便越顺利；心越不顺的时候，气越多的时候，事便越不顺，处境便越糟糕。物不平则鸣，人不平则气生，气生则怨，则恨，则躁，处任何事皆无冷静之心，必致一塌糊涂乃至不可收拾。而若想事顺，必须气顺，欲气顺必心平，欲心平必得自省功夫，舍此无他途。任你是何等人，也须知这个世界既不为你一个而存在，也不会因你一个人而改变，更不会因你高兴不高兴，因你怨，因你忧，因你会发牢骚而改变，只会把一切搞得更糟。人在社会、群体中，只有调整、改变自我，才有立足与发展的空间，你改变多少，就有多大的空间。

15

致诸弟：教怨天尤人者为无能之辈

〔**提要**〕该信是曾公劝喻诸弟正确对待考场失意的一封专信：劝诸弟正确对待自己，不要怨天尤人，不要因愤激过久，而生骄惰之气。要从自身努力做起；更不能滋长骄气，以免遭人讥笑；真正的进步之道只有自己用功，戒满除傲。曾公还用自己与他人的前鉴，来从正反两方面劝慰科举失意的弟弟们，足见为人兄长者之苦心。

四位老弟足下：

前次回信内有四弟诗，想已收到。九月家信有送率五诗五首，想已阅过。

吾人为学，最要虚心。尝见朋友中有美才者，往往恃才傲物，动谓人不如己，见乡墨则骂乡墨不通，见会墨则骂会墨不通，既骂房官，又骂主考，未入学者，则骂学院。平心而论，己之所为诗文，实亦无胜人之处；不特无胜人之处，而且有不堪对人之处。**只为不肯反求诸己，①便都见得人家不是。既骂考官，又骂同考而先得者。傲气既长，终不进功，所以潦倒一生而无寸进也。**

余平生科名极为顺遂，惟小考七次始售。然每次不进，未尝敢出一怨言，但深愧自己试场之诗文太丑而已。至今思之，如芒在背。^②当时之不敢怨言，诸弟问父亲、叔父及朱尧阶便知。盖场屋之中，**只有文丑而侥幸者，断无文佳而埋没者**，此一定之理也。

三房十四叔非不勤读，只为傲气太胜，自满自足，遂不能有所成。京城之中亦多有自满之人，识者见之，发一冷笑而已。又有当名士者，鄙科名为粪土，或好作诗古文，或好讲考据，或好谈理学，嚣嚣然自以为压倒一切矣。自识者观之，彼其所造曾无几何，亦足发一冷笑而已。**故吾人用功，力除傲气，力戒自满，毋为人所冷笑，乃有进步也。**

诸弟平日皆恂恂退让，第累年小试不售，恐因愤激之久，致生骄惰之气，故特作书戒之。务望细思吾言而深省焉。幸甚幸甚！

国藩手草。

十月廿一日

【注释品札】

求全责备他人不如反躬自问

①"只为不肯反求诸己"句：孔子说凡事不成功者，求诸人，不如反求诸己。意思是说有一种人一旦不成功、不如意，从来不从主观上找原因，只是一味地怨天尤人。自己射不中箭靶，不见自己的功夫差，却怨别人的技术好，怨别人幸运，怨靶子摆歪了，而不说自己的箭射偏了。既抱怨天道不公，又怨恨他人不成就自己，这种人是永无进步之时的。出了状况，总

是求全责备他人，不如反躬自问，在自己的身上找毛病，才会有所进步啊。

尤人者不如人，责己者人莫及

②"至今思之，如芒在背"句："高考"已过去多少年了，可是一想起那时答卷的拙劣，仍旧如芒在背。这也是曾公事事反思自己不是的过人之处。他尽管自称"余平生科名极为顺遂"，只有小考不顺，经历七次才得以成功，但每次落榜，从来不出一怨言。曾公所言科考顺遂并非实言，而不怨天尤人，反求诸己则是真。这也是曾国藩一生的过人之处。所以他总能不断地进步，不断地超越于他人之上。世间事常常就是如此：越是觉得自己很了不起，认为自己高过别的人就越不如人；越是知道自己不足之处的人，别人便越赶不上他。怪哉?！不怪。这就和谷穗总是低头沉默不语而莠草总是摇头摆尾趾高气扬一样。

16

致诸弟：教仕途之上尽其在我，听其在天

〔**提要**〕该信为曾公在京官任上所寄诸弟的家书。基本思想有三：其一，在社会生活中，个人可以主宰的只有两件事，一为"进德"，一为"修业"；其二，仕途之上，顺其自然，不可稍有妄想；其三，治家之道，须有家法家规，但不能太严厉。尽管其言未必尽是，但自有他的道理所在。

四位老弟左右：

昨廿七日接信，快畅之至，以信多而处处详明也。

四弟《七夕诗》甚佳，已详批诗后。从此多作诗亦甚好，但须有志有恒，乃有成就耳。余于诗亦有工夫，恨当世无韩昌黎及苏、黄一辈人可与发吾狂言者。但人事太多，故不常作诗，用心思索，则无时敢忘之耳。

吾人只有进德、修业两事靠得住。①进德，则孝弟仁义是也；修业，则诗文作字是也。此二者由我做主，得尺则我之尺也，得寸则我之寸也。今日进一分德，便算积了一升谷；明日修一分业，又算馀了一文钱；德业并增，则家私日起。至于功名富贵，悉由命定，丝毫不能自主。昔某官有一门生为

本省学政，托以两孙，当面拜为门生。后其两孙岁考临场大病，科考丁艰，竟不入学。数年后两孙乃皆入，其长者仍得两榜。**此可见早迟之际，时刻皆有前定。尽其在我，听其在天，万不可稍生妄想。**②六弟天分较诸弟更高，今年受黜，未免愤怨，然及此正可困心横虑，大加卧薪尝胆之功，切不可因愤废学。

九弟劝我治家之法，甚有道理。喜甚慰甚！自荆七遣去之后，家中亦甚整齐，问率五归家便知。《书》曰："非知之艰，行之维艰。"**九弟所言之理，亦我所深知者，但不能庄严威厉，使人望若神明耳。**③自此后当以九弟言书诸绅，而刻刻警省。

季弟天性笃厚，诚如四弟所云，乐何如之！求我示读书之法，及进德之道。另纸开示。

馀不具。

国藩手草。

八月廿九日

【注释品札】

德业：真正属于个人的"家私"

①"吾人只有进德、修业两事靠得住"句：曾公此处的"进德"主要指孝悌仁义，"修业"则指诗文、书法。他认为只有德、业才是个人能主宰的。在道德方面增进一分，便等于多积了一升谷米；在学业上进修一分，便等于多得了一文钱。"德业并增，则家私日起"——只有德与业才是一个人一生真正的财富。它们既是可以凭借个人努力修为去获得，而得之多少也由个人决

定的，同时也是别人无法剥夺的。至于功名富贵，都不是可以由个人做主的。

人一生的真正财富，想来大抵只有美德与才能两宗，而且是任何力量也无法剥夺的"家私"。而人如果拥有了这两宗财富，那么功名富贵大抵会自然到来。至于命定之说，多属妄言。人的命运是有所不同的，但命运如何，多与个人的修为、努力、才能相关联。"命"与"运"也多由自己来把握。即使外因有很大的作用，但也仍旧如荀子所言，水就湿、火就燥而已。世上没有无源之水、无本之木。人不在修身立德、增能进业上下功夫，而奢求功名富贵，则无异于舍本逐末，缘木求鱼。

不放弃努力，不稍生妄想

②"尽其在我，听其在天，万不可稍生妄想"句：曾公劝诫诸弟，在科举、仕途之上应取的态度是，一切尽到自己的努力而已，结果怎样就听天由命吧。千万不要有什么妄想。天上不会无来由地掉馅饼。该来的早晚都会来，该得到的都会得到。即使你天分很高，也不能因一时失手、失意而愤怨，放弃自己的努力。

无论天道、人事有何种何等不公，都是可以改变的，只要你不放弃努力。你自己一旦放弃，用自己的身家前程去赌气，那就没希望了。别人对你不公，那是没办法的事，如果因此而自己对自己"不公"，那就是咎由自取了，是不值得的事。

人们怕谁也就恨谁

③"但不能庄严威厉，使人望若神明耳"句：这是曾公对

九弟所说的治家之道的答复：你说得很有道理，但也不能太严厉啊！

马基雅维利讲过：人们怕谁，也就恨谁；人们恨谁，就要打倒他。没有人喜欢看别人的脸色，没有人愿意接受别人的管束。快乐与自由是人的两大天性，是不可违逆的。但无论是家主还是长官，如无威严，则无以治家、治人、治事。但威严不等于脸色与态度，而在于你的修为、行为。有道是"公生明，廉生威"，天下自有"不怒而威，不令而行"之道。

⑰ 致诸弟：教包羞忍辱以求万中一济

〔**提要**〕该信为曾国藩从京中回乡办团练治军出省作战后，于湖口、九江军营中写给诸弟的家书。信中多言家事。但信中回顾办团练初期所遇到的困境，则是鲜为人知的。尤其是在回乡办团练期间，他一方面与绿营兵直接打交道，另一方面要与地方官打交道，使他对清朝军队与地方政权的腐败程度有了切身的体会和更深的了解，所以信中说道：想宦途风味，亦深知之而深畏之矣。而他所以包羞忍辱、屈心抑志，无非是想以屈求伸，以忍求和，把湘军办起来，能在军事方面报效国家而已。

澄、温、沅、季四弟足下：

前信已封，而春二、维五于廿五日到营，接奉父大人手谕及诸弟信件，敬悉一切。

曾祖生以本境练团派费之事，而必求救于百里之外，以图免出费赀，其居心不甚良善。刘东屏先生接得父大人手书，此等小事，何难一笑释之，而必辗转辩论，拂大人之意？在寻常人尚不能无介介于中，况大人兼三达尊，而又重以世交？言不见信，焉能不介怀耶？望诸弟曲慰大人之意，大度含容，以颐天和，庶使游子在外，得以安心治事。所有来往信件，谨遵父大人谕，即行寄还。

吾自服官及近年办理军务，中心常多郁屈不平之端，每效母亲大人指腹示儿女曰"此中蓄积多少闲气，无处发泄"。其往年诸事，不及尽知。今年二月在省城河下，凡我所带之兵勇仆从人等，每次上城，必遭毒骂痛打，①此四弟、季弟所亲见者。谤怨沸腾，万口嘲议，此四弟、季弟所亲闻者。自四月以后，两弟不在此，景况更有令人难堪者。吾惟忍辱包羞，屈心抑志，以求军事之万有一济。现虽屡获大胜，而愈办愈难，动辄招尤。倘赖圣主如天之福，歼灭此贼，吾实不愿久居官场，自取烦恼。四弟自去冬以来，亦屡遭求全之毁，蜚来之谤，几于身无完肤。想宦途风味，亦深知之而深畏之矣。而温弟、季弟来书，常以保举一事，疑我之有吝于四弟者，是亦不谅兄之苦衷也。

甲三从师一事，吾接九弟信，辞气甚坚，即请研生兄，以书聘之。今尚未接回信，然业令其世兄两次以家信催之，断不可更有变局。学堂以古老坪为妥，研兄居马圮铺乡中，亦山林寒苦之士，决无官场习气，尽可放心。至甲三读书，天分本低，若再以全力学八股、试帖，则他项学业必全荒废，吾决计不令其学作八股也。

曾兆安、欧阳钰皆已保举教官，日内想可奉旨。

十一月廿七日

【注释品札】

曾国藩初创湘军的艰辛遭际

① "必遭毒骂痛打"句：这是曾国藩在与兄弟们回忆初办

团练时，所遭受到的种种屈辱与歧视。

曾国藩是1839年正式入京为官的。1840年，鸦片战争爆发。1842年，《南京条约》签订。此时的清政府经历了嘉庆与道光两帝的统治，已无可避免地进入了"中衰"时期，根本无力抵抗不断的内乱与外侮。尤其是由鸦片战争开始，遍地的农民起义与西方列强的不断入侵，成为清政府内外夹攻的两门重炮、两把尖刀。清朝已进入了国力衰退、军饷无以支付，民不聊生、遍地火药的时代。而且军队与官僚、吏治腐败到了无以复加的地步。但曾国藩在京中为官，对此并无多少了解。尽管十余年间，他先后遍历中央政权六部重要职务，对国情已有相当深刻的了解，并不断地向朝廷上疏进言献策，但他所知仍不过皮毛而已，他仍不可能知道这个王朝政治军事腐败的程度。

大约十年之后，1850年，金田起义爆发，战火遍及大江南北，又有捻军纵横于广大中原之地，西北陕甘宁又有号称百万的回民大起义，四川、云贵等地的农民起义也不断爆发，清朝已是无寸土安宁了。1852年，曾国藩受命赴江西任乡试正考官，这不仅是个难得的肥缺，而且早在朝中干够了的曾国藩正好趁机跑出京城，摆脱朝中的那种陈腐味儿。正巧中途得到母亲病逝的讣告，他便一路跑回家中去守孝，而且他有足够的理由，在家中待上三年之久。这是朝中的定制。但命运不会给他如此休闲从容的时日。

1852年，太平军的势力已从两广深入两湖，曾国藩七月在安徽太和县小池驿得知母丧，回乡途经武汉时，便已知到处是太平军了，他只能化装成平民一路小心地问道回乡。九月，太平军便开始围攻长沙城，湖南之地已到处是逃民了。

1853年，曾国藩以在籍朝官身份，受朝廷之命，留籍组织地方武装团练，协助地方对付太平军，维护治安，保卫乡土。

团练就是既无军饷又无编制，无正式官职的地方民间武装，一切依靠地方自筹，而又有实战的任务。这种团练当初只是县乡级的组织，一县一乡的独立组织便称为一个团练，它的一级组织称为团，二级组织称为练，所以称团练。它初期的主要任务是维持地方治安，以自保乡土为责。后来清朝的国军绿营兵不足以对付太平军、捻军，一些强大的团练部队又要受命出省作战。正是这一政策才使湖南的团练发展为历史上有名的湘军。

曾国藩办团练有他的劣势，也有他的优势。劣势是，他根本不知兵，从小就是书生。优势是，他的十年京官经历之深，他的学问之大，他的职位之高，早已使他成为湖南省乡党中的最高人望，可以收一呼百应之效。所以，他一上任，湖南省的省级团练很快便组织起来了。除了他名望的影响力外，湖南团练已有基础在先，但既不叫团练，也不叫湘军，而称湘勇、楚勇。创建湘勇、楚勇的主要有三个湖南人，一个是江忠源，一个是罗泽南，一个是王鑫也称王珍。而且曾国藩的两个弟弟曾国潢、曾国华也都在办县乡的团练。有这些人，办团练当然不成问题。但是操作起来可不那么容易。

曾国藩的"建军思想"是：第一，要建素朴之军。不吸收兵痞参加，只要壮实的乡民参加。第二，要建精兵之军。不要冗员，不在人多，人人要能打仗，一个顶一个。第三，要建严整之军。团练以营为基本建制，一营初建时为三百余人，后为五百人，设营官统管；一营分四哨，设哨长统管；一哨分八队，一队十至十二人，队官正职称什长、副职称伙勇。由此观之，这种建制，一个营相当于今天的加强营，哨相当于今天的连，队相当于今天的班。尽管营、哨的规模比今天的营、连大，但体制上是营的建制。第四，要建能战之军。入伍之兵必经两个月以上的操练演习，学习阵法武艺，不合格者淘汰。

第五，要建有军风军纪的义师。绝不许扰民害民，军队"民心一去，不可挽回"，每逢三、八操练，必列队申明军纪。每次集训，曾国藩都要亲自训话一个半小时左右，并不断地提问士兵是否记住。第六，要选通晓军事的君子为将。曾国藩选军官有四条标准：一要有治民之才能，二要有不怕死之勇气，三要有不急功近利之心，四要有吃苦耐劳之精神。带勇之人须是"智深勇沉之士，文经武纬之才"。第七，要有优厚的待遇。无论口粮、饷银、恤金，都要大大超过绿营兵，因为他的财源不仰仗财政拨付，全靠募捐，所以有这个自由。第八，要建义气之军。曾国藩的部队都以县、乡为编制。每一营的兵士都是同乡，所以打起仗来，齐心相顾，如报私仇，千磨百折，有进无休，有一种同仇敌忾的气概，又有团结互助、生死同在的精神。由此也可足见后来湘军的战斗力之所在了。

曾国藩建军之初最大的困难不在上述，却在官军的歧视与地方官的不支持。这有客观原因，也有主观原因。曾国藩初办团练时，自己的军衙就设在长沙城内巡抚府的旁边。他雄心勃勃，治军极其严苛，竟然私自立"法"，自设公堂，置国军、地方于不顾。无论剿匪、国军违纪、民事纠纷，只要落到他手上，立斩不赦，这就是他的"曾剃头"之来由。这就惹怒了国军在地方的驻军与地方官两个方面。但都是朝廷命官，官与官之间也不好说什么，便怂恿手下闹事。曾国藩在信中所说：他的士兵与随从，一到城里便遭到绿营兵的打骂，曾国藩的两个弟弟曾国潢、曾国葆都在帮办团练，看不惯，便经常组织回击，代鸣不平。所以，连他的弟弟的名声也弄得很恶劣，后来他只得让曾国潢回家。

更为严重的是，这种歧视竟演化成械斗，地方最高军事长官提督鲍起豹的士兵竟然敢冲入曾国藩的衙门，刺伤了曾的随从，不是曾逃得快，也许会痛遭暴力或不测。而曾找到当时的巡抚骆秉章时，骆竟不理不睬。曾国藩完全可以上奏朝廷，一状同告巡抚与提督这两个湖南省军政最高长官。但那样一来，就是"你留我走"或"我留你走"的彻底决裂，撕破脸皮了。所以他忍了下来，并把自己的团练全部迁到了长沙之南数百里外的衡阳。

曾国藩此举，并非全为避免争端，而是另有长远打算。他知道自己的历史使命绝不止于协助地方剿匪，因为他深知朝政之腐败与绿营兵之无能，而太平军之患也绝非一时可平息，而且江南水乡战事离开船是不可能的，必须水陆两师兼备才有胜券可握。而在长沙是无所作为的，所以他便顺水推舟，就此事件跑到衡阳，一方面继续招兵买马，另一方面启动造船工程，在湘潭开设造船厂，派人南下广州购买洋枪大炮。这些都得到朝廷的批准，得到了南方名省及四川的支持帮助，造船数十艘，买炮一千余樽。水陆两军的一切都在筹办当中，但与太平军对抗的能力还远远不够。船炮还需时日才能到营。

此时的太平军在湖北势大，武汉告急，朝廷不断催促曾国藩出省作战，东征武汉，以解围武汉三镇，甚至在圣旨中讥讽他说：我看过你的奏章，始终以数省之军务以一身克当，你是否有这个能力啊？平时你自诩才能过人，可是到大事临头时，可不要张皇失措，见笑于天下啊！你应当做的和说的一样好才行，像你所说的那样做给我看。这哪里是圣旨？简直就是小孩子吵嘴一样。但曾国藩也豁出去了，他十分强硬地回复朝廷说：我必须等到船炮造齐才能出兵，否则无异于羊送虎口。我的战略是先湖北而江西，力保武昌。目前拿国家粮饷的国军谁敢说有把握？你们向我要把握，我不过是地方军，我只有不怕死而已。但我宁可受畏葸不前之罪，也不敢当大言欺君之罪。

朝廷一看也对，便不再追逼。

当时驻守武昌的湖广总督吴文镕在曾国藩考进士时，与穆彰阿同为他的座师，曾国藩怎能不急于救援呢？但此时的曾国藩军备还不完整，于是他马上致信吴文镕说明情况，否则让老恩师怀恨，他一生都不会安心。但吴文镕十分理解他的学生之苦衷，马上回信说：我一定会坚守到你东下来援。我眼下也是为人所逼，只有一死报国而已，不做他想。你和我不一样，将来东南战场，只有靠你了，一切以持重为意，此后再没有像你这样的人出现了。所以，你的水陆之师，不到有把握之时不可轻出，不能像我这样。曾国藩读到此信时，也许会心急如焚，但也只有泪如雨下吧，远水不解近渴啊。

那么，吴文镕为何信中说被逼如此呢？因为当时湖广总督的衙门在武昌，与湖北巡抚崇纶同城。吴文镕此时刚调任湖广总督，便逢太平军来攻，全城戒严。他坚决主张坚守，可是巡抚却要移驻城外想趁机逃走。吴文镕自率军民，上城死守；巡抚崇纶却在背后上奏朝廷说吴文镕畏葸不前。崇纶一封信接一封信地向朝廷诬告他，朝廷便不断地下旨责令吴文镕出城会战收复失地黄州。吴文镕气得叹道："我深受国恩，岂会畏敌怕死？不过等待贵阳的胡林翼、湖南的曾国藩来会剿，现在是等不到那天了。"于是，督军出城，进军黄州。崇纶于后方既不供应军械粮饷，又不断催促他会战。由于寡不敌众，吴文镕最后军败，投水而死。而巡抚崇纶却谎称吴文镕失踪。几个月后，曾国藩来到黄州，查询战事，民众为之涕泣而言实。曾国藩上疏一一禀明真相，言明吴文镕督战赴死之大节，并弹劾崇纶掣肘陷害诬告欺君之罪。至此，真相大白，朝廷下旨为吴文镕建祠，下令逮捕崇纶治罪。崇纶出逃后服毒自尽。曾国藩也算还自己恩师一个清白之身，为恩师一雪前仇。

　　咸丰四年（1854年），曾国藩已四十三岁。此时他在长沙、衡阳组建军队、配置军务、训练水陆两师，先后已有近一年的时间，尽管仍不完备，但已初步形成了尚可一用的战斗能力，便于这年的正月，把水陆两军移师到湘潭，举行阅兵式。此时陆军已有五千余人，编为十三营；水师五千人，编为十营，大小战船、后勤小船、货船共四百余条，再加上指挥机关的"八所"、水手、丁役共一万七千多人。在湘潭誓师，发布《讨粤匪檄》，水陆两师夹湘江而下，意在过洞庭、入长江，一路东征武汉。也可谓是师出有名、有声、有势了。自此，虽屡经坎坷胜负，但经历了大小数百战，这支地方团练不断扩大、分支，转战大江南北数省，一步步取代了清朝国军在东南战场的地位。到了攻克南京前后，湘军已壮大到近三十万，几乎可以和全国共计七十多万清军对抗了。所以，部将们劝曾国藩入南京自立为王，朝廷也开始疑他，但他头脑十分清醒，南京战后，马上遣散了这支由他亲手缔造的、近似家族军阀式的队伍。这也是曾国藩一生的大智慧之处。而且此时的湘军早已不是当初奉行在家乡办团练时建军思想的那支队伍了。而湘军培养出来的一大批名将却成了支撑东南战场的主要支柱，而且在后来的北方剿捻、西征回乱、平定新疆，以至于到后来的中法战争中，都起到了底定的作用，这也是湘军的一大历史功绩吧。

左上图：湘军前身湘勇的创始人江忠源

主图：曾国藩初创湘军时的湖南巡抚骆秉章

赠太子太傅原任协办大学士四川总督一等轻车都尉谥文忠骆秉章

曾国藩家书选注

115

18

致诸弟：教乱世不顺须学平和糊涂

〔**提要**〕这是曾国藩于湘军初期在省内作战时，给各位老弟所发的"通电"。除所言家事，主旨乃在于对湘军队伍人员庞杂、恶劣，乃至官场恶习的忧愤。但亦自劝诸弟生此乱世，凡事不要太认真，不必太辨黑白，本来就搞不清的东西，你却非搞清，除了徒惹气生之外，是没有任何好处的。所以面对这些恶劣之事、不公之论，要学会平和、糊涂，不要自生闲气。

澄、温、植、洪老弟左右：

前十七、十九接父大人十三、十五手谕及澄弟两函，具悉一切。兹分列各条于后，祈诸弟禀知父大人，兼禀叔父大人：

一、水勇自廿四、五日成章诏营内逃去百馀人，胡维峰营内逃去数十人。廿七日，何南青营内逃去一哨，将战船炮位弃之东阳港，尽抢船中之钱米帆布等件以行。廿八日，各营逃至三四百人之多，不待初二靖江战败而后有此一溃也。其在湘潭打胜仗之五营，亦但知抢分贼赃，全不回省，即行逃回县城。甚至将战船送入湘乡河内，各勇登岸逃归，听战船漂流河中，丢失货物。彭雪琴发功牌与水手，水手见忽有顶戴，遂自言并册上姓名全是假的，应募之时乱捏姓名，以备将来稍不整齐，不能执册以相索云云。鄙意欲预为逃走之地，先设捏名之计。湘勇之丧心昧良，已可概见。若将已散者复行招回，则断难得力。衡、永之水勇不过五月可到，亦不甚迟迟也。①

二、广东水师总兵陈大人带广东兵一百、洋炮一百，已于四月初六日到郴，月内可到省。广西水勇亦五月可到。衡州造新船，省城整旧船，皆五月可齐，不致延到七月始行也。

三、澄弟自到省帮办以来，千辛万苦，巨细必亲。在衡数月，尤为竭力尽心。衡郡诸绅佩服，以为从来所未有。昨日有郑桂森上条陈，言见澄侯先生在湘阴时景象，渠在船上，不觉感激泣下云云。澄弟之才力诚心，实为人所难学。惟近日公道不明，外间悠悠之口，亦有好造谣言讥澄弟之短者。而澄弟见我诸事不顺，为人欺侮，愈加愤激，肝火上炎，不免时时恼怒，盛气向人。人但见澄弟之盛气，而不知实有激之逼之使然者也。人以盛气凌物诮澄，澄以盛气伤肝致病。余恐其因抑郁而成内伤，又恐其因气盛而招怨声，故澄归之后，即听其在家养息，不催其仍来营中。盖亦见家中之事，非澄不能提新宅之纲；乡间之事，非澄不能代大人之劳也。并无纤介有不足于澄弟之处，澄弟当深知之，必须向大人膝下详禀之。②

四、王璞山之骄蹇致败，贻误大局，凡有识者皆知之。昨在家招数百乡勇，在石潭杀残贼三十人，遂报假胜仗，言杀贼数百人。余深恶之。余与中丞、提军三人会衔具奏一折，系左季高所作，余先本将折稿看过，后渠又添出几段，竟将璞山之假胜仗添入。发折后，始送稿来画，已无可如何，只得隐忍画之。朱石樵在岳州战败逃回，在宁乡战败，逃奔数次，昨到省城，仍令其署宝庆府事，已于十八日去上任矣。是非之颠倒如此！余在省日日恼郁，诸事皆不顺手，只得委曲徐图。昨当面将朱石樵责备，渠亦无辞以对，然官场中多不以我为然。将来事无一成，辜负皇上委任之意，惟有自愧自恨而已，岂能怨人乎？怨人又岂有益乎？**大抵世之乱也，必先由于是非不明、白黑不分。诸弟必欲一一强为区别，则愈求分明，愈致混淆，必将呕气到底。愿诸弟学为和平，学为糊涂。**璞山之事，从今以后，不特不可出诸口，而且不可存诸心。③

五、我廿四都之长夫不耐劳苦，好穿长衣鞋袜，不敢远行，时刻思归。余拟在此另雇长夫。其本境长夫，止留三四人在此，以便送信归家。

六、率五病故，我绝不知信息。季弟何以并不告我？前澄弟信中有半句，我始骇然。昨葛十一来，乃实知之。刻下已搬柩还乡否？若尚在省，急须写信来，我当设法送归也。其如何病，如何殁，季弟当详告我。

以上数条，望诸弟细心体贴，缕禀堂上大人为要。

国藩字。

四月二十日午刻

【注释品札】

凡遇不顺心又无力改变的事，要学会平和、糊涂

①②③：这三段所言都是令曾国藩无奈不平之事。

①第一件事便是初建湘军水师军纪之败坏，人员素质之低劣。逃兵不断，将船只、炮位弃之不顾，将船上财物携拐一空；打了胜仗，便抢劫财物，并用军船所载直接回湘乡老家，而不归大营，上岸后弃船回家；彭玉麟在发奖牌与顶戴时，不少水手却说参军时报的都是捏造的假名。由此自叹："湘勇之丧心昧良，已可概见。"

②第二件事便是关于他的二弟曾国潢的。二弟当初也在长沙帮办团练，而且一直跟随曾国藩到衡阳。大家没有不佩服曾国潢的才干的，都称赞他。可是忽然间，舆论对他群起而攻之，都说他盛气凌人。其实是他见曾国藩到处受官场、官军的欺侮、排挤而凡事不顺，替曾国藩打抱不平，甚至气出肝病来。所以曾国藩只得派他回家管家去，不再从军了。

③第三件事就是老湘勇虚报军功之事。老湘勇的头领王璞山因骄致败，又跑回老家招募了百余人，杀了几十个太平军的残兵，竟然假报胜仗。而左宗棠竟然把这也当成胜仗，私自添在三人联名奏折之中上报朝廷。还有一个叫朱石樵的败军之将，连续打败仗逃跑，可是回到省城，又被委任为代理知府派下去了。曾国藩当面斥责了朱，朱也无言以对，可是官场中人对曾国藩不以为意，这令曾国藩自恨自愧万分："将来事无一成，辜负皇上委任之意，惟有自愧自恨而已，岂能怨人乎？怨人又岂有益乎？"

正是自曾国藩办湘军以来，在湖南所经历的上述不顺之事，让曾反思许多，所以他劝他的弟弟们，凡遇不顺心的事，又无力改变的，就要学会平和，不生闲气，还要学会糊涂。

⑲

——— 致诸弟：教功名之地自古难居 ———

〔**提要**〕此篇所辑三信。第一封信是曾国藩在咸丰四年湘军出省作战，军至湖北，克服武昌、汉阳，被任命为湖北巡抚，继续向下游东征九江前，写给家中四位弟弟的信，告知自己于信后几日内便要拔营东征。信中与诸弟谈到功名之地自古难居。第二封信是曾国藩把他寄给湖南巡抚骆秉章的信，节录抄附诸弟，讲攻克武昌、汉阳的水陆战事。第三封信则是讲安庆克服之事与江西战事。三信中分别提到了胡林翼、罗泽南、塔齐布、杨载福、彭玉麟、鲍超这些湘军名将。这几个人对于曾国藩初起之时至关重要，因简介于后，足可见湘军本色之要领大块。

澄、温、沅、季四位老弟左右：

廿五日着胡二等送家信，报收复武、汉之喜。廿七日具折奏捷。初一日，制台杨慰农（霈）到鄂相会。是日又奏廿四夜焚襄河贼舟之捷。初七日奏三路进兵之折。其日酉刻，杨载福、彭玉麟等率水师六十馀船前往下游剿贼。初九日，前次谢恩折奉朱批回鄂。初十日，彭四、刘四等来营。进攻武汉、三路进剿之折，奉朱批到鄂。十一日，武汉克复之折奉朱批、廷寄、谕旨等件。兄署湖北巡抚，并赏戴花翎。兄意母丧未除，断不敢受官职。若一经受职，则二年来之苦心孤诣，似全为博取高官美职，何以对吾母于地下？何以对宗族乡党？方寸之地，何以自安？是以决计具折辞谢，想诸弟亦必以为然也。

功名之地，自古难居。①兄以在籍之官，募勇造船，成此一番事业，名震一时。人之好名，谁不如我？我有美名，则人必有受不美之名者，自不待言。相形之际，盖难为情。兄惟谨慎谦虚，时时省惕而已。若仗圣主之威福，能速将江面肃清，荡平此贼，兄决意奏请回籍，事奉吾父，改葬吾母。久或三年，暂或一年，亦足稍慰区区之心。但未知圣意果能俯从否？

诸弟在家，总宜教子侄守"勤""敬"。吾在外既有权势，则家中子侄，最易流于骄、流于佚，二字皆败家之道也。万望诸弟刻刻留心，勿使后辈近于此二字。至要至要！

罗罗山于十二日拔营，智亭于十三日拔营，余十五六亦拔营东下也。

馀不一一。乞禀告父亲大人、叔父大人万福金安。

九月十三日

【附言】猞猁马褂亦宜付来，皮边科帽亦可付来。泽儿写信太短，以后宜长些。

寄骆中丞信节钞一段：

廿一日，罗山由金口移营至河泊山，水师出队接应，恐贼因我营垒未成而遽来扑也。水师与花园江边贼营对敌，各哨官中有勇敢者冲过贼营，直下鹦鹉洲、汉阳、鲇鱼套等处。贼见水师已出其下，立时慌乱。而罗老及碻湖、义渠各营竟不扎营，直扑贼垒。贼恐水师抄后、陆军攻前，相率奔溃。罗老、义、碻及李光荣之川勇三路冲入，将贼营三座踏平。烧毁其墙三重，高皆盈丈。又濠三层，引江水入濠内通青林湖，竹签密布十丈，用钓桥出入。彼自奔溃，并此而不能守。军事纯视气之盛衰，不尽关人力也。

水师自巳刻开仗，至二更始行收队。烧贼船约三百馀号，夺获亦近百号。自沌口起下至鹦鹉洲，东至鲇鱼套，烧毁略尽；套内尚未烧净。西岸沌口之下盐关贼营四五座，亦被魁、杨荆兵踏破烧毁。

盖贼之所以坚垒于两岸者，皆重重置炮以击我之水军。忽见水军冲出营垒之下，顿失所恃，遂相顾惊奔。而水军由江中轰岸营，子如雨下，故东岸罗老、义、碻之军能破贼营，西岸魁、杨之军亦破贼营。各夺炮百馀座，马数百匹。

廿二日，水师清晨出队，接攻鲇鱼套之船，鏖战约一时之久。各营奋勇，哨官遂弃而之他。竟攻汉口，直下塘角，并追剿青山以下。从下游雷轰而上，纵火焚舟。适北风甚劲，贼船不能下窜。塘角、汉口、鲇鱼套等处同时延烧，火光烛天，比廿一日所焚之船数尚倍之，夺获贼船约二百馀号。杨载福等自青山归来，又入襄河烧船十馀里。其未烧尽者，仅鲇鱼套口内数十号、襄河口内若干号而已。是日罗罗山等进踏鲇鱼套贼营六座，直抵武昌城根。魁、杨荆兵亦蹋尽西岸贼营，直抵汉阳城根。

廿三日未明，两城贼众皆逃，仅留数十人点放虚炮。我军辰刻入城，两岸同时克复。贼之衣被钱物一概未收，徒手翦发鼠窜狂奔。从东门逃出者，至洪山一带遇塔兵，杀二千人。自军兴以来，未有如此痛快者也。

澄侯四弟左右：

初一日卯刻安庆克复，城贼诛戮殆尽，并无一名漏网，差快人心。

江西之贼逼近省城，鲍春霆于廿四日在丰城河西大获胜仗，赣水以西一律肃清。余令鲍军跟追至河口，或尚易了。湖北之贼，安庆克后，或亦不久恋。目下所虑者，胡中丞病势沉重，②关系极大。

余身体平安，惟疮癣未愈，心绪多烦闷耳。

八月初四日

【注释品札】

我有美名必置人于不美

①“功名之地，自古难居”句：这是曾国藩与诸弟谈论功名于人的不利之处。为什么说“功名之地，自古难居”呢？自古功名者，天下公器，所以人人都想求之得之。你得到了，别人就得不到；你有了美名，就显得别人不美；你显得很有成就，就显得别人很无能。就是得到的，如果没你的功高，没你的名气大，没你的权位重，多会心生怨气，冷枪暗箭，让你防不胜防。所以，曾大人从一出山就念念不忘的两件事就是：一要小心谨慎，低调不张扬，多栽花少种刺；二要寻找机会马上离开军旅、官场，就连子弟都不要入此二途。

曾国藩中早期的得力臂助胡林翼

②"胡中丞病势沉重"句：胡中丞即胡林翼。地方总督、各省巡抚在官场交际中都尊称中丞，而大学士都可以尊称中堂。安庆克服时的胡林翼已升任湖北巡抚，在攻克安庆前便已咯血，咸丰十一年（1861年）八月，攻克安庆后，病情加重；不久又逢咸丰帝驾崩热河，闻信大痛，呕血而亡。诏赠总督，建祠祭祀。史称其为中兴四大名臣之一，似分量不足，却是曾氏的早期得力臂助。

胡林翼，字贶生，号润之（一作润芝），湖南益阳人，出身于名门世家。他的父亲是嘉庆二十四年（1819年）一甲三名进士，终生为朝官。胡林翼又是总督陶澍的乘龙快婿，且自幼饱读诗书，有大志。道光十六年（1836年）中进士，入翰林院，为编修。后小经坎坷转任贵州知府，所辖两县都是贼窝，因剿贼得法有功，赐顶戴花翎。云贵总督吴文镕、巡抚乔用迁联名举荐，称其才堪大用。咸丰元年（1851年）在辖区实行保甲团练制，建一千五百余寨，起碉楼四百余座，外控险关要道，城内备足粮草，使贵州、湖南、广西交界处匪清而长安。湖南两任巡抚调他，但贵州不放行。后调任转战湖北、湖南。曾国藩攻克武昌后，胡林翼与罗泽南被调，会攻九江，始入湘军旗下，成为曾国藩的亲密战友。

咸丰五年（1855年）升任湖北布政使，不久因功升任湖北署理巡抚。在湖北战场上大小数十战，有胜有败，且多次面临危境。太平军七月大举进攻武汉，胡大败，部队都被打散了。但朝廷很信任他，一边下令交部议处，一边令他收集散兵，整军再战。不久调来湘军名将罗泽南，合军大破韦俊、石达开于咸宁城，乘胜攻击武昌，又有湘军水师、都兴阿骑兵多路来援，由胡林翼任总指挥，军势大振，连战皆捷。但武昌城却久攻不下，到了咸丰六年（1856年）三月，连罗泽南都战死城下，接任的李续宾受伤坠马数次，水陆士卒伤亡三千余人，将领百余人伤亡，一连攻打五个多月仍旧不得破城。朝廷催战，责备攻城太久，胡林翼一面上奏战况，一面指挥调度湘军水陆两师主力，前后数十次大战，直至十一月才克服武昌城。胡林翼因功实援湖北巡抚，加头品顶戴。

胡林翼十分善于官场应合，虽然十分厌憎湖广总督官文，但出于大局，与他合作得十分密切。从此湖北渐渐振兴。咸丰七年（1857年），协调诸军大败陈玉成。咸丰八年（1858年），李续宾等湘军众将攻克九江，胡林翼升授太子少保。五月母丧，胡林翼回乡守孝。七月，庐州（今合肥）失守，李续宾赴援，阵亡三河，全军覆没。胡林翼刚刚送母柩回乡，诏命急回部队统帅。胡林翼"闻命，病哭起行，径次黄州，军心始定"。

咸丰九年（1859年），湘军大举进攻安徽。曾国藩沿江东下为第一路；多隆阿、鲍超攻潜山、太湖为第二路；胡林翼出黄山、霍山为第三路；李续宾由松子关出商城、固始为第四路。陈玉成集太平军、捻军数十万来援太湖。胡、曾二人集中所有精锐部队战将，于咸丰十年正月，歼敌二万余，大败陈玉成，太湖克服，安庆遂为孤城。

咸丰十年（1860年）三月，在湘军不断取得胜利的情况下，围攻南京的清军江南大营被彻底消灭。清朝不得已升授曾国藩为两江总督，以兵部尚书衔，钦差大臣身份，主持东南战局，督办江南军务。苏、皖、浙、赣四省军、政、官兵、团练，都归他管辖、指挥、调任。曾国藩不用胡林翼分路大举之策，乃自驻皖南祁门，以曾国荃围安庆；胡林翼指挥多隆阿、李续宜等中途打援，于安庆、桐城之间的挂车河大败陈玉成的数十万增援大军。胡林翼则进驻太湖，以防太平军赴湖北围魏救赵，进行军事部署。第二年春，太平军果然与捻军西犯，大举进攻湖北各地，以求牵动安徽、安庆的军势。但胡林翼早有准备，鲍超、李续宜、多隆阿这些名将在各地大破敌兵，胡林翼亲自回援武汉。湖北一境才得以肃清保全，而安庆城不久也已攻下。曾国藩推胡林翼破安庆首功，诏加太子太保衔，这是朝臣中最高的职衔级别了。但胡林翼不久便病重身亡了。

《清史稿》给他的评价是："林翼貌英伟，目岩岩，威棱慑人。事至立断，无留难。""其治军务明纪律，手订营制，留意将才。尝曰：'兵之嚣者无不罢，将之贪者无不怯。观将知兵，观兵知将。为统将必明大体，知进退缓急机宜……'察吏严而不没一善，手书褒美，受者荣于荐剡，故文武皆乐为之用。……尝曰：'国之需才，犹鱼之需水，鸟之需林，人之需气，草木之需土。得之则生，不得则死。才者无求于天下，天下当自求之。'荐举不尽相识，无一失人。曾国藩称其荐贤满天下，非虚语。""使无其人，则曾国藩、左宗棠诸人失所匡扶凭借，其成功且较难。缅怀中兴之业，二人所关系者岂不巨哉？"其实此语太过，胡林翼军旅生涯之短暂，何来此重？

湘军初兴的五大名将

古往今来凡成就大事业者，无不靠网罗人才。曾国藩讲，成大事者必须多寻"替手"；胡林翼则说人才"得之则生，不得则死"。曾国藩说胡林翼荐贤满天下，而曾国藩自己才是荐大吏将帅满天下。至少湖南一境的才俊、勇武、学问之士，不入曾氏幕府的不多，而出于曾府门下的，则尽为将帅、军督、方镇不下数十人。阅尽咸、同年间的大员列传，与曾氏乃至湘军有关系的居多，在那些传主的名下，鲜有不见湖南、湘军、曾国藩这三个专用词的。

在这三封信中，曾国藩就提到了罗泽南、塔齐布、彭玉麟、杨载福、鲍超这五个大名鼎鼎的湘军名将。这五个人不过是曾国藩于宦海、军旅三十余年间所发现、提携、荐举的人才群中落落冰山一角，但这五个人是创建湘军初中期的顶梁柱，尤其后三者乃追随扶助曾国藩终生，前二者都为了曾氏而血染沙场，中途殒命。

大将风规左右初起湘军的罗泽南

罗泽南，字仲岳，号罗山，湖南湘乡人。在曾国藩的家书中多称罗山，其他书籍中也有称罗罗山的。是曾国藩早年至交，湘军中的生死战友，也是湘军的创始人之一。

罗泽南原本是乡里间一教书先生，但很有名气，所以他的学生很多，湘军中的许多将领都是他的弟子，连曾氏的兄弟们都多是他的学生。咸丰元年（1851年）举孝廉方正，咸丰二年（1852年）就开始在乡里倡办团练。咸丰三年（1853年），曾国藩在老家办团练。他便率队加入曾国藩的部队，成为湘军的创始人之一。不久以军功升为知县，同知州。

咸丰四年（1854年），罗泽南随曾国藩东征，与塔齐布进攻岳阳，三战皆捷，歼敌近千人。后又连破敌垒敌营，因功升知府，赐花翎。在湘军中以勇猛与塔齐布齐名。东征一路，二人又多配合作战。尤其在攻克武昌、汉阳之役中，二将居功为多。因功授道台。在有如三国赤壁大战的田家镇战役中，罗泽南率两千人，指挥手下战将李续宾等在半壁山击溃太平军守军及援军近万人，因功赐号普铿额巴图鲁，加按察使衔。湘军继续沿江东征，在小池口一役，与塔齐布等人会攻，臂受伤仍指挥冲锋，以五千人大败两万人，打得附近敌军全部撤归九江扼守。接下来的湖口一战水师大败，连曾国藩的座船都被夺，曾国藩投水自杀未遂，进入罗泽南的陆军大营。

咸丰五年（1855年），罗泽南随曾国藩入江西南昌，四处增援，战无不胜，连克数县，因功加布政使衔，但罗泽南发现江西战事十分不得要领，并不能拉动整个东南战场，便建议曾国藩应该重新夺回武昌，由武汉顺流而下，攻克九江。如果这样，那整个东南战场，就会大有转机。曾国藩马上派他率军移师湖北会剿攻打武昌，并把塔齐布手下的两名战将与所部归他指挥，增兵至五千人。九月，罗泽南大破石达开，扫清武昌城以南的敌军；十一月与胡林翼会师，大破武昌外围其他敌军营垒，攻抵武昌城下。石达开败于湖北，马上流入江西，军势大涨。曾国藩被围困于江西南昌，飞檄调罗泽南回援。但罗认为湘军一撤，胡军不能独立，围攻武昌日久的前功将尽弃，仍坚守武昌城下。可是他哪里会想到，他抛弃的竟是曾国藩的"救命檄"。

咸丰六年（1856年）三月，城内守军突然开城门反扑，罗泽南亲自督战，被炮火击中左额，血流满面，被扶回洪山大营，仍不肯入营，端坐于大营外指挥战斗，第二天便因伤势太重而亡于军营之中。咸丰、同治二帝先后两次追封，为建祠。他的部下李续宾、李续宜、王珍、蒋益丰等皆史传留名，多为封疆大吏、将帅，为湘军多有贡献。《清史稿》称："曾国藩立湘军，则罗泽南实左右之。朴诚勇敢之风，皆二人所提倡也。""功未竟而身歼，天下惜之。""此大将风规，不第为楚材之弁冕已。"

与曾国藩特殊际遇的首席战将塔齐布

塔齐布，字智亭，满洲镶黄旗人，与曾国藩是一种特殊的际遇关系，也堪称湘军的创始人之一，是曾国藩早期最为得力的干将。

塔齐布初入军旅本在绿营兵的火器营，由其勇武冠群，而从鸟枪护军提升为三等侍卫。咸丰初年派到湖南提督手下任都司，后任左营守备，以守长沙功升任游击，授衔中军参将。

咸丰三年（1853年），曾国藩以在籍京官身份留乡办团练，因为曾国藩是朝中大员，所以每月有一次乡兵与官兵的会操。每月的会操，都由塔齐布陪同，因为他是中军官，是他的职责。曾国藩通过与他不断交谈，发现这个人与那些腐败透顶、无能彻底的绿营军官大大不同，心中很以为奇，便直接调试他所直接统领的部队，又发现其部队相当精锐严整，根本不似绿营兵。但是由于塔齐布各方面都出类拔萃，副将清德十分妒忌，不断地调唆提督鲍起豹整治羞辱塔齐布。曾国藩知道后大怒，马上上奏折弹劾清德，同时推荐塔齐布："忠勇可大用，如将来出战不力，甘与同罪。"这哪里是推荐？是以性命担保啊！朝廷立时准奏，罢免了清德的副将官职，升授塔齐布副将衔兼领团练。时任湖南巡抚的张亮基也是一个爱才之人，又推荐他实授了副将。

塔齐布，一方面对曾国藩自是心感知遇之恩，遂有后来的舍命相助，也是一番"士为知己者死，马为策己者驱"的回报；另一方面自是让提督鲍起豹这个顶头上司两眼冒火。而曾国藩一方面主持了正义公道，推荐了人才，交下了一个知己，但也由此而得罪了军方的一批人，为后来的"火拼"闯衙攻击事件埋下了伏笔，乃至湘军入城都要受绿营兵的打骂和种种歧视。由此亦足见世间事处处有因果，而少有两全其美之事。塔齐布从此便被曾国藩调入湘军充任营官兼陆军先锋。

同治四年（1865年），曾国藩率水陆两师，奉命出省作战，东援武汉。曾国藩师出不利，先有岳阳陆军大败，又有靖港水师大败，连自己都投水自尽被救起，让长沙军民官绅震动不安。加上湘潭被攻破，更是人心惶惶，朝野攻击纷纷。塔齐布率军于援救宁乡途中马上改援湘潭。路遇敌军，塔齐布手挥大旗，冲锋陷阵。塔齐布不仅人高马大，而且威仪奇特，他身背长枪弓箭，两侧各有一名骑士，手执长枪与套马杆不离左右，三骑齐驱。塔齐布自小肯定是北方牧民出身，套马杆使得娴熟如臂，一套一个准，套一个宰一个。敌兵以为遇到了天神吧。只是被套杀了几个将士，敌兵便大败而逃。塔齐布率军一直追了数里，才回师围城。

第二天早上，敌军开城门大出反扑，但塔齐布早已在城外左右山后布好了伏兵。先是用大炮轰死了百余人，然后伏兵大起，两面夹击，城外顿时尸横遍野。又放火烧尽城外木栅，然后又有水师前来会战，将湘江中的敌舟烧光，江上到处是船只残骸与士兵尸体。湘潭城随即收复。

正是这一战，使湖南的人心大为稳定，使朝廷对湘军刮目相看：哪有这么快的？湘潭城才陷落几天就被收复了，这是很新鲜的事了。同时，这也让这个团练头儿、已经弄得灰头土脸的曾国藩面子上有了一点光彩。曾国藩此时在心里一定是爱死塔齐布了，而朝廷更是爱上塔齐布了，一下子便给了他一个总兵衔，赐号喀屯巴图鲁，并下诏痛斥那个看不上塔齐布的提督鲍起豹畏葸不前，把他罢了官，而且马上越级提拔塔齐布为提督。此时，塔齐布成了湘军中比曾国藩级别还高的官。因为曾国藩已因为两次战败，被免职留用了，但塔齐布可不会因此去指挥曾国藩，而且此人心地特别好。

当初，塔齐布到湘军中任营官时，部下曾经和鲍起豹手下的标兵有私斗，遭到鲍起豹的不断报复。现在他成为提督，那些标兵人人心惊胆战。可是这个塔齐布马上掏钱大赏这些绿营标兵。这些标兵这才把心放到了肚子里。而且大家一见他不到三年时间因军功，从一个小小的都司一下子升到了这么高的位置，仿佛人人都有了希望：原来只靠军功也可以当这么大的官啊！这支绿营兵从此士气大振。而塔齐布于当天晚上回到军营中，便在臂上着人刺了"忠心报国"四个大字。

湘潭敌兵退到了岳阳城，曾国藩指挥塔齐布与罗泽南合军，又调水师会攻，开始攻打岳阳城了。到了七月份，岳阳便被攻克了。敌兵退至城陵矶，湘军水陆夹击，屡战屡败敌军。曾国藩此时手痒心热又亲率水师来参战，结果又被打败了。所以曾国藩后来总结出规律来了：他一上阵冲锋，保证吃败仗，所以到后来，他从不上前线，一次也不亲自率兵打仗了，只是安坐大营，运筹帷幄之中，却不管是决胜还是决败百里、千里之外，他就是坚守"帅不离位"的古训。而且是不管胜仗、败仗，他都安坐如故，照样写他的家书，做他的日课、月课不误，所以我们今天才能看到他那一大撂的文集。

曾国藩这一败不要紧，敌军来劲了，干脆舍舟登陆了，分三路大军来攻打湘军。亏得又是塔齐布身先士卒、冲锋陷阵，打垮了来攻的中路敌军。其他两路过来包抄，塔齐布与四骑兵冲到擂鼓台时，敌军有一悍将挺枪来犯，塔齐布亲手杀死这个敌将，夺下他的认军旗才知道，此人竟是太平天国的宰相曾天养。敌军顿时为之夺气，大败而去，塔齐布率军一路追杀了八百多名敌兵，落水者无数。之后，他又与罗泽南合力进攻，十来天的时间三战三捷。水师则乘势肃清水路残敌。至此，岳阳城方确保无恙。

岳阳战后，湘军进军武汉，一路多由塔齐布、罗泽南二人合力开路，一个月左右，就打下了武昌城。十月，二人由陆路会攻九江上游的田家镇；彭玉麟、杨载福率水师助剿，两岸、水中，塔、罗、彭、杨三军鏖战一昼夜，陆军歼灭半壁山守敌，水师尽毁横江铁索，田家镇大捷，乘势又收复了蕲州。塔齐布因功又被赐予黄马褂与世袭骑都尉之职。之后，他又与罗泽南合作，于莲花桥大败太平军伏兵，直追五十里，攻克广济城。秦日纲、陈玉成、罗大纲三名太平军主将合力守黄梅，以数万兵坚守小池口一带，却被塔齐布率军打败，直抵黄梅城下。塔齐布赤裸上身登城，被飞石击中头部，血流满面，仍督战不已，终于攻克黄梅。

咸丰五年（1855年），武昌城又陷落于太平军之手。三月，塔齐布率军回援。七月，塔齐布攻九江。战事不利，塔齐布大愤，正在传令全面攻城时，竟然气死于城下，年方三十八岁。诏命依将军例抚恤，建专祠为祀。

不要官、不爱钱、一生专治水师的彭玉麟

彭玉麟，字雪琴，湖南衡阳人，是湘军中由始至终追随曾国藩一生的湘军名将，是湘军水师，长江水师的创建者之一，也被称为同治中兴的四大名臣之一。他从入军旅始，终身只从事水师、海防一业，可以说是中国近代海军的先驱者。他与曾国藩有着特殊的际遇与生死不渝的感情。

彭玉麟的父亲为彭鸣九，在安徽合肥梁园为巡检官。彭玉麟于1817年1月30日出生于安徽安庆府宁县三桥巡检司衙门，

字少鹤，后改为雪琴。似乎这两个字号预示了他个人生活中的梅情鹤缘。而玉麟之名则应验了他一生的政治、军事践履洁如玉，而伟如麟。他自小在安徽长大。十六岁时祖母去世才随父回到故乡衡阳，自己有诗称："儿时不知家何在，十七年才返故乡。"自从咸丰四年（1854年）三十七岁时应曾国藩邀请加盟湘军创建水师，先后为营官、水师统帅以来，一直到光绪十四年（1888年）七十一岁时，才事实上的退休回籍。几乎完整地历事三朝，三十六年间勤于水师、王事。一生可谓半生湘军半朝廷了。

三十六年间，清朝政府加于他的官职从知县到巡抚、总督这样高的封疆大吏，一直到兵部尚书这样的重臣要位之职，他都随加随辞，一生只钟爱于水师事业。他既不要官，也不爱钱，他的所有养廉银一概不取，甚至公差有时都自费。不置房地产，不积私财。

他的军旅生涯大体分为两段：第一段自1853年始，率领水师跟随曾国藩的湘军南征北战，一直到攻克南京，平灭太平天国战事结束后的1869年，又配合曾国藩创建长江水师完毕，正式交卸水师兵符印信止，前后凡十六年间，出生入死，身经数百战而功成身退。这一年他年方五十二岁。这一阶段是他一生中亲征实战阶段。

第二阶段是比较闲散的准官场生涯。朝廷屡次起用不就，但又不肯放弃他，便遵从他的意愿，命他以朝廷特使的身份督巡长江水师，并从事国家海防事宜。凡有兵事必请其入朝，不断地临时加给他各种职衔，让他为朝廷卖命。到后来，他几乎成了朝廷的钦差，地方凡有不明之官案，都要派他去查核。他在巡视与调查这两项公务中，一批批地弹劾不法、不称职的官员，不断地推荐一批批人才，对于一些不法官员甚至就地正法。朝廷大多照准。所以他所到之处，官吏没有不怕他的，而老百姓则欣喜异常。退休以后，他仍是一个风云人物，光巡阅长江水师一次就参倒了近百名将官，连长江水师提督都被他劝退了，另择李成谋升任。他的几乎所有参奏，朝廷一律照准，对他那真是信用满贯。

同治十一年，两宫太后与同治帝在养心殿东暖阁召见，询问江海防事宜。不久，同治帝大婚，又选派彭玉麟任宫门弹压大臣，足见他在满汉大臣与帝、后心中的位置。此后，他一边养病，一边仍奉命到处视察江海防与各地军事，查办官员被参案，连地方总督这样的大员参劾案也派他彻查。凡属诬告者，一一还其清白；凡属查实者，一一处分。一直到1881年，他已六十四岁了，朝廷仍要任用他为两江总督、通商大臣，但都被他推辞，并密保曾国荃任两江总督，后又密保曾纪泽升任。这也是他不忘恩公故旧子弟的好处。

光绪九年，他已六十六岁，法越战事爆发，朝廷仍任命他为兵部尚书，他因力辞不就，被朝臣弹劾。但他不拒绝去前线，亲募四千新兵旧部、旧将，并请湘军早期名将李元度入幕赴军。到广州后，又调曾氏子弟广东连州知府曾纪渠随军调用。他一边咯血一边调兵遣将部署广东、海南军备。派部将与粤军联合在前线各地布防。然后，又赴浙江安排部署海防，一直到光绪十年三月。四月，李鸿章签订中法和约。但他在惊骇之余，并不放松战备，并上奏朝廷应加紧备战，并组织支援闽台。七月，法军突袭福州军港，水师全军覆灭，清政府对法宣战。法军攻台，诏命他与张之洞合商援台之策。

是年十月，慈禧五十大寿庆典，赐彭玉麟御书"建节绥疆"匾额，以资奖褒。十二月，彭玉麟与张之洞定四路援台之策，又亲到广州各海口视察。乃至大年除夕夜，仍旧在虎门沙角炮台与各将"严阵待战""枕戈度岁"。此时他已是近七十岁的老人了,其终生忠于王事,勤于军事如此。

光绪十一年,他与广西巡抚潘鼎新协调指挥刘永福、冯子材、王德榜,先后取得对法作战的越南临洮、镇南关、谅山、屯梅、观音桥等大捷小克,导致法国内阁下台。法军舰队司令在镇海负伤毙命,法国请和,诏命撤兵罢战。不久,中法战争结束。朝廷下旨放了彭玉麟三个月假,但仍不许他退休,仍旧让他巡阅水师海防。到了十二月,彭玉麟从广州去杭州就医时,病情严重,饮食言语困难,行走须四人扶持,但同月又马不停蹄地奔赴浙江视察。

光绪十二年,彭玉麟请求免去兵部尚书及长江水师差事,仍不获准。他仍旧得不断奔波于各地前线。到了十二月,他手足麻木,行走要人扶,朝廷仍不许辞职,只给了他四个月假。一直到了光绪十四年,他巡视到杭州时,四肢已成残废,再次上疏请免职退休,但只被免去尚书一职,巡阅长江水师一职仍保留。光绪十五年初,他从杭州回到了衡阳老家,到了冬天,身体已彻底不行了,被人背上了草楼,从此再也未下楼。到了光绪十六年(1890年),已七十三岁的彭玉麟,在三月初六病逝于衡阳退省庵家中。早他十几天,时任户部右侍郎、总理衙门大臣、帮办海军事务的曾纪泽病逝。同一年的六月、十月,与他同为当年湘军水师统帅的杨载福、两江总督曾国荃先后去世。湘军一代名将至此似凋零殆尽了。彭玉麟于同年十一月,安葬于衡阳樟木乡南塘桐冲湾樟木寺山原。

彭玉麟的一生,足可称为传奇的一生。早年居于衡阳家中,以给地方标军做文书写字,供养其母,专门研究水师作战方略。一书生与协标出剿,但却很会打仗,上司要升他为军官,他一笑辞之。时值匪患兴起,他在耒阳县(今湖南省耒阳市）当商会理事，倾其资产出资协守县城。上司要升他为官，他说："把我的钱还给我就行了，我不想做官。因为那钱是商户的。"曾国藩在乡里闻其传奇之名，知其又懂水师之道，便三次聘请他出山相助，从此忠心耿耿追随曾氏一生。南京战事后，从剿捻前线回到两江的曾国藩于南京赴直隶总督任上去保定时，他一直送到山东，二人依依惜别。他也便回乡赋闲。曾国藩去世后，他深受朝廷信用，先后密保曾国荃与曾纪泽，于广东前线又调曾纪渠到身边，又与曾国荃、曾纪泽同年先后去世，真是与曾氏一生的不了之缘。

彭玉麟不仅深懂水师作战方略，而且勇武异常，作战时从不避刀枪炮火，总是直立船头。他所统帅的水师，成为湘军克敌制胜不可或缺的一大法宝，曾有湘军水师扬名天下的美誉。作战总是身先士卒且长于谋略规划。直到他战功卓著，被升为巡抚时，他坚辞不就，仍守在水师之中。他在辞职信中这样说：我始终"久居战舰，草衣短笠，日与水勇、舵工驰逐于巨风恶浪之中"。一旦答应做这封疆大吏，下属们问我钱粮不知、问我刑名不知，那不误了国家大事吗？我从军八年专带水师，让我上陆我可是一兵一卒都指挥不了。朝中以其所言为实，遂仍任水师之中。

攻破南京后，以军功与创建水师之首功，加太子少保，又要任命他为天下皆知的肥缺漕运总督，这当是他的长项，也被他坚决辞去。与曾国藩重新组建长江水师后，他便一意回乡替母补孝。因为他从军时，没有守满三年之孝。此时，朝廷又任命他为兵部侍郎，他仍坚辞不受。他在奏疏中称道：我戴孝从军，创立水师，治军十余年，未置一瓦之房产、一亩之地产；多次受伤、重病，未请过一日假；终年颠簸于风浪炮石之中，未尝上岸求一日之安。但我唯一遗憾的是没有为家母守孝终制，这种不孝之罪在身，我还敢再图什么个人的发达、前程吗？更何况贼灭仍旧不归，是为贪位；长江水师已升为省级建制，专设提督官职，我仍留军，是为恋权；军事已终，仍不回乡服孝终治，是为忘亲。战乱之时顾不上了情有可原，现在战事平息，再不回乡就说不过去了。更何况人的才力有限，用久了便才枯力竭了。许多人从政治军早年有建树，晚节则不断错误，不止关才力，也因其精神状态不行了。而一旦个人不自量力，不知进退，朝廷又不避其短而惜其长，这就要有悲剧发生了。我从军日久，精力衰竭，而且身体多病，请准许我辞去兵部侍郎之职，这个职位我实在不能接任，请批准我回乡守孝终制吧。朝廷终于允准他回乡了。

同治八年，五十二岁的彭玉麟回到衡阳老家，建了三层草楼，布衣青鞋，为母补孝。待到他孝满三年，朝廷又调他出山为官，进京召见让他当总督、兵部侍郎等职务，他坚决不干。朝廷便为他专设一个官员系列之外的职务"巡阅长江、专折奏事"，这个他接受了，一是无官衔，二是与水师打交道。于是他在杭州西湖上筑一屋为"退省庵"，这就是他的"衙门"与"大本营"。他就这样以只受皇朝差遣，不入官场之内，又不出官场之外，而高踞于官场之上的"仙官"、上差身份和方式，非官是官地度过了自己后二十年的政治、军事生涯，而名入"中兴四大名臣"之列。

湘军水师统帅杨载福之得失

曾国藩信中提到的杨载福，就是《清史稿》中的杨岳斌，字厚庵，湖南善化人。祖、父两代都是清兵将官，所以杨自幼骑射娴熟，很早便从军。由于在剿匪中，在守湘阴中有功，被擢升为千总。曾国藩办团练水师，杨载福便为水师营官。岳州一战，水陆皆败，只有陆军塔齐布、水师杨载福勇敢接战而不败。后来，杨载福与彭玉麟共掌水师。此人勇武异常，在会战中，炮被轰入水中，从水中又跃上他的船，他仍大呼指挥作战。而且他智勇双全，长于谋略，善于统军，在各路皆败的情况下，多能独保其军。在统领湘军水师东征中，他一路喋血奋战，昼夜进军，乃至积劳呕血。从咸丰三年始随湘军东征，从衡州出发至长沙，战于岳州、湘潭，入长江一路迭克城寨营垒，攻克武昌、汉阳，因军功卓著升为副将，又由攻克田家镇等重大战役中的军功升为总兵。

咸丰五年，杨载福自率水师一部回援武汉，功升湖北提督。咸丰六年，他与李续宾水陆会攻，一日同克武昌、汉阳二城。他率师顺流而下围攻九江。时值曾国藩回乡奔丧守孝，曾国藩推荐他与彭玉麟共掌湘军，由他任统帅，彭副之。杨载福率军转战千里一路不断大捷，受到朝廷嘉奖，称其谋略过人，同时加授为福建陆军提督，相当于一个省的军区司令了；并授予他可以直接向朝廷专奏的特权。咸丰八年，他与陆军会攻克服九江重镇；咸丰十一年，会攻克安庆，因母病告假回乡省亲。

同治元年，杨载福回到军中，随曾国藩开始向南京进军，一路扫清外围，形成对南京的合围，水师功劳甚大。同治三年，他奉命督办江西军务，并被实授陕甘总督，仍留曾国藩军中，待江西、安徽战事平息再赴任。同年，水师会攻南京，大破南京，杨载福因功封太子少保。自入湘军以来，至此十余年间，湘军东征得以平灭太平天国，水师之功居丰，甚至史论称，水师乃是曾国藩成功之根本。但到此，这也是杨载福一生成功的顶点了。

同治四年在南京战后，杨载福离开了水师，去陕甘任上，承担起西北剿回民之乱的重任，想不到却不断受挫。尤其是甘肃无功、兰州兵变，自己以病请辞职，朝中遂以左宗棠接替陕甘总督，允许他回乡养病。光绪元年后，朝中又命他会同彭玉麟视察长江水师，到处帮办军务。光绪十一年，他率十二营水师赴援台湾，因中法停战，仍回乡养老。光绪十六年，杨载福去世于家中，追赠太子太保。他一生得于水师，失于离开水师去任总督，既不熟陆军之战，又不懂官场之道。正所谓弃长取短，不及彭玉麟之明智远矣。但他十余年水师生涯之功，史不可没。

湘军水陆两师悍将鲍超

鲍超，字春霆，夔州安坪藕塘（今重庆市奉节县）人，是湘军中最早的，也是军旅生涯最长的陆军首席悍将。在咸丰初年随提督向荣在广西剿匪，之后进入湖南的协标军。咸丰四年，曾国藩兴办水师，鲍超为水师哨长，相当于只率领几十人的海军排长。但他作战勇敢，常以单船闯入敌阵，无人可挡，随水师一路东征克岳州，下武昌、汉阳，大破田家镇，因军功升为守备，一直到咸丰六年，才升为总兵。胡林翼称他为畅晓兵略，勇冠三军。因为此前的咸丰五年，便由胡林翼调升为水师营官，一路大捷，又两次救胡林翼于重围之中。在金口之战中，他右肋中炮，包扎好伤口，继续奋战，直到克服金口，功居第一，赐号"壮勇巴图鲁"。

咸丰六年夏，鲍超因战汉阳军功升为参将。胡林翼让他回长沙招募五营陆军，创建霆字营，从此改为陆军将领，从胡林翼转战皖、鄂，大破太平军，因军功不断累升为提督，官至省军区司令的级别。咸丰十年，因与胡所部之多隆阿不睦，两军互不救援，鲍超便请假离开湖北军队。此时曾国藩正在经营皖南战事，奏请朝廷，命鲍超增募万人之军随从征皖。鲍超因赴军不利，导致宁国城陷落，被朝廷夺去勇士称号，责令他速赴前线。此时，正值黄文金、李秀成等太平天国名将率数十万大军，将曾国藩重重围困于皖南祁门县大营。鲍超闻警，率军昼夜驰奔，日行百余里赶到祁门前线，连战皆捷，使已准备以死殉国的曾国藩转危为安。无论曾国藩还是朝廷都想不到他行军会如此神速，大为嘉奖，重新赐号为"博通额巴图鲁"。

祁门战后，鲍超又率军速赴邻界的江西景德镇，与左宗棠会剿，但为大雨所阻。此时为咸丰十年末。左宗棠便命打出鲍超的营旗。敌兵却被吓走。可见鲍超在太平军中的威慑力。咸丰十一年初，鲍超军至，大破太平军，统帅黄文金负伤败走。曾国藩奏请朝廷以鲍军为江、皖机动部队。渡江南于安庆城外围大破陈玉成部；不久又大破李秀成部于樟树镇；又解围抚州。随即又调到江北增援南昌各地，屡败李秀成。此时的鲍超，成为曾国藩走出困境，打开局面的灭火队，不断地到处增援解围。曾国藩善用人，而鲍超则从不负使命。

同治元年，鲍超受封浙江提督，赐黄马褂。当时太平军大聚皖南，连带江西、江苏、浙江，四省兵患纠结，鲍超东征西讨，不断收复失地，又收降了太平军两将数千人，编为启化营、春字营，加上自己的霆字营，鲍超所部自成三军了。同治三年，战于泾县，以伏兵战伏兵，大败黄文金。然后又驰援长江北岸各地，大破李秀成兵。前后数十战，有胜无败。同治三年春，江苏、浙江战败之敌又聚于江西，鲍超奉命驰援大破敌兵于丰城。不久，南京攻克，鲍超论功受封一等轻车都尉世袭；战后追剿太平军余部，因功赐双眼花翎，诏封一等子爵。鲍超请假离军回乡。鲍军中的降兵多叛，与太平军余部复合。鲍超连忙赶赴军中追剿，将叛军消灭，因功封一等云骑尉世袭之职。

同治五年，鲍超随曾国藩剿捻。各省督抚都争着请朝廷派他赴本地剿捻。因为捻军听到他来了，便不战而走。同治六年，于樊城，约淮军后起名将刘铭传夹击捻军主力任柱、赖文光部。刘铭传争功，先至与敌开战，大败且损失惨重。鲍超军至，大破敌兵，任柱、赖文光败走，连家眷都被俘虏，淮军所失去的军械辎重尽数被夺回。本有转胜为败之大功，但刘铭传却诬告鲍超约期不至，而李鸿章又偏袒刘铭传，鲍超气得称病辞职。朝廷不断下诏劝慰，曾国藩、李鸿章也先后致书挽留，但鲍超坚决不干了。他的三十营士兵分别由几个部将分领。但几个部将都怕这支部队很难带，遣散过半。而鲍超在家泡病，一泡就是七八年。

同治十三年，帝后召其入京，他仍称病续假。直到光绪六年，一晃就是十几年过去了，他才重被起用为湖南提督。八年，他又以病辞职。十一年，中法战起，重率师驻防云南。十二年，鲍超去世，赠太子太保衔。

史称鲍超带兵，信赏必罚，不过问细节，能得士卒死力，进战如风，敌望披靡；而对待敌军，只要缴械于前，绝不杀辱。由于内见信于士兵，外取信于敌虏，所以一生基本上有胜无败，攻无不克，且常不战而胜，受降数万之众。而因与刘铭传纠纷，离军回乡，亦不失为明智之举。瓦罐不离井上破，将军难免阵前亡。他得以保全善终，倒应感谢刘铭传了。而刘铭传即得曾国藩赏识，又得随李鸿章剿捻，先平东捻，后平西捻，又有守台湾、督福建之功，史多褒奖。但其为人无可取之处，自早年既一强横、独霸之人，无异于地痞无赖。这也是淮军将领与湘军将领之大不同处：湘军多朝臣文士从军，淮军则多地痞流氓之夫、亡命之徒。时也，势也，而何分良莠？

咸同中兴四大名将之一胡林翼

胡林翼营帐夜读图

胡林翼书法手迹

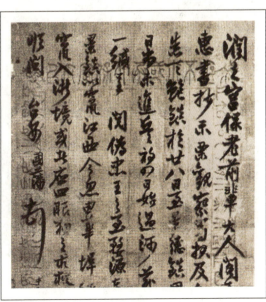

曾国藩致胡林翼书信手迹

罗泽南

杨载福

李续宾

李续宜

湘军四大名将

湘军主力战将鲍超率军作战

多隆阿率领旗兵与湘军配合作战

附：彭玉麟的诗文才气与鹤缘梅情

彭玉麟是官，但一生不染官场腐气。同治八年在交卸兵印之前，湘军水师结余的六十万两雪花银，他全部交公，并且由六省督抚为证；官场大半生对于养廉银一文不取，全部捐充军饷，至少要有几十万两之巨；晚年公差的旅差费，都是自费，一生节俭，所耗用无非正常的官薪而已。同时，他不贪恋官位权名，不论多大多高的官职，他都随授随辞。正如他自己诗中所写：

> 天生愚性恶嚣尘，难合时宜为率真。
>
> 不敢为官知戆拙，勤于治事怕因循。
>
> 文章学问深惭我，功业勋名愿让人。
>
> 眼孔着高看义利，分明黑白好安身。

彭玉麟是书生，却天生会打仗，以书生身份随军剿匪打了胜仗，且会攻城守城，为曾公所知遇，遂终生为军人。从军十七年，视治水师又数十年，却非军阀之辈可比。军旅之间不辍为文。凡奏折亲作，奏文一出，百官交誉，以为文章之圭臬。而于诗文之中又留下许多佳话。尤其以一生的鹤缘梅情，蔚为两大传奇。

先说他的"鹤缘"。他的字原本为"少鹤"，他弟弟的字为"少皋"，显然其父母希望兄弟俩有一天会一飞冲天，鹤鸣九皋。他的父亲名为鸣九，与二子的字合起来正是"鹤鸣九皋"。而彭玉麟则自养了一只仙鹤，是一只丹顶鹤。这只鹤在到他手前，已不知寿有多高，只是在他手上就又活了三十四年。而且这三十四年中有十七年是伴随了他的军旅生涯，有诗为证："长鲸就戮江淮靖，只鹤相随剑琴轻"。因为在平灭太平天国与创长江水师期间，他都活动于水上舟中，所以养鹤于身边很自然。

这只仙鹤极漂亮，通身长羽如蓑，洁白如雪，尾之黑如墨，四寸多长的丹顶如朱染血凝，只有老鹤方有此之仙姿羽色。此一直陪他到老年，一直到那年正月，湖南大雪，把鹤所居之庭压塌，鹤的翅膀被砸断，伤重而亡。老人悲痛欲绝，遂为之筑鹤冢礼葬于梅花树下，并赋诗称"千岁仙禽犹有劫，百年人事竟之凭。"另有《挽诗》与《鹤冢》二诗悼之：

> 大雪深深压折椽，椽倾鹤毙意怆然。
> 岂真羽化归三岛，无复声闻唳九天。
> 疲影不随花月夜，仙踪顿失竹梅边。
> 惭予薄俸殷勤饲，辜负相依卅四年。

> 生为仙品死埋冤，劫数难明不可言。
> 百岁青山虚老伴，一抔黄土瘗芳魂。
> 缟衣丹顶怜诗冢，明月梅花守墓门。
> 墨客骚人频叹息，不劳惆怅叹王孙。

此前在水师为统帅时，李鸿章知其喜鹤，特送他一对海鹤。他也在归去亭的粉壁上酒后醉题梅花诗中提到此鹤：

> 罗浮仙子染缁尘，谪落人间有俗因。
> 我是西湖林处士，一轮明月是前身。

狂将粉壁泼松煤，醉善纵横写老梅。
昨夜月鸣风露冷，引他千载鹤归来。

一池清浅影横斜，借作孤山处士家。
分付新来双鹤子，天寒为我守梅花。

彭在诗中自注，此双鹤便是李鸿章所赠之海鹤。显然，彭玉麟喜鹤，并总把鹤与梅花连在一起，意在以前朝林逋的梅妻鹤子自居。诗中的"孤山"就是西湖林逋墓葬处。"处士"就是林逋的故事。但彭玉麟一生画作梅花、诗咏梅花却另有一段极似陆游的《钗头凤》《沈园》诗般的悲剧情缘在其中。

彭玉麟的字由少鹤，改为雪琴，不知为何时而改，但绝对因梅而起。雪为梅之永陪之伴，与梅同处永在之时；而琴有剑胆琴心、琴瑟相和、琴觅知音之说，这正是彭之所以改字之原意，有诗为证："美人肯傲铁为心，对雪宜横膝上琴。最是一生奇绝处，高山流水最情深。"而且在后来的梅花诗中，梅、雪、琴三字交互出现在同首、同联、同句中的颇多，可见其用心之良苦。那么彭玉麟为什么对一个梅字如此情有独钟，且待为仙品而终生不泯其情呢？

彭玉麟少年时代基本上是在外婆家长大的。外婆收养了一个被拐卖的小女孩儿为养女。养女的名字叫竹宾，也叫竹仙，她就是后来人们所说的"梅姑"。而在彭玉麟的诗中则多称其为竹宾姨或姨，始终如此尊称。梅姑比彭玉麟年长一些，所以二人几如姐弟，形影不离。两个人青梅竹马一起长大，渐渐互相意笃情深，由两小无猜，到两大有碍，这在彭玉麟的诗作中都可以读到。而且两个人是互相倾心，直到私相心许。但是，家中无论如何，不同意二人成婚。后来由彭母强硬做主，女先嫁他人，男后娶她妇。但彭玉麟发誓这一生要为他的梅姑画一万幅梅花，写一万首梅花诗。至少，从现有的文献中看，他确是一生以梅花为题材作了大量的画、诗，至今尚有许多留存。但在他的年谱与诗文中却找不到"梅姑"二字。他在诗作自注中称：自己少儿时多养于外家，外婆有养女，他称为姨。舅父与外家本浙江山阴人，后游历到安徽皖江，因贫而不能归乡，便困居皖江。在他十几岁回乡时，舅父送他到江边大哭，令其感动，舅父后去世于安徽，彭玉麟的朋友代他给予礼葬。舅父去世后，外家只剩下八十多岁的外婆与梅姑。因舅父无后人，彭家将外婆接至衡阳养老，此养女也随到彭家。

还有一首诗是《挽竹宾姨氏》。这个竹宾姨氏肯定就是人们所说的"梅姑"，因为难产而亡所以彭以诗挽。这个姨氏很有文学功底，曾经写过赋白桃花的诗句："绝似伤心薄命人，含愁使带雨泣春。"而在产前两日还有诗咏新秋："底事西风来肃杀，无端桐叶使飘零。"彭玉麟感叹，这些诗句仿佛预言一样，预示了竹宾姨的归宿。人到无奈之时，往往也只能相信宿命，方能得稍许安慰吧。显然，彭玉麟对竹宾姨的去世很伤心，诗中写道：

月冷璇闺惨素帷，无端生死理难窥。

伤心怕读桃花句，谶语空留梧叶诗。

恩意旧时承密句，音容此日恸长辞。

洒浆和泪营斋奠，滴下泉台知未知。

彭玉麟后来在回安徽路过皖江外家旧宅时又写过一首诗：

园馆楼台感废兴，窗梧不复旧时青。

渭阳花落悲啼鸟，月冷房空草一亭。

从以上两首诗中可以看出，对于这段感情，当时尚很隐晦。另有一首《感昔》诗，能反映出彭玉麟对错过与竹宾姨这段感情的懊悔：

错过当初悔不回，流风馀韵任低徊。

因缘许证三生石，往事徒伤百念灰。

乍舍乍离悠梦幻，时嗔时喜费疑猜。

而今若得王舟在，愿召灵真细问来。

在他的诗作中，处处可见他的懊悔、伤感之情，他是终生放不下这段感情的。后来又有二诗写道：

"当时错过"是禽言，无限伤心竟夜喧。

沧海难填精卫恨，清宵易断杜鹃魂。

悲啼只为追前怨，苦忆难教续旧恩。

事后悔迟行不得，小哥空唤月黄昏。

我为禽言仔细思，不知何事错当时。

前机多以因循误，后悔皆因决断迟。

鸟语漫遗终古恨，人怀难释此心悲。

空山静老窗空寂，独听声凄甚子规。

于月夜中，闻布谷鸟鸣，听成了"当时错过"懊悔当年因循守旧，犹豫不决，连鸟声都在替他鸣不平于这千古遗恨，足见彭玉麟对这位梅姑的感情之深。后来，彭玉麟亲自去外婆与竹宾姨同一墓地祭奠时，又写下了一首《庐先慈墓感赋》，并自注其姨与外婆同葬于此：

> 一诀慈亲二十春，墓门重展倍伤神。
> 霜寒翁仲三秋月，风扫泉台万古尘。
> 地下清温应待我，人间甘苦总思亲。
> 渭阳情重松楸冷，独倚宵深涕泗频。

显然，这是扫墓归来夜写下的诗句，一个人在夜里思念外祖母的亲情与竹宾姨的青梅竹马之情，一个顶天立地的男子竟然涕泗横流，真是"问世间情为何物，直教人生死相许"。他的外祖母是1845年去世的，二十年后当是1865年，这一年正是南京攻克战后的第二年，他已被封为兵部侍郎，还念念不忘自己的亲人，也是至情之人、痴情男子。

还有二首《感怀》诗，显然也是彭玉麟晚年怀念梅姑的：

> 少小相亲意气投，芳踪喜共渭阳留。
> 剧怜窗下厮磨惯，难忘灯前笑语柔。
> 生许相依原有愿，死期入梦竟无繇。
> 黄家山里冬青树，一道花墙万古愁。
> 皖水分襟十二年，潇湘重聚晚春天。
> 徒留四载刀环约，未遂三生镜匣缘。
> 惜别惺惺情缱绻，关怀事事意缠绵。
> 抚今思昔增悲哽，无限心伤听杜鹃。

这两首感怀诗至少可以证明，彭玉麟与梅姑的感情是两个人互相期许的。

同治八年，在战后第一次引退回乡前，彭玉麟来到了安徽皖城探视人去宅空的王氏故宅，并写下了《过皖城王氏故宅感赋》二首：

乱后重来皖水滨，更无笑语可相亲。

旧时王谢门庭改，难觅乌衣证凤因。

之子门前我惯经，红羊劫后草青青。

不知人面归何处，冷落桃花旧日庭。

后来，彭更将此屋从新主人手中赎回来，并写了两首诗记此事。诗中有"人亡此日空留庭，甥小当时只倚姨""回忆儿时嬉戏处，女贞浓绿荫阶墀"等句。其中"姨"自是指梅姑。梅姑比他年长一些，他儿时基本上和梅姑在一起玩耍长大。他自军中引退回故乡后，又到渣江边上的彭氏老宅。在这里怀旧之情便更深了，在《渣江老屋感怀》诗中写道："伤怀空剩今时我，情语难寻旧日人，几度沧桑悲往事，宵深有泪欲沾巾。"旧宅重游，睹屋思人。皖水旧宅、渣江老屋这两处都是他与梅姑共同居住的地方，心中自是伤感万千。

还有题《梅花图》条屏的两首诗中也写道：

自从一别衡阳后，无限相思寄雪香。

羌笛年年吹塞上，滞人归梦到潇湘。

故园消息谁通问，玉瘦香寒两不知。

驿使未能临远路，教人何处寄消息。

这是彭玉麟在水师会战于金陵城下时，于船营中作的一首题梅诗。"雪香"中的雪是指他自己,香是指梅姑;"玉瘦香寒"中的玉是指他自己,香也是指梅姑。

直到晚年病重于西湖期间所写的题梅花诗中,仍有"玉笛吹断香傍皇。举杯浇我铁石肠,诰歌一曲天茫茫"句,这哪是题画诗啊,其中的"玉"字仍是指他自己,"香"字仍是指梅姑。就是在衡阳老家,老鹤死于雪屋后,他在鹤冢诗中也仍有"缟衣丹顶怜诗冢,明月梅花守墓门"句。在他晚年作于"退省庵"中的梅花诗中仍有"我与梅花有夙缘,此来花谢玉成烟""狂奴一饮杯三百,醉与孤山老铁梅""春风最解怜香急,特遣梅花伴小青""神仙真个多情甚,来结梅花画里缘""一幅梅花无恙在,我来恰好证前盟"。在他六十大寿生日时,他又画了一幅梅花,上边题诗有"六十年来写一枝""暗香疏影雪相宜"。由此可见,彭玉麟一生对梅姑的情愫之纯深久远。

那么,这个"梅姑"到底是一个什么样的女子,令彭玉麟如此钟情,一生如狂若痴呢?在写实的文献中所能知道的只能是上述的孤女,而且很有诗才。其余只能在他留下的梅花诗中来印证彭玉麟眼中心中的梅姑形象了。

首先,就"品"字而言,梅姑是一个超凡脱俗品相极高的人。如"不许红尘侵玉骨,冰魂一缕倩春扶";"仙骨珊珊清绝俗,一生孤洁少人知";"冰雪心肠尘不染,自然淡雅得天真""我似梅花梅似我,一般孤僻共无聊。"显然这些诗句是文学化、拟人化的咏梅诗句,但这些都是专志怀念梅姑的,而不是即景、题画诗,所以看得出这个梅姑是一个十分清高孤洁之人,与彭玉麟的人品、官品很相似。

其次,就"容"字而言,梅姑是一个很俏丽清秀的江南弱女子,如:"藐姑仙子真清艳,香雪肌肤瘦玉身""玉是精神肤是雪，珠含乳蕊粉含胎""不染铅华真国色，生成素艳雪同清""莫笑花容太清瘦，仙人风骨本清癯""俏立凌波娇不语""不爱繁华只素妆""相看别样有丰神，缟素衣裳淡着身"等句。

最后，就才情而言，是一个有文学修养、多愁善感、很重情义的人。就前面所述，如咏桃花、咏梧桐的诗句而言，至少说明梅姑是一个小才女；而彭的咏梅诗中所言"芳心一点愁如许，蕴酿春风无限情""知己一生惟有雪，香艳清冷自相亲""寄语东君凭做主，倾心为献雪肌肤""春雪初融液玉浆，仙梅吐萼倍芬芳。几回步月来林下，细吮花英齿舌香""藐姑仙本住琼楼，谪落红尘又几秋。任历冰霜操不改，一腔幽怨为春愁"等句，足以说明两个人的情浓至深与梅姑的多愁善感。

而在彭玉麟的梅花诗中，更多的则是抒发自己不遂心愿的遗恨与思念、惜缘。如："师雄信有因缘在，得入罗浮梦里来""阿谁能博孤山爱，妻得梅花便是仙。侬幸几生修到此，藤床相共玉妃眠""前身许我是林逋，输与梅花作丈夫""吟魂夜夜依香雪，竹榻同眠梦亦清""我是西湖林处士，梅花应唤作卿卿""月落参横清梦断，香魂频逐玉鳞飞""天涯何处最愁吾，梦绕孤山第一株""玉颜消瘦骨清癯，肠断江南别梦孤。欲寄春君何处是，阿兄赢得有谁呼""生平最薄封侯愿，愿与梅花过一生""底事吟魂消欲尽，几回香扑入怀来""花已含苞人不识，我先饱看艳光来""幽人自是多清福，修得梅花嫁作妻""我家小院梅花树，岁岁相看雪蕊鲜。频向小窗供苦读，此情难忘廿年前""梅添月影树成双，乱写幽情上绿窗。赖有玉人来解渴，愁魔不用酒兵降""最爱多情小梅树，频舒檀口笑春风。幽香醉我浓于酒，对月金樽酌任空""十年征战走天涯，莽莽乾坤何处家。底事戈船消夜永，高烧红烛咏梅花"等。这些诗句有的是借梅抒怀，有的干脆就是生活的写实，是在追忆与梅姑的感情，与生离死别后的情思。

常言讲爱到深处人孤独，但在彭玉麟这里也有爱到深时生怨怼的时候，比如在他的梅花诗中就有对梅姑的怨怼，如"草木如人亦改常，梅花倏易旧时妆。藐姑堕入红尘劫，失却当年冰雪肠""问花底事昧平生，平白污裁气不平。知否首阳甘饿者，伯夷原是圣之清""苦雨酸风日逼来，冰心自坏旧时胎。尽教沦落山篱下，剩蕊残英冷淡开"。这些诗句显然在摹写梅姑受彭母命先他而嫁后的恨怨心情与无边无底的悲愤情怀。

在梅姑死后，彭玉麟满心里剩下的大概是亦悲亦怜了，如"风流逸俊忆何郎，故态难忘旧日狂。傅粉只今成往事，落英满地冷斜阳""落梅风起足魂销，恼乱心情感寂寥。回首旧时春梦醒，一江冷月透征袍""无端风雨自相浸，深负逋仙爱惜心。始信美人真命薄，终随桃李共飘零"。

大概是在他晚年常驻西湖时，李鸿章派人送给他一对海鹤。他在诗中写道："一池清浅影横斜，借作孤山处士家。分付新来双鹤子，天寒为我守梅花。"彭玉麟一生的鹤缘梅情，既有梅守鹤墓句，也有鹤守梅寒句，却只与梅花是三生不了情，足见其对梅姑的一往情深，三生难泯。

据彭玉麟年谱载：彭玉麟的母亲王氏是浙江山阴人，即今天的绍兴人，与陆游是同乡。彭玉麟的外公王维则游历岭南、皖北一带，卒于怀宁。外公去世后，彭亲便随外婆沈氏寓居怀宁。彭彭喜读诗书，三十而未嫁，后由怀宁县令为媒，嫁给了巡检彭鸣九，生了彭玉麟为长子，彭玉麒为次子。彭玉麒后来经商在外，先于彭玉麟去世。此后其父调至合肥县（今合肥市）任巡检，彭家也随迁到合肥，但外婆与舅舅、梅姑都留在怀宁县。彭玉麟则大多数时间都在外婆家居住，因而与梅姑从小一起长大。但在十七岁那年，彭玉麟随父回乡赴祖母丧事，便定居老家衡阳。直到十二年后，舅父去世，只剩下外婆与梅姑在怀宁，无法生活，彭玉麟便派其弟玉麒去安徽把二人接到衡阳生活，彭玉麟与梅姑才得以再次见面。所以彭玉麟诗中有"皖水分襟十二年，潇湘重聚晚春天"句。

这一年彭玉麟已三十岁，未娶，梅姑也仍未嫁。彭玉麟曾向家中提起与梅姑的婚事，但家中坚决不同意。因辈分不同，那时的旧习俗几乎是难以打破的。家中非但不同意，反而很快由母亲做主，把梅姑嫁给了姚姓人家，彭玉麟愤而离家出走。但终难违父母之命。家中同年也为彭玉麟择亲邹氏完婚。第二年，外婆去世。第三年，梅姑因难产去世。

去者长已矣，留者徒伤悲。彭玉麟无论如何也放不下这段感情，也只能以一生画梅花、写梅诗来寄托心中的思念、伤悲。数十年来戎马关山、出生入死、伤病呕血，何曾有一丝消沉。但为了这段未如愿的情缘却不知有多少泪水潸然流下。都说男儿有泪不轻弹，一切不过是只因未到伤心处。无情未必真豪杰，彭玉麟终究是顶天立地的真豪杰、伟丈夫，从未因失意于爱情而自暴自弃，终成一代名臣、千古奇人。

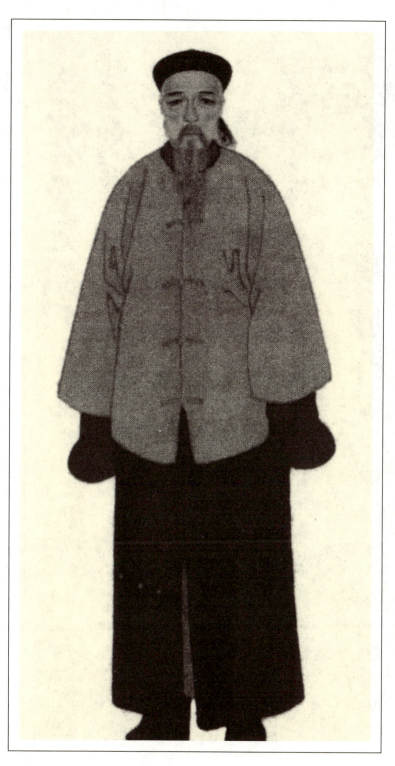

湘军水师创始人之一彭玉麟

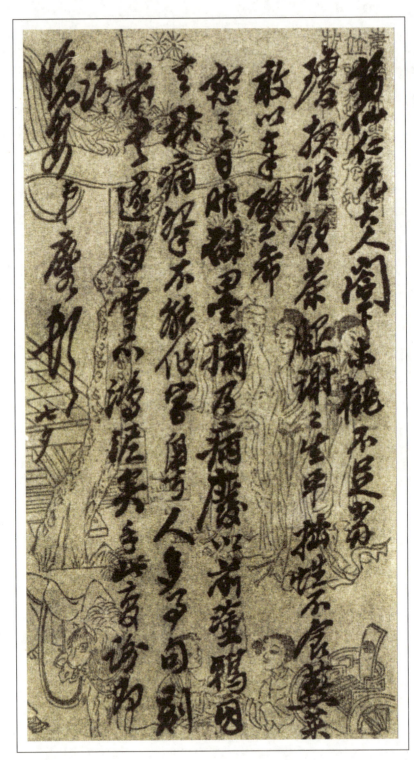

彭玉麟手绘梅花图

彭玉麟手绘梅花图

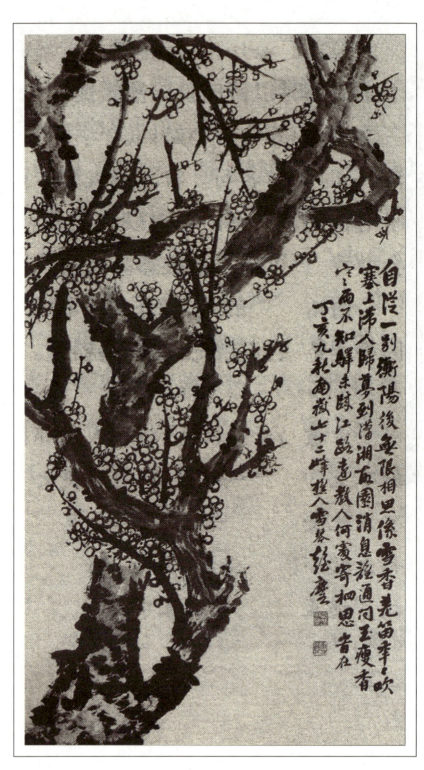

自陇一别衡阳后　无限相思　雪香羌笛半空吹　塞上游人归梦到潇湘　画阁消息凭谁通　同玉瘦香　字字而不知　骑驴来踏江路远　散人何处寄相思者在　丁亥九秋南岳七十二峰樵人雪琴铭蕊

⑳ 致诸弟：教声闻之美可喜而不可恃

〔**提要**〕这是曾国藩率湘军出省作战之后逢父丧回乡丁忧，于家中写给初入军旅在吉安的曾国荃的一封家书。信中所谈五事：其一，对曾国荃的劝告表示赞许。其二，听到官场、民间对曾国荃的交口称赞很是高兴，但劝其对这种舆论的美誉当持"可恃而不可恃"的态度。因为舆论抬举人，也贬损人，尤其名声越好，做人越难。其三，论带兵之道有三：能战、爱民、上下军政和睦协调。其四，求得人才辅助自己之意时时不可忘，人才难求更难得，要珍惜身边的人才。其五，略述家事，劝其弟多与那些有见识的人通信联系，同时也要与有嫌隙的人联系，以解前嫌。

沅浦九弟左右：

四月初五日，得一等归，接弟信，得悉一切。

兄回忆往事，时形悔艾，想六弟必备述之。弟所劝譬之语，深中机要，"素位而行"一章，比亦常以自警。只以阴分素亏，血不养肝，即一无所思，已觉心慌肠空，如极饿思食之状。再加以憧扰之思，益觉心无主宰，怔悸不安。

今年有得意之事两端：一则弟在吉安声名极好。两省大府及各营员弁、江省绅民交口称颂，不绝于吾之耳；各处寄弟书及弟与各处禀牍信缄，俱详实妥善，犁然有当，不绝于吾之目。一则家中所请邓、葛二师品学俱优，勤严并著。邓师终日端坐，有威可畏，文有根柢，而又曲合时趋，讲书极明正义，而又易于听受。葛师志趣方正，学规谨严，小儿等畏之如神明，而代管琐事亦甚妥协。此二者，皆余所深慰。虽愁闷之际，足以自宽解者也。**第声闻之美，可恃而不可恃。兄昔在京中颇著清望，近在军营，亦获虚誉。善始者不必善终，行百里者半九十里。誉望一损，远近滋疑。弟目下名望正隆，务宜力持不懈，有始有卒。**

治军之道，总以能战为第一义。倘围攻半岁，一旦被贼冲突，不克抵御，或致小挫，则令望隳于一朝。**故探骊之法，以善战为得珠；能爱民为第二义；能和协上下官绅为第三义。**愿吾弟兢兢业业，日慎一日，到底不懈，则不特为兄补救前非，亦可为吾父增光于泉壤矣。精神愈用而愈出，不可因身体素弱，过于保惜；智慧愈苦而愈明，不可因境遇偶拂，遽尔摧沮。此次军务，如杨、彭、二李、次青辈，皆系磨炼出来。即润翁、罗翁，亦大有长进，几于一日千里。独余素有微抱，此次殊乏长进。弟当趁此增番识见，力求长进也。

求人自辅，时时不可忘此意。人才至难。往时在余幕府者，余亦平等相看，不甚钦敬，洎今思之，何可多得！弟当常以求才为急，其阘冗者，虽至亲密友，不宜久留，恐贤者不愿共事一方也。[1]

余自四月来，眠兴较好。近读杜佑《通典》，每日二卷，薄者三卷。惟目力极劣，余尚足支持。

再，迪庵嘱六弟不必进京，厚意可感。弟于迪、厚、润、雪、次青五处，[2]宜常通问。恽廉访处，弟亦可寄信数次，为释前怨。《欧阳文忠集》，吉安若能觅得，望先寄回。

四月初九日

【注释品札】

无能者虽至亲密友不可留与共事

①"恐贤者不愿共事一方也"句：曾国藩劝曾国荃要珍惜善待身边的人才，要时时不忘多求人才来辅助自己。原来在自己身边的一些人才，自己并没有很好地对待，而一旦离开，才认识到人才难得。尽管急需人才，如果是无能之辈，就是至亲密友也不要留在身边，因为有才能的人是不愿意与无能者为伍的。

与亲厚能者来，与所嫌怨者往

②"弟于迪、厚、润、雪、次青五处"句：迪指李续宾，厚指杨载福，润指胡林翼，雪指彭玉麟，次青指李元度，这五人不仅是曾氏的家族好友，而且都是能干大事的人才，曾国藩嘱其弟要与他们多通信。前面的季高则指左宗棠。曾国藩同时嘱其弟还要经常与有过节的人往来通信，以释前怨。与能者往来，可收近朱者赤之效，亦可得其相助；与怨者往来，以诚意解除积怨前嫌，少一个敌人，不致受其害。这是曾国藩教其弟"趋利避害"之道。

㉑

致沅弟：教英雄豪杰打不过"龙虎关"

〔**提要**〕这是曾公在家丁忧期间写给四弟国荃的一封信。主要交流制怒的心得。所谓英雄豪杰打不过"两关"，主要指火、气二字。而解决的办法，其一，降龙——通过"止欲"以解决"火"的问题，人便可以不焦不躁；伏虎——通过"惩忿"来解决"气"的问题。如此便可打通这龙虎二关。但不管怎样节制血气，不怒不躁，"倔强"二字是少不得的，无论功业文章，全赖此二字而成。孔子所说的"贞固"，孟子所说的"至刚"，便都是由倔强养成。所以，人一方面要止欲惩忿来保养身体，不令欲望、愤怒伤害生命；另一方面要"存倔强以励志"。显然，曾公这里所谈"倔强"二字已非俗家所言之倔强，而是指执着不变的志气、志向，指向上向前的进取心。

沅弟左右：

　　肝气发时，不惟不和平，并不恐惧，确有此境。不特弟之盛年为然，即余渐衰老，亦常有勃不可遏之候，①但强自禁制，降伏此心。释氏所谓降龙伏虎，龙即相火也，虎即肝气也。多少英雄豪杰打此两关不过，②亦不仅余与弟为然。要在稍稍遏抑，不令过炽。降龙以养水，伏虎以养火。古圣所谓窒欲，即降龙也；所谓惩忿，即伏虎也。释儒之道不同，而其节制血气，未尝不同，总不使吾之嗜欲戕害吾之躯命而已。

至于"倔强"二字，却不可少。③功业文章，皆须有此二字贯注其中，否则柔靡不能成一事。孟子所谓"至刚"，孔子所谓"贞固"，皆从"倔强"二字做出。吾兄弟皆禀母德居多，其好处亦正在倔强。若能去忿欲以养体，存倔强以励志，则日进无疆矣。

正月二十日

【注释品札】

肝火易旺，制之在心

① "亦常有勃不可遏之候"句：曾国荃致信其兄，为自己无法控制火气经常发怒而苦恼。曾公便劝慰他说：不仅盛年的你如此，就是日渐衰老的我也有这种动辄勃然大怒而怒不可遏的征候。不但难以平和，而且有一种生死不惧之感。这是肝火太盛的缘故，只要在心理上调整、节制好也就没事了。

古人云，烈士暮年，肝火易旺。人的脾气大小似乎与"青年""暮年"并无多大关系，而与"烈士"有大关系。那些刚烈之人，大多脾气不好，而脾气与脾、肝似也无关，肝火也好，脾气也罢，无非都是一个"气"字，所以有火气、脾气之说。人们常说"气不打一处来"，那么气从何来呢？与生理、身体状况确有关系，这是不可否认的，与性格也有关系。但关键在于人的心理状态。所以佛学有养身莫若养心，只要办好治心一事，透得此关，便可乾坤独步。有心平才有气和，有气和才有事顺，只要事顺，心又有何不顺？事顺心顺，火气自消，又有何怒可发？

那么，怎样才能做到心平气和呢？学会正视、面对。不管遇到何事、何人、何种状况，一切处变不惊、遇乱不慌、见怪不怪，绝不为外物所乱心神，失其心智，便自有应对智慧生出。你有千变万化，我有一定之规。一切要看得惯，看得开，看得平。只要是存在的、发生的、出现的，便都自有它的根源与道理。只要发生的了，便都是现实。你都得正视、面对。你愤怒，你不平，又能怎样？需要的是你拿出办法来解决问题，这就是要你这个"官"存在于此的本源和道理。若做此想，还有什么火、什么气、什么怒呢？

节欲以"降龙"，惩忿以"伏虎"

②"多少英雄豪杰打此两关不过"句："两关"一指欲火攻心，一指怒火中烧。十八罗汉中有"降龙""伏虎"二罗汉。降龙即主克制欲望之火，伏虎即主平息怒气。人只有节制欲望、平息怒气，才能免除其对生命的戕害，从而身心健康，处世顺遂。

曾公讲的妙处在于"英雄豪杰"四字。越是英雄豪杰，便越是闯不过欲火、怒气二关。因为他是英雄啊，是豪杰啊，自认为很了不起，该当仁不让，该怒其不平，该止其不正，该火，该气，该怒。所以不仅解决不了问题，反而扩大事端，甚至反误了卿卿性命。而智者常常一笑了之，大而化之，不战而屈人之兵。二者孰优孰劣，不言自明。孔子讲过：为官之道在于执其两端而用其中，喜怒不形于色，形于色也不偏不倚。所以为官之人不可以感情用事，不可以个人喜怒而处世，当为所必守之大端，否则便一定会坏事、误事。

欲因望起，望因贪爱而生，不贪心，不恋物，不为外物所染、所感、所动，为节制欲望之根本。怒因气起，气生于不平。所以唯心平方有气和，唯气和才有怒消，唯怒消才有心顺事顺。而怒火亦以急、躁二字为风。一急便躁，一躁便易怒，一怒便会发火，一发火便既烧人又烧己，何苦呢？怒亦是骄字的私生子。人一骄便看不起人，看不明事，便觉人人不如己，事事不如意，便必心生怒气。孙悟空敢大闹天宫，是因为他看不起天兵天将、玉皇大帝；而从来不敢和如来、观音生气，因为他斗不过，小巫见大巫，神气尽矣。所以制怒亦当先制骄、戒急、止躁、用忍。百忍成金，自然有心平气和而至。小不忍而乱大谋的事，绝非志者智者所为。

"倔强"之两不可

③"至于'倔强'二字，却不可少"句：曾公在劝喻诸弟务求节欲养心制怒惩忿后，又讲到倔强绝不可少，似乎很难理解。但曾公所言倔强则远非俗言所指的执拗、顽固、不通人情，而是指阳刚之气、执着专一之精神。所以做人处世，既不可无"倔强"之精神，亦绝不可倔强而顽固执拗。无刚强无执着不舍之精神，则一事无成；而只知顽固于一途，亦足至误事、坏事。世间事"此路不通"者甚多，你固守一途的结果，只能是碰壁、走入死胡同。临此之境你还要一头撞上去不成？则孔子讲"贞固"，孟子讲"至刚"，无非要人忠贞不贰、不变，要人有骨气，有不屈不挠之精神，而绝非要人去倔强。

㉒
致沅弟：教成大事者须规模与管理同步

〔**提要**〕此信为咸丰七年曾国藩在家丁忧时给曾国荃的家书。湘军部将仍对唯命是从，胡林翼请他复出东征，左宗棠与他通信往来，李续宾就连告假也要他批准，连湖口大捷，湘军水师外江、内湖得以会师之战况一一尽知，凡此种种，不一而足。信中劝其弟三事：其一，办大事者既要有规模，又要讲究综理密微，否则便容易流入散漫疏漏一途，虽大而不足贵；其二，要向李续宾学习，此人带兵很有过人之处；其三，注意身体，有肝病更不可郁闷生气。并在信中与弟沟通家中儿女、家眷、亲属之细事，教其放心于军中。

沅浦九弟左右：

廿二夜灯后，佑九、金八归，接弟十五夜所发之信，知十六日已赴吉安。屈指计弟廿四日的可抵营，廿五、六当专人归来，今日尚未到家，望眼又复悬悬。

吉字中营尚易整顿否？ 古之成大事者，规模远大与综理密微，二者阙一不可。弟之综理密微，精力较胜于我。军中器械，其略精者，宜另立一簿，亲自记注，择人而授之。古人以铠仗鲜明为威敌之要务，恒以取胜。刘峙衡于火器亦勤于修整，刀矛则全不讲究。余曾派褚景昌赴河南采买白蜡杆子，又办腰刀分赏各将弁，人颇爱重。弟试留心此事，亦综理之一端也。至规模宜大，弟亦讲求及之。但讲阔大者，最易混入散漫一路。遇事颟顸，毫无条理，虽大亦奚足贵？等差不紊，行之可久，斯则器局宏大，无有流弊者耳。顷胡润芝中丞来书，赞弟有曰"才大器大"四字，[①]余甚爱之。才根于器，良为知言。

湖口贼舟于九月初八日焚夺净尽，湖口、梅家洲皆于初九日攻克。三年积愤，一朝雪耻，雪琴从此重游浩荡之宇。惟次青尚在坎窞之中，弟便中可与通音问也。润翁信来，仍欲奏请余出东征。余顷复信，具陈其不宜。不知可止住否？彭中堂复信一缄，由弟处寄至文方伯署，请其转递至京。或弟有书呈藩署，末添一笔亦可。**李迪庵近有请假回籍省亲之意，但未接渠手信。渠之带勇实有不可及处，弟宜常与通信，殷殷请益。**

弟在营须保养身体。肝郁最易伤人，余生平受累以此，宜和易以调之也。

十月初四日

【注释品札】

"才大器大"，"才根于器"

① "'才大器大'四字"句：这是胡林翼在写给曾国藩的信中称赞曾国荃的一句话。曾国藩特别高兴，很喜欢这四个字，便转述给其弟。

"才大器大"四个字的意思是说：很有才能，而且襟怀宏大，很有器量、见识。而曾国藩所说的"才根于器"，意思是说：一个人的才能是植根于他的器量大小与见识高低广狭的基础之上的。人只有见识宽、器量大、志向高，才会产生较大的才能，人的才能方可发挥大作用。否则器局狭小，见识短浅、狭隘之人，一定会使自己才能的发挥受到限制。

23

—— 致沅弟：教居官以耐烦为第一要义 ——

〔**提要**〕此信为曾公咸丰八年居家丁忧时写给驻守吉安的曾国荃的家书。信中所言三事：其一，与其沟通要他与李次青结成儿女亲家之事，并嘱其与李次青多交往，以补他对李次青不公正之内疚。其二，教他居官要以耐烦为第一要义，而不能躁气、骄气。其三，谈李雨苍其人精力坚强，聪明过人，但举止轻佻、言语伤人，不会受到他上司的欣赏。意在劝诫其弟善与人处。

沅浦九弟左右：

十四日接弟初七夜信，得知一切。

贵溪紧急之说确否？近日消息何如？次青非常之才，带勇虽非所长，然亦有百折不回之气。其在兄处，尤为肝胆照人，始终可感。兄在外数年，犹惭无以对渠。去腊遣韩升至李家省视，其家略送仪物。又与次青约成婚姻，以申永好。目下两家儿女无相当者，将来渠或三索得男，弟之次女、三女可与订婚，兄信已许之矣。在吉安，望常常与之通信。专人往返，想十馀日可归也。但得次青生还与兄相见，则同甘苦患难诸人中，尚不致留莫大之愧歉耳。①

昔耿恭简公谓"居官以耐烦为第一要义"，带勇亦然。兄之短处在此，屡次谆谆教弟亦在此。廿七日来书，有云："仰鼻息于傀儡膻腥之辈，又岂吾心之所乐？"此已露出不耐烦之端倪，将来恐不免于龃龉。去岁握别时，曾以惩余之短相箴，乞无忘也。

李雨苍②于十七日起行赴鄂。渠长处在精力坚强，聪明过人；短处即在举止轻佻，言语伤易，恐公亦未能十分垂青。温甫弟于廿一日起程，大约三月半可至吉安也。

二月十七日

【注释品札】

> 做人要宽大为怀，居官要"忍气吞声"

①"尚不至留莫大之愧歉耳"句：李元度徽州一败，不受曾公之指责，一气之下出走，招致曾公连番弹劾，几毁终生；曾国藩一怒之下，不惜数载袍泽深情生死之交痛下杀手，事后追悔莫及，终生负疚。若当初忍得这一气一怒之短见，抒得万里之心胸，何来如此之结果？既误人又误事，双方都付出了巨大的代价。

信中还嘱其弟做官要以耐烦为第一要义。官场本身就是不如意事最多之处，己所不愿之事最多之处，须为他人排怨解难之事最多之处。所以既入得官场，就必有耐得其烦之修养，否则不宜居于官场，这是职责所在。所以，"以耐烦为第一要义"就必须要有"忍气吞声"之修养。

所谓"忍气"，就是要学会以冷静之义理待人处世，而不可任性，使气。因为官位是公职，不能按你个人的性子行事，而要按人性行事。如果负气、使气、任血气膨胀来支配自己，则必既伤人又伤己。有道是气是伤身猛虎，气能使人丧失理智。以气解事、待人必百事百错，加倍地付出"不忍"的代价。做人、为官学得"心平气和"便是完美境界。心平才有气和，气和才有事顺，人顺才有己顺。所以忍气必先学得心平，一平解千烦，百忍可成金。除非原则大端，否则都要以宽大为怀，有忍有让才好，这是人之安身立命之要。

所谓"吞声"，就是为官之人一定要学会和颜悦色，不以言语伤人。"良言一句三冬暖，恶语伤人六月寒。"因语言伤人是最不值得的，且其害甚大。一言取祸、一言而决人祸福之事并不罕见，所以古人有慎言之说，有"祸从口出，病从口入"之鉴在先。

而心胸阔达、心平气和，只是指待人处世，明哲保身之修养，而非为官之本质。为官者自需有刚强之气概。而刚强之气又不可以声严厉色、骄躁暴烈为同日之语。为官者当慎择之。

德行即命运信非虚言

②"李雨苍"：汉军中的旗人，名李云麟，雨苍是他的字。在咸丰六年，徒步数千里走到湖南，投入曾国藩幕府，帮助曾公招募乡勇，官至副都统。同治七年被革职。曾国藩看人很少有走眼处。一个人的言语行为都是由内心所注之德行支配的。如果说性格即命运未必，那么，德行即命运则当信非虚言。

信中所言咏公与另信所言润公都指时任湖北巡抚的胡林翼，号润之。而李云麟此时正将调往湖北任职。

(24)

致沅弟：教以"长傲""多言"为戒

〔**提要**〕该信为居家守丧之时曾公与其弟国荃的一封家书。信中略言军事、家事。主旨在论述"忠信""笃敬"之道。为此指出：自古以来及当今官场之上的大员们，之所以取祸于身，大多是多说话与滋长傲气这两个方面的原因。所以待人处世务求以笃敬、忠信，方为成事全身之道。

沅浦九弟左右：

初三日，刘福一等归，接来信，藉悉一切。

城贼围困已久，计不久亦可攻克。惟严断文报是第一要义，弟当以身先之。

家中四宅平安。余身体不适。初二日住白玉堂，夜不成寐。温弟何日至吉安？

古来言凶德致败者约有二端：曰长傲，曰多言。丹朱之不肖，曰傲，曰嚚讼，即多言也。历观名公巨卿多以此二端败家丧身。余生平颇病执拗，德之傲也。不甚多言，而笔下亦略近乎嚚讼。静中默省愆尤，我之处处获戾，其源不外此二者。温弟性格略与我相似，而发言尤为尖刻。**凡傲**

之凌物，不必定以言语加人，有以神气凌之者矣，有以面色凌之者矣。温弟之神气稍有英发之姿，面色间有蛮很之象，最易凌人。**凡中心不可有所恃，心有所恃，则达于面貌。**①以门地言，我之物望大减，方且恐为子弟之累；以才识言，近今军中炼出人才颇多，弟等亦无过人之处。皆不可恃。只宜抑然自下，一味言忠信、行笃敬，庶几可以遮护旧失、整顿新气。否则，人皆厌薄之矣。沅弟持躬涉世，差为妥叶。温弟则谈笑讥讽，要强充老手，犹不免有旧习。不可不猛省，不可不痛改！余在军多年，岂无一节可取？只因傲之一字，百无一成，故谆谆教诸弟以为戒也。

三月初六日

【注释品札】

> **凡傲人者必心有所恃**

①"心有所恃，则达于面貌"句：曾国藩在信中说：自古以来，以凶德致败的人大多由于两个原因：一个叫"长傲"，一个叫"多言"。历史上被流放的丹朱，是帝王的儿子，但为什么被流放了呢？人们说他"傲"，就是傲慢凌人；说他"嚚讼"，就是多言且说话嚣张无礼。那些达官贵人多以这两个方面的原因而败家丧身。"凡傲之凌物，不必定以言语加入，有以神气凌之者矣，有以面色凌之者矣。"意思是说人之所以骄傲惹人不高兴，并不一定都是由于语言的触犯，还有两种：一个是神气上蔑视人，一个是脸色难看。

待人以傲者，一为语言不敬，不谦不周；二为神气不屑、不恭、不顺、不服、不驯；三为脸色难看，不亲和、冷淡、冷

曾国藩家书选注

峻、愠怒之色、不悦之色。人为什么会如此呢？大多是因心有所恃。所以曾公所说"凡中心不可有所恃，心有所恃，则达于面貌"，当为至理名言。而恃权、恃势、恃靠山、恃钱、恃力、恃才、恃理而傲者，皆不乏其人。恃财者，必以气凌人，有道是财大气粗；恃权者，必居高临下，以权压人；恃势者，必不可一世，嚣张欺人；恃靠山者，必不自量力，有恃无恐；恃力者，必以强凌人，以力服人；恃才者，必自高自大，目中无人；恃理者，必争讼不已，不肯让人。所以凡傲者必有所恃。而人之所以有所恃，都是由于无知，不知天高地厚，不知人上有人，天外有天，不知傲之害所在。所以做人除傲尤须长知识、懂义理、晓利害方可。知天下之大，必不敢自大；知地厚，必不敢自恃脸皮厚；知水火之利害，必不敢蔑视水火。而小巫见大巫者，自然神气尽矣，又何骄何傲之有？有道是无知者方无畏，遇此等人自须一笑了之，何须计较？

讲了不该讲的话才是最有害的"多言"

多言者必有所失、多有所犯、多有不当。不惟多言犯忌，且天下事无不忌多，多则滥、多则贱、多则变、多则必为其所累。是以古人讲慎言、慎行，讲沉默是金，讲贵人话语迟。而最令人警醒的则是多言取祸，祸从口出。而最忌的并不是话讲得多少，讲了不该讲的才是最有害的"多言"。所谓"慎言"很重要的就是不要讲不该讲的话。犯忌的话可能一语招恨，一言取祸。不驳人言，不揭人短，不论人非，不传流言，关键时刻不讲毁人之美、害人以惨之言。人于社会生活之中，真该多思慎言，话到嘴边留三分为妥。

25

致沅弟：教成事之道在"勤奋"与"有恒"

〔**提要**〕这封信是三月六日之信的姊妹篇。前信谈到"长傲""多言"乃败家之道，此篇又提及此二者乃官场祸福之枢机。但这只是防止败家的修为之功，仅此还不足以兴家。而兴家之道则有二：其一，勤奋以图自立；其二，振刷精神，力求有恒。仔细思来，勤奋与有恒两端不惟为兴家之道，凡事如求所成似离不开此两端。而且此信中提到的重要人物：李次青、左宗棠，都与曾国藩有着非同寻常的关系。而他们各自的命运也许对我们有更多的启示。

沅浦九弟左右：

廿日胡二等归，接弟十三夜书，具悉一切。

所论兄之善处，虽未克当，然亦足以自怡，兄之郁郁不自得者，以生平行事，有初鲜终。此次又草草去职，致失物望，不无内疚。

长傲，多言二弊，历观前世卿大夫兴衰，及近日官场所以致祸福之由，未尝不视此二者为枢机，故愿与诸弟共相鉴诫。第能惩此二者，而不能勤奋以图自立，则仍无以兴家而立业。故又在乎振刷精神，力求有恒，①以改我之旧辙而振家之丕基。弟在外数月，声望颇隆，总须始终如一，毋怠毋荒，庶几于弟为初旭之升，而于兄亦代为桑榆之补。至嘱至嘱！

次青奏赴浙江，令人阅之气王。以次青之坚忍，②固宜有出头之一日，而咏公亦可谓天下之快人快事矣。

弟劝我与左季高通书问。③此次暂未暇作，准于下次寄弟处转递，此亦兄长傲一端。弟既有言，不敢遂非也。

三月廿四日

【注释品札】

有恒志，方有恒业

①"力求有恒"句："有恒"二字是曾公一生坚守的修身信条，也是对子弟耳提面命的家训之一。他本身以坚韧有恒而成一生之功业，所以总希望自己的子弟以此为立身之圭臬。

传说古罗马时期思想家奥古斯丁一次看见一个小孩子提着一个小桶往返于大海与一个小洞之间，便问他在做什么。孩子说他要把大海里的水都舀到他的小洞里去。奥古斯丁劝他说，这样做是没有任何意义的。小孩子却坚定不移地说这是有意义的。是的，有许多事有可能自己努力了，争取了，也没有成功。但那又怎样呢？至少没有遗憾。就像农民种地一样，谁能保证年年丰收呢？但农民哪有不种地的呢？渔民明知不可能网网都有鱼，但渔民哪有不撒网的呢？

古往今来，凡有所成的，多凭借"有恒"二字。有恒是一种修养，有恒也是一种志气，有恒更是一种精神。古人言铁杵成针，但谁会用铁杵去磨针呢？古人言磨砖为镜，何等样的砖能磨成镜子呢？古人言张羽煮海、精卫填海，若般海水岂是可以火煮干，以木石填平的呢？无非是讲一种志气之不泯、坚韧耐力之不懈，是在讲一种锲而不舍、不止不歇的精神。也无非是说：世间事本无一蹴而就之举，凡成事，必得有耐力，有持之以恒之精神，要有一种不达目的决不罢休的精神。若能如孔子所说"人一能之，己百之；人十能之，己千之"，还有什么是做不成的呢？当然它的首要前提是目的选择的正确性。

遇标榜清正的长官一定要保持距离

②"以次青之坚忍"句：李次青这个人物，在曾国藩的家书中出现的频率极高，而且与曾弟结成儿女亲家。李次青究系何许人也？翻阅《清史稿》与曾公传记，去寻觅此人。

李次青，名李元度，次青是他的字，为湖南平江县人。举人出身。曾任地方小吏。曾国藩办团练，便入其幕僚，于军中多年专司奏章之事。咸丰五年后，决意领军，得曾同意后回平江老家招募平江乡勇数千，从此自统一军，三年之内先后有克抚州、鹰潭大捷、大败石达开之功。江西巡抚为其表功奏疏中称："以三千疲饥之卒，当悍贼数万，自有战争，未之前闻。"曾国藩在给他的信中也感恩戴德地回顾往事说："君当靖港败后，宛转护持；入则欢愉相对，出则雪涕鸣愤，一不忘也。九江败后，特立一军，志在护卫水师，保全根本，二不忘也。樟镇败后，我部别无陆军，赖君支持东路，隐然巨镇，力拄绝续之交，以待楚援，三不忘也。"其实，李次青对于曾的忠心耿耿，所维所护，岂止此三不忘之区区。李次青是曾国藩幕僚、部将中少有的可倚为心腹的忠诚之士。但曾国藩很少鼎力举荐，多赏不当功。曾国藩也深自以此为憾为歉。尤其是在其经营皖南战局时，曾国藩派他率军去接防徽州。李次青刚到任三日便遭太平军主力突袭，由猝不及防而败走徽州。本是情有可原，但他却忍痛两次对李次青进行弹劾，定为流放充军之罪。后在李鸿章、左宗棠、沈葆桢、彭玉麟、鲍超这些湘军元老、军政大员的不断保荐下，李次青才得以以罚款代罪而被免去流放之罪，被革职了事。而能得如此五位大佬共同保荐，只此一因便足见其人本质。直到同治初年，以功官复原职；光绪八年，补授贵州按察使，又迁布政使。此人忠心耿耿，雄心勃勃，但有言过其实，自以为是之嫌。所以史称其军中以宿望推之。

曾国藩不是不想提拔这位与他同舟共济的袍泽兄弟，无非是碍于太亲近，有回避之意。而曾氏一门对李次青均有良好的印象，所以方能成为姻亲。只因为是信任亲近的旧部便有功不赏，稍有罪责牵连便不惜落井下石，以示自己公正，此实为当官者的自私虚德，无非沽自己清名、钓一己之正誉，或以求明哲保身。可是误了他人多少前程？其实大可不必。曾国藩因此对待李次青，不仅时时心痛，而且终生愧疚，常常为之叹息。为了弥补多年所欠以示与其家永好之意，曾国藩竟然提前三年做主，命曾国荃将来再生女儿时要嫁给李次青再生之子，并说实在对不起他，让天佑其家，必有余庆吧。

为官长者不论亲疏均应一律出以公心。且公心私心本不在任亲任疏，而在贤能与否。而为部属者如遇到那些标榜清廉公正无私的上司，请牢记千万与他保持距离，敬而远之，至多心仪而已，万不可走得太近，否则有害无益。而曾国藩当初直想把李元度置之死地实不因其亲近，而因其败后不悔，而又负气改换门庭，投到他人的帐下。

当大事者必有容人之雅量
——曾国藩与左宗棠的恩怨

③ "弟劝我与左季高通书问" 句：左季高就是左宗棠，字季高。该人虽为中兴名将，几与曾李二公齐名，但仍出于曾国藩手下。在曾国藩时代，所有军中大员无不对曾恭而敬之。但只有左宗棠不恭不敬，而且不断攻击曾公。但曾公从不以为意，有三次以上亲自举荐委以重任，并在关键时刻不惜援之以手，在朝廷处为他开脱。

曾公的特点是亲严疏宽，他对左宗棠的容忍、抬举，足见其襟怀，但这也是因为他珍惜其军事才能足可借助，可以为他独当一面。

曾国藩不但对左宗棠如此，对于李鸿章、沈葆桢这些他亲手提拔的大员，虽然都有负他之处，但仍对他们极尽宽容之礼。也许这正是他能担当大事的法宝之一。左宗棠尽管不断地与曾氏兄弟闹摩擦、不友好。但在曾公去世后，仍旧说道："谋国之忠，知人之明。自愧不如。" 而《清史稿》亦称曾国藩 "尤知人，善任使"，他所推荐的封疆大吏、督师、将帅 "几遍海内"。

清代吴友如所绘左宗棠（中）像

26

谕纪泽：述平生"三耻"，论诗之道思

〔**提要**〕这是曾国藩在江西与太平军作战，于弋阳前线军中写给正准备第一次参加科考的长子纪泽的家书。信中鼓励纪泽爱好书法是好习气，并教之书法之理。说自己一生有三件很为惭愧的事就是对天文算术一窍不通，做事治业有始无终，写字无体而慢，因而从政治军误去许多时间。这三个方面的惭愧的事，希望在纪泽身上不要发生。

信中所论及古诗的部分是一段很精彩的诗论。而且曾国藩的诗文也很精彩，特于篇后引摘一部分共赏，并从中多了解一些曾氏经历。

字谕纪泽儿：

十九日曾六来营，接尔初七日第五号家信并诗一首，具悉次日入闱，考具皆齐矣。此时计已出闱还家。

余于初八日至河口。本拟由铅山入闽，进捣崇安，已拜疏矣。光泽之贼窜扰江西，连陷泸溪、金谿、安仁三县，即在安仁屯踞。十四日派张凯章往剿。十五日余亦回驻弋阳。待安仁破灭后，余乃由泸溪云际关入闽也。

尔七古诗气清而词亦稳，余阅之忻慰。凡作诗，最宜讲究声调。余所选抄五古九家、七古六家，声调皆极铿锵，耐人百读不厌。余所未抄者，如左太冲、江文通、陈

子昂、柳子厚之五古，鲍明远、高达夫、王摩诘、陆放翁之七古，声调亦清越异常。尔欲作五古、七古，须熟读五古、七古各数十篇。先之以高声朗诵，以昌其气；继之以密咏恬吟，以玩其味。二者并进，使古人之声调，拂拂然若与我之喉舌相习，则下笔为诗时，必有句调凑赴腕下。诗成自读之，亦自觉琅琅可诵，引出一种兴会来。古人云"新诗改罢自长吟"，又云"煅诗未就且长吟"，可见古人惨淡经营之时，亦纯在声调上下工夫。**盖有字句之诗，人籁也；无字句之诗，天籁也。解此者，能使天籁、人籁凑泊而成。则于诗之道思过半矣。**①

尔好写字，是一好习气。近日墨色不甚光润，较去年春夏已稍退矣。以后作字，须讲究墨色。古来书家无不善使墨者，能令一种神光活色浮于纸上，固由临池之勤染翰之多所致，亦缘于墨之新旧浓淡，用墨之轻重疾徐，皆有精意远乎其间，故能使光气常新也。

余生平有三耻：学问各途，皆略涉其涯涘，独天文算学，毫无所知，虽恒星，五纬亦不识认，一耻也；每作一事，治一业，辄有始无终，二耻也；少时作字，不能临摹一家之体，遂致屡变而无所成，迟钝而不适于用。近岁在军，因作字太钝，废阁殊多，三耻也。尔若为克家之子，当思雪此三耻。推步算学，纵难通晓，恒星、五纬，观认尚易。家中言天文之书，有"十七史"中各天文志及《五礼通考》中所辑观象授时一种。每夜认明恒星二三座，不过数月，可毕识矣。凡作一事，无论大小难易，皆宜有始有终。作字时，先求圆匀，次求敏捷。若一日能作楷书一万，少或七八千，愈多愈熟，则手腕毫不费力。将来以之为学，则手抄群书；以之从政，则案无留牍。无穷受用，皆自写字之匀而且捷生出。三者皆足弥吾之缺憾矣。

今年初次下场，或中或不中，无甚关系。榜后即当看《诗经》注疏，以后穷经读史，二者迭进。国朝大儒，如顾、阎、江、戴、段、王数先生之书，亦不可不熟读而深思之。光阴难得，一刻千金。以后写安禀来营，不妨将胸中所见，简编所得，驰骋议论，俾余得以考察尔之进步，不宜太寥寥。此谕。

八月二十日书于弋阳军中

【注释品札】

诗之道在于天籁人籁相和

① "则于诗之道思过半矣"句：曾国藩信中论诗说：一首好诗，首先在于声调的清越，有气势，读来朗朗上口；其二，在于韵味，反复吟咏，有可玩味处。诗句分两种，一种是读它的字句，这是"有字句之诗，人籁也"——这是人的声韵；一种是它的意味，这是"无字句之诗，天籁也"——这是天的声韵，不在字句上，而在意境。写诗只要理解了这种人籁、天籁之理，并能有效地把二者结合起来，那么对于作诗之道就明白一多半了。

曾国藩的诗作小札

曾国藩在诗坛并无盛名，并不是他的诗写得不好，而是因为他的功名太盛，把他的诗才淹没了。他对自己的诗就很自诩。他承认他的理科、书法都是他的平生之耻，而且在许多方面都有反省自悔，唯独在读书、作诗方面很少见有此种意思。

他甚至认为当今之世，在写诗方面，似乎没有人可以与之商榷的。那么，我们来摘录几首曾诗来与大家共赏，也从另一个侧面来认识一下这位大学士的文学功夫。

曾国藩较早的一首诗是在二十四岁那年，在乡试中举人后，赴京赶考进士时写下的一首《乙未岁暮杂感》诗：

> 高媚山下是侬家，岁岁年年斗物华。
>
> 老柏有情还忆我，夭桃无语自开花。
>
> 几回南国思红豆，曾记西风浣碧纱。
>
> 最是故园难忘处，待莺亭畔路三叉。

高媚山是曾氏湘乡老家屋后的一座小山。显然这是曾国藩于赴京途中写下的一首怀乡诗。如果说这首诗还有一种少年书生味儿。那么他在江南战场上写下的一首《忆弟》诗则截然不同，不可同日而语了。

> 无端绕室思茫茫，明月当天万瓦霜。
>
> 可恨良宵当兀坐，遥怜诸弟在何方？
>
> 纷纷书帙谁能展，艳艳灯花有底忙？
>
> 出户独吟聊妄想，孤云断处是家乡。

这首《忆弟》是写给其弟曾国荃的，不久这首诗便在湘军中广为流传。曾国藩还有一些亲情诗，诸如写给曾国荃的《酬九弟》（选三首）：

> 远离予季整三载，辛苦学诗绝可怜！
>
> 王粲辞家遭多患，陆云入洛正华年。

轮辕尘里鬓毛改，鼙鼓声中筋骨坚。

门内生涯何足道，须要尝胆报尧天！

杜韩不作苏黄逝，今我说诗将附谁。

手似五丁说石壁，心如六合一游丝。

神斤事业无凡赏，春草池塘有梦思。

何日联床对镫火，为君烂醉舞仙傲。

辰君平正午君奇，屈指老沅真白眉！

人世市袍各肮脏，闭门谐谑即支离。

中年例有妻拏投，识字由来教养衰。

家食等闲不经意，如今漂泊在天涯。

　　曾公自诩诗才，说王粲、陆云、杜甫、韩愈、苏东坡、黄庭坚这些人都已作古，自己想找个人谈论诗道都找不到。第三首诗中的辰君指曾国潢，午君指曾国华，老沅、白眉则指曾国荃。在曾国藩五兄弟中，最有成就的除老大外，就要数曾国荃了。曾国藩在京做官时，就带曾国荃在身边学习、历练，他回乡办团练从军后，曾国荃也是他最倚重的臂助，因而诗有"屈指老沅真白眉"句。

曾国荃为何捧诗泪如雨下？

　　在曾诗中写得很有水平的，当属为曾国荃四十一岁生日所写的赠弟诗，一次写了十二首。其中三首如下：

九载艰难下百城，漫天箕口复纵横。

今朝一酌黄花酒，始与阿连庆更生。

河山策命冠时髦，鲁卫同封异数叨。
刮骨箭瘢天鉴否？可怜叔子独贤劳！

左列钟铭右谤书，人间随处有乘除。
低头一拜屠羊说，万事浮云过太虚！

明眼人一看便知，这几首诗都不是生日贺诗，而是几首暗含深重辛酸无奈悲怨的政治诗。那么，曾国藩为什么会在曾国荃四十一岁生日时，写给他这样的诗呢？

曾国荃四十一岁那年正是同治三年（1864年），是曾国荃亲率湘军独克南京的年份。曾氏兄弟因此获平灭太平天国首功，兄弟分封侯伯。但曾氏兄弟由此不但让湘军内部的主将们，如左宗棠、沈葆桢、李鸿章等妒火中烧，而且让朝中的满汉大员们心中不平，更可怕的是"功高震主"，引起了同治帝与慈禧的猜忌。一时间，攻击、诽谤、弹劾曾氏兄弟的奏折不知有多少飞向宫廷，这自然让咸丰帝死后刚刚掌权两年多的皇家孤儿寡母们心生疑惧。而且这种疑惧并非没有来由。所以曾国藩不顾一切寝食难安地用自我牺牲的方式来向朝野释疑，但曾国荃一介武夫，哪里懂得这许多道理？为此，兄弟几乎反目。直到曾国荃四十一岁生日读到这些诗时，才恍然大悟、泪如雨下，知其兄之心苦。

曾国藩想过自立为王吗？

要了解曾国藩兄弟的苦衷，首先要了解那个时代的特征与具体处境。清朝是以北方一隅的少数民族满族而入主中原的，而且能一统中国又是来得那样容易。如果没有李自成的从内部摧毁，没有吴三桂、洪承畴等人对明朝的反叛，他们根本不可能那么容易入主中原。也许正因如此，这个王朝自入关以来，世代处心积虑地防止政权被颠覆。尤其是对汉人的防范之心，从未有过松懈。另一方面依八旗的军事力量实行统治，一方面利用汉人又控制汉人朝臣将帅，以防不测。到了曾氏兄弟出山从政治军的道光、咸丰、同治三朝，也依然如此，基本上只信任旗人与绿营兵。

到了太平天国起义后，旗兵与绿营军不顶用，尤其是江南大营、江北大营相继被太平军摧毁，江南战事已不可收拾，北方又有捻军兴起，西北、西南又有少数民族起义的爆发，再加上鸦片战争前后西方列强同时侵入，朝廷已经是焦头烂额，处处捉襟见肘。不得已下令全国各地举办团练——就是不入国家军事编制，不付军饷，全由地方民间自筹解决经费的"民兵"，来维持地方治安。而后在清朝"国军"一败涂地、不堪一击的情况下，又允许团练这支地方乃至家族武装参与出省作战，而后又将团练纳入了准国家军事体制。曾氏兄弟的全部军事活动，都是在这种背景下进行的。

曾国藩是以兵部侍郎（国防部副部长衔）的大臣身份，受命在丁忧母丧期间就地留在湖南办团练的，但既非国家军事编制，也不是地方大员。当时一省的长官为巡抚，跨省的长官为总督，督办一个战区事务则要由钦差大臣来协调。各地、市、县的长官则是道台、知府、县令。而团练则既无军饷，有了军功又不能升官晋职，而且饱受督、抚等地方大员和旗人长官的歧视。所以曾国藩在出省作战于江西时，利用父亲去世的机会，向朝廷告假三个月，也不待批准，便封印回乡守孝去了。朝廷震怒，但也后补准假了。过了三个月，曾国藩一方面对于朝廷的不信任不支持满怀积怨，另一方面又惦记前线湘军这支家乡子弟兵的命运，便给朝廷上了一个折子，大意是说：按定制，朝臣官员有父母重孝在身一律要守孝三年，这叫"终制"，我也应该守制三年，请朝廷准许。如果要我不守此制，那么这团练大臣的差事我也不想干了。第一，没饷；第二，没职；第三，没权；第四，部下有功又不能升官，无法调动积极性。显然这是在和朝廷叫板。朝廷一看，这是要钱、要权啊，便顺坡下驴，干脆批准他在家守孝三年，再做打算。更何况此时的湘军在湖北巡抚胡林翼的指挥下，干得不错，打了不少的胜仗。所以朝廷才如此对待曾国藩。此时的曾国藩便窝在家里看山野，望星空，闭关修炼，看史书，钻《周易》，总结官场战场上的经验教训及人事是非，不断地参政治之禅，悟军事之道，一年多的时间，可谓凤凰涅槃。到了第二次出山时，无论从政治军、待人处世，他完全变了一个人。他的部下、同僚无不刮目相看，却不知一个腐儒怎样变成了一个政治军事奇才。

正在曾国藩于湖南老家守孝终制，参"禅"悟"道"期间，江南战局发生了很大的变化。太平天国内乱，太平天国的创始人核心团队中，有两王被杀，石达开被逼出逃，在江南汇集了十余万人，一路上攻城略地，东进江西、浙江、福建，势不可挡。朝廷慌了手脚，忙下令让胡林翼主力战将增援浙江。在湘军众将的鼓动下，胡林翼借口皖、鄂军情紧张，拒不出兵。朝廷又命令主持江南大营的和春去浙江，和春又以生病为由不肯赴任。此时，湖北巡抚胡林翼与湖南巡抚骆秉章这两位省头儿，又不约而同地启奏朝廷重新调曾国藩出山，说只有他能对付石达开。朝廷无奈才命令曾国藩马上换孝服为戎装，火速带湘军去浙江打仗。这一年是1858年，曾国藩已经四十七岁了。

曾国藩在家已经一年多了啊，火气也憋足了，接旨后，马上在家乡又招募了一支一万五千多人的队伍，赶到武昌，与湖广总督官文、湖北巡抚胡林翼商量对付石达开的大策，然后开始率军自武昌顺流而下，进入江西，绕道入浙江追击石达开去了。

1860年，清军的江南大营被太平军彻底摧毁；苏州失守；浙江、江苏巡抚先后战死，主持江南大营的和春自杀，两江总督逃到上海。江南战事已不可收拾，清朝的绿营兵已完全丧失了战斗力，那些满族军政大臣与"国军"的将帅大多是走死、逃亡、被抄斩、革职。此时的朝廷再不信任汉人，也得倚靠汉人了。朝廷马上任命曾国藩以兵部尚书衔暂时代理两江总督，不久又实授两江总督；以钦差大臣身份督办江南军务，大江南北水陆各军都归他调度节制。第二年又授权他督办苏、皖、浙、赣四省军务，各省政、军官员都归他管。第三年又升他为协办大学士（副宰相）。曾国藩也不负所望，把南京上游的九江、安庆等重镇一个个攻破，兵临南京城下。整个东南战场均由湘军各路统帅分兵把口，逐渐肃清。

正在曾氏兄弟在江南战场浴血奋战时，咸丰帝去世，两太后与小皇帝共同执政，即为"同治"。这孤儿寡母既离不开曾国藩主持东南战场，又对湘军疑惧万分。而到了同治三年，也就是1864年，太平天国首都南京陷落的前夕，曾国藩已羽翼丰满、名震朝野。此时的清朝由旗人掌握的绿营、八旗等国家级军队，总共有七十余万人；而曾国藩可以直接指挥、调动、管辖的各路湘军及有关武装力量就有三十多万人，而且那些连农民义军都打不过的"国军"的战斗力，和曾国藩湘军的陆军、水师，左宗棠的楚军，李鸿章的淮军相比，早已不可同日而语，而后两军事实上都是湘军的嫡系分支。更何况几年间，从湘军将帅中提拔起来的总督、巡抚就有二十九位，曾国藩真可以说举足轻重，一呼百应了。所以，以满族元老相扶持的，以慈禧为核心的晚清统治集团，对此怎能不洞若观火，心惊肉跳，寝食难安呢？

而曾国藩也同样寝食难安，忧心如焚，日夜唯恐祸从天降。曾国藩一方面顾虑身家沉浮安危，另一方面怕祸及家门，怕湘军兄弟遭际不测。饱读历史的曾国藩深知"飞鸟尽，良弓藏""狡兔死，走狗烹"的历史生存道理，所以深恐悲剧降临到自己身上。而且朝野对曾氏兄弟的交章弹劾，朝廷对他任用的随势摆布，向他传递出的都是不信任的信息。左宗棠、李鸿章、曾国荃、彭玉麟这些同僚、兄弟、学生，包括诸多幕僚都劝他乘机打下南京自立为王。这些不但没有撩拨起曾国藩的政治野心，反而成了让他日夜忧思的一声声警钟。因为他既从无政治野心，又饱读诗书，深通经史，他从来不想承担改朝换代的历史责任，他最大的奢望也就是光宗耀祖，能立德、立功、立言，一生能实现这三不朽足矣。在他的心目中，家的概念比国大，所以他自己都承认一生误在名心切而俗念重的两端上。所以曾国藩从内心中也只想位极人臣，全身而退。

曾氏兄弟怎样逃过了"走狗烹"的悲剧命运？

尤其是到了平定太平天国前后，曾国藩只有两条路可走：其一，反清自立；其二，解甲归田。南京攻克后，他已封侯、拜相，到了功高不赏的境地，而同治帝此时也发出了"消灭一个洪秀全，又出来半个洪秀全"的忧叹。而且湘军内外、朝野上下的所有舆论都把他推到了必须做出选择的绝地，但他义无反顾地选择了第二条路。所以早在南京攻克前，他便与曾国荃不断地商量怎样有步骤地，让人毫不生疑地全身而退之计。但曾国荃总是心有不甘。

曾国藩打下南京后，采取了一系列的"全身而退"的举措，其中一项就是要让惊魂不定的主子安下心来，所以在南京攻克后，给朝廷上奏关于战事善后处理的折子中，有三项大的举措。其一，将江南各督、抚府衙的修扩计划改为两项：大修满族城；修复江南贡院，恢复江南科举。前者向朝廷表明忠心以明无贰志，讨主子欢心、放心；后者让江南士子收心、安心，纳入正常仕举之途而不再带头造反生事。可谓一石二鸟，石石中的。朝中放下心来，江南很快平定下来。曾国藩的老到之处不止于做这些表面文章，而是实实在在想金盆洗手退出江湖了。其二，在同一奏折中提出了裁汰遣散湘军，而且理由充足，说湘军经过十来年战争后已无生气。其三，不经曾国荃同意，就上报曾国荃要回家乡养病，不再担任浙江巡抚。而自己则在其后不断地上折子，要求辞官不受。

奏折一上，正中朝廷下怀。尤其是对于裁撤湘军，正去了朝廷的一块心病。所以很快批复下来。曾国藩马上执行裁军计划，曾国荃直接指挥的两万多湘军全部被遣散回乡，左宗棠指挥的六万湘军也裁撤了四万多，其他各地的湘军也多被遣散。这支在战争的血雨腥风中成长、壮大起来的庞大曾氏军团，就这样在挥手间烟消云散了。清朝统治者的心里也有了晴天一角，因此对曾氏兄弟的戒心、疑心基本打消，所以不管有多少弹劾的奏章，对于南京战事中的种种瑕疵与疑窦，不仅一概不予追究，甚至后来平捻的不力，也从未对曾氏兄弟开刀问斩。这也是曾国藩的老谋深算，明哲保身，不等别人开刀，先拿自家人开刀的果报吧。由此足见曾国藩的政治智慧之高明，但他却因此而惹恼了不明就里的曾国荃。

曾国荃一见曾国藩不但裁了他的军，还"罢"了他的官，让他回家，就以为是曾国藩排挤他，不仅在心里怨恨其兄，而且在一次湘军老班底将领在南京秦淮河的一次聚会上，借着酒力大发牢骚，让曾国藩很是难堪。但曾国藩却依旧声色不露。直到不久后，曾国荃四十一岁生日到了，曾国藩派心腹幕僚赵文烈带着礼物去祝贺，而且送给曾国荃十二首诗。读到"刮骨箭瘢天鉴否？可怜叔子独贤劳"句时，曾国荃不禁泪如雨下。他忘不掉曾国藩在攻克南京前夕，亲自到雨花台前线阵地视察时，亲手揭衣查看他身上伤疤时的情景。他读到了前面第三首"谤书"与"屠羊说"时，才进一步明白了其兄的苦心所在。不久，兄弟俩进行一次彻夜长谈，曾国荃才明白了其兄的良苦用心，乖乖地回家"养病"去了。正由于这一短退，才有了后来的长进，有了兄弟与家族的一生平安着陆。

"倚天照海花无数，流水高山心自知"

曾国藩的诗文功底相当深厚，不仅诗写得好，就是联语与祭文一类也写得相当不错。

在打下南京，曾国藩进驻六朝古都后，部将、门客、友人不断地来劝说他拥兵据城，反清自立，但他绝不为此而稍有犹疑，为了杜绝众口，免生是非，便亲手写了一副对联："倚天照海花无数，流水高山心自知。"意思是说，我心里都有数，诸位就不要多言，免开尊口吧。写完，他还把这副对联挂到了客厅最醒目处。凡是能到曾府衙门往来的人哪有布衣白丁、不谙世事者？进得屋来，一见此联便也"心自知"了。因而免去了许多麻烦。曾国藩还有一个习惯就是每迁到一个新衙门，都要写一副楹联，挂于大堂内，以明心志，写得都极有文采。

悼两弟之死："生也何雄，死也何苦"

曾国藩在祭悼他死于战场前线两位兄弟的文字，也是相当感人的。

1858年，曾国藩奉命停止守孝，二次出山率军追击石达开时，曾国藩的三弟曾国华在庐州三河前线与李续宾所部六千湘军被太平军全歼，曾国华亦战死。曾国藩流了一天一夜的眼泪，长久地处于哀痛中不能自拔。他在祭文中写道：

> 君子六千，命耶数耶？何事于天！我奉简书，
> 驰驱岭峤。江北江南，梦魂环绕。卯痛抵昏，
> 酉悲达晓。莽莽舒庐，群凶所窟。积骸成岳，
> 孰辨弟骨？骨不可收，魂不可招。峥嵘废垒，
> 雪渍风飘。生也何雄，死也何苦。我实负弟，
> 茹恨终古。

在曾国华的葬礼上，曾国藩还题写了一副挽联："归去来兮，夜月楼台花萼影；行不得也，楚天风雨鹧鸪声。"

1862年，在李秀成亲率数十万之众，围攻坚守在南京雨花台壕墙之内的曾国荃湘军四十六天后，与曾国荃一同领军作战的曾氏最小的兄弟曾国葆，劳累病死于前线军中。正在安庆坐镇指挥的曾国藩接到这一噩耗后，又一次泪流满面。这个小老弟是随他从军最早的一个，先在水师，因兵败主动承担责任，回乡隐居于山中，誓不出山。直到他的哥哥曾国华三河阵亡后，才又出山誓为其兄报仇。曾国藩便让他始终跟随曾国荃在前线打仗，年纪轻轻便积军功，官至知府。不承想，他却在攻

下南京前死于前线。曾国藩这样评价他的这位小弟弟：

智足以定危乱，而名誉不并于时贤；忠足以结主知，而褒宠不逮于生前；仁足以用部曲，而妻孥不获食其德；识足以祛群疑，而文采不能伸其说。

曾国藩叹道："所谓命焉者非耶？"并为其写挽联如下：

大地干戈十二年，举室效愚忠，自称家国报恩子；
诸兄离散三千里，音书寄涕泪，同哭天涯急难人。

曾国藩对其弟之死情为至真，但评价却不全真实。其实，三河一役如按主将李续宾意见及早撤出三河不至于有此大难。而曾国华固执己见，认为太平军屡受挫，不敢前来围攻。李续宾亦不好坚持撤退，以至于一时迁就迟疑，竟招致全军灭顶之灾。他们怎么也想不到李秀成、陈玉成联手率主力重兵把他们包围起来，一番殊死喋血决战，使湘军悍勇一支，全军覆灭，尸积如山，惨不忍睹。是为历史上关于太平军著名的"三河大捷"。

以上简略介绍曾国藩诗文点滴，似有助于了解曾氏兄弟之情深、之为人，也更有助于从另一个侧面来了解曾国藩其人。有道是"文似其人"，至少感情世界里如此。自古有"诗言志"之说，其实诗是抒胸中块垒、情愁最有效的工具和文学样式。

曾国藩像

曾国藩在攻克南京后写下的对联

27

致沅弟：教"敬""恕"二字，
《论语》"九思"

〔**提要**〕咸丰七年（1857年）二月，曾国藩的父亲曾麟书去世，曾公率曾国华从军中回家奔丧守孝，而曾国荃仍留军中。该信便是曾公居家时，给仍在军中的九弟的信件。信中略述军事、家事。其余主要谈两件事，其一，托其弟为自己的同窗好友周俊大在军营中谋事，并为其保荐一个从九品的官职（县丞）；其二，与乃弟论"敬""恕"之道，同时反思自己以往欠修养、欠人情之处，望其弟谨守"敬""恕"二字，熟记孔子之"九思"。

沅浦九弟左右：

十三日安五等归，接手书，藉悉一切。

抚、建各府克复，惟吉安较迟，弟意自不能无介介。然四方围逼，成功亦当在六七两月耳。

澄侯弟往永丰一带吊各家之丧，均要余作挽联。余挽贺映南之夫人云："柳絮因风，阃内先芬堪继武（姓谢）；麻衣如雪，阶前后嗣总能文。"挽胡信贤之母云："元女太姬，祖德溯二千馀载；周姜京室，帝梦同九十三龄（胡母九十三岁）。"

近来精力日减，惟此事尚觉如常。澄弟谓此亦可卜其未遽衰也。

袁漱六之戚郑南乔自松江来，还往年借项二百五十两，具述漱六近状：官声极好，宪眷极渥，学问与书法并大进，江南人仰望甚至。以慰以愧。

余昔在军营不妄保举，不乱用钱，是以人心不附。仙屏在营，弟须优保之，借此以汲引人才。余未能超保次青，使之沉沦下位，至今以为大愧大憾之事。仙屏无论在京在外，皆当有所表见。成章鉴是上等好武官，亦宜优保。

弟之公牍、信启，俱大长进。吴子序现在何处？查明见复，并详问其近况。

余身体尚好，惟出汗甚多。三年前虽酷暑而不出汗，今胸口汗珠累累，而肺气日弱，常用惕然。甲三体亦弱甚，医者劝服补剂，余未敢率尔也。弟近日身体健否？

再者，人生适意之时，不可多得。弟现在上下交誉，军民咸服，颇称适意。不可错过时会，当尽心竭力，做成一个局面。**圣门教人不外"敬""恕"二字，**①**天德王道，彻始彻终，性功事功，俱可包括。余生平于"敬"字无工夫，是以五十而无所成。**至于"恕"字，在京时亦曾讲求及之。近岁在外，恶人以白眼藐视京官，又因本性倔强，渐近于愎。不知不觉，做出许多不恕之事，说出许多不恕之话，至今愧耻无已。弟于"恕"字颇有工夫，天质胜于阿兄一筹。至于"敬"字，则亦未尝用力，宜从此日致其功，于《论语》之"九思"，《玉藻》之"九容"，勉强行之。临之以庄，则下自加敬。习惯自然，久久遂成德器，庶不致徒做一场话说，四十、五十而无闻也。

五月十六日

【注释品札】

当大事者非亲友党助不可

曾国藩尽管提拔了那么多大员，但李鸿章、左宗棠却不肯与他同心同德。彭玉麟尽管终生不要任何官位，李次青尽管没有曾的徇私提拔，其兄弟尽管深深不满于他的严苛，但终归是不肯分庭不肯背叛。终归是亲、友、戚这三种人肯与他同生死共患难。由此而言，即使不可任人唯亲，不可党同伐异，但为大事、开大局面者，无亲、无友、无党为臂助实为不可。观曹操阵营、孙权阵营中无家族勋戚相助则无三分局面；观刘备阵营，只有忠烈相助，终归势单力薄而短命。而司马氏得以最后收官三统，则全靠了家族势力与结交死党。正所谓"打仗亲兄弟，上阵父子兵"。

世间所有"待他人"的道理，都是"待自己"的法门

①"圣门教人不外'敬''恕'二字"句："敬""恕"二字是曾公晚年内省修身之要旨，在书信、著述中念念不忘。在这里他借表扬其弟之机，深自反省，亦无非希望与弟共勉。他讲道：弟弟你现在上下内外口碑甚好。人生适意之时不可多得。你应抓住这样的好机会，尽心竭力地开创大好局面。圣人教人自修的功夫无外"敬""恕"二字。这两个字无论是天道王德，还是修身养性之功、事业之功，都始终包括在其中了。我正是由于生平不在"敬"字上下功夫，所以到了五十岁也没能成什么大事。至于一个"恕"字，我更不行。所以自己下

决心，在"敬""恕"二字上下功夫，用《论语》中的"九思"、《玉藻》中的"九容"来要求勉励自己。

那么《论语》中的"九思"都讲了什么呢？孔子在《论语》中说："君子有九思。视思明，听思聪，色思温，貌思恭，言思忠，事思敬，疑思问，忿思难，见得思义。"用白话译过来的意思就是，正人君子有九件需要认真思考的事：其一，当你用眼睛看的时候，要想到看周全、看明白；其二，当用耳朵听的时候，一定要想到兼听，不能偏听偏信，要听明白；当你面对他人时，一定要想到让自己的脸色很温和，不可以难看；神情要想到端庄恭顺亲和；说话的时候，要想到让人感到忠厚真诚；做事时，要想到对人尊重礼敬；遇到疑问时，便想着去请教他人；心中有所愤恨不平时，就去想患难时的痛苦，而去曲意含忍宽容，不要发怒；看见有利可图时，首先要想到应不应该去取，是不是不义之利。而曾公所讲《玉藻》一书中的"九容"，虽不得见，但大概都是讲容忍宽恕的吧。而无论"九思""九容"，都是从人性的本质出发。哪个人愿意看别人的脸色呢？哪个人乐于受别人的责骂呵斥呢？哪个人不希望受到别人的尊重善待呢？而无论善恶，人都有强烈的同等回报心理。这是千古不变的人性使然。

曾公教子弟讲"敬""恕"之道，绝非简单地从道理上来说教，而是几十年宦海生涯的切身体悟。几十年来上至皇帝、王公大臣、学者，下至地方封疆大吏、巡抚、知府、道台，军旅中督师、将帅，直至三十万水陆大军、百姓士卒、乡党、同仁，何色人等他不曾见过，不与交际？曾国藩从自身、从他人的利害得失、人心向背中悟出"敬""恕"二字，当为经验之谈，而非义理之说。而重此二字，亦无非敬人者人恒敬之，敬事者事自有成，恕人者等于宽恕自己。而向人让一步便等于为自己多留了一步台阶。反之多会收两败俱伤的下场。这是曾国藩于官场之上、军旅之中、人情世故中司空见惯，屡见不鲜的。道理很深刻也很简单：任何作用力都会遭受反作用力，所以伤人者必自伤。兵学家语是战争的双方没有真正的胜者，敌损一千，自损八百。此是为人生利害之洞见。而世间所有"待他人"的道理，都是"待自己"的法门。所以敬人者自得人敬，恕人者自得人恕。

㉘

致沅弟：教内圣外王，务读经史

〔**提要**〕此信为曾国藩居家丁忧父丧时，写给仍奉命留在军营中主持军事的曾国荃的信，商量建家祠与祖父母、父母改葬诸事。并叙及家乡大水及蝗虫为灾等事。同时嘱咐其弟两事：其一，他在江西、湖南的声望日高，为家门增光，但希望他再接再厉，善始善终，慎之又慎；其二，读书求学问，必以经史为根底，以求内圣外王之功效。在附信中一叙代他与李次青相约未来结为姻亲之事；一叙在家丁忧之心情；一嘱其弟改正晚起床、易怒二事；同时询及军务、外间舆论等事。

沅浦九弟左右：

正七归，接一信；启五等归，又接一信。正七以疟故，不能遽回营。启五求于尝新后始去。兹另遣人送信至营，以慰远廑。

三代祠堂，或分或合，或在新宅，或另立规模，统俟弟复，由吉归家料理。造祠之法，亦听弟与诸弟为之。落成后，我作一碑而已。余意欲王父母、父母改葬后，将神道碑立毕，然后或出或处，乃可惟余所欲。

目下在家，意绪极不佳。回思往事，无一不惭愧，无一不褊浅。幸弟去秋一出。而江西、湖南物望颇隆，家声将自弟振之，兹可欣慰！**"靡不有初，鲜克有终"**，①望弟慎之又慎，总以"克终"为贵。

家中四宅大小平安。廿三、四大水，县城、永丰受害颇甚，我境幸平安无恙。

弟寄归之书，皆善本，林氏《续选古文雅正》，虽向不知名，亦通才也。如有《大学衍义》《衍义补》二书可买者，买之。**学问之道，能读经史者为根柢，**②如两《通》（杜氏《通典》、马氏《通考》）。两《衍义》及本朝两《通》（徐乾学《读礼通考》、秦蕙《五礼通考》）。皆萃"六经"诸史之精，该内圣外王之要。若能熟此六书，或熟其一二，即为有本有末之学。家中现有四《通》而无两《衍义》，祈弟留心。

弟目下在营不可看书，致荒废正务。天气炎热，精神有限，宜全用于营事中也。

余近作《宾兴堂记》，抄稿寄阅。久荒笔墨，但有间架，全无精意。愧甚愧甚！

五月三十日

【注释品札】

克终："编筐窝篓，全在收口"

①"靡不有初，鲜克有终"句：曾国藩说，古人言初始之时，谁都会很努力，做得很优秀，但很少有坚持到底的。你外立功业、内兴家门，做得很优秀了，但一定要善始善终，要

"慎之又慎""总以'克终'为贵"。曾公一生唯恐树大招风、谤随名至、水涨船高，唯恐遭受颠覆之祸，累及家门，所以在附言中还"至嘱至嘱"地叮嘱其弟改正自己的缺点，并要他把他所听到的外面对他们的"讥议之辞"，无论巨细，都向他密报。都说诸葛亮一生谨慎，但曾国藩之谨慎绝不亚于诸葛亮。所以《清史稿》说他可比诸葛亮，也当有此意吧。

所谓"克终"，似当有二义：其一，做事要善始善终，不可虎头蛇尾、半途而废，不可一事未竟，又骛其他；其二，居官要重晚节，要安全靠岸，享得善终，而不能努力一生而在晚年身败名裂。

文人说"九仞之丘，功亏一篑"，诗人说"人间重晚晴"，农民说"编筐窝篓，全在收口"，大抵都是讲"克终"之意吧。

"经"述三才之道，"史"揭兴替之理

②"能读经史者为根柢"句：曾国藩在信中劝其弟应多读"六经"与历史书籍，并说这是学问的根底。因为各类经书与史书所言都是内圣外王之道。

那么，什么是"内圣外王"呢？就是说一个人只有内心修炼到达了圣人的境界，外在表现才能呈现出王者之风，王者之仁，行王道而不行霸道。曾国藩一生专讲练内功，所以有人说曾国藩的思想体系是义理之学，是心经内经。

人的内心根底如何，一定会外在地表现于言行之中，实践于社会生活之中，你是什么人就一定会行什么事。那么，怎样才能达到"内圣"的境界呢？一定要多读经、史两类图书。经类书是讲述天、地、人三才之道，讲述天地自然之道，讲述做

人处世从政之道的。诸如《周易》"五经""四书"。一个人如果能悟出天、地、人三才之道，一切按天道、地道、人道去行事，那还会有什么不成功的呢？而史书类则是记述人类社会实践活动，是揭开政治兴衰、政权更替、人物成败得失之因缘的。所以，能明经、通史者，大概自会无所不通吧。

经史两部所载，无非天道、地道、人道，成败兴亡之道。一个人如果能通晓这些道理，又能身体力行之，自可达内圣外王之境了。可惜的是圣人都为之叹息的只是四个字：知易行难。所以知一行一者可为圣人；知十行五者不圣也贤；无知而行者，非败亡之余无所他也。

那么，什么是"三才之道"呢？按孔、老二圣的说法，天道就是一高、二明、三远，地道便是一博、二厚，人道便是至诚。一个人能做到高、明、远、博、厚、诚六个字，那也就是超凡入圣了。能做到一个字者，也自有所通达，有所建树。而欲知此三道者，须在老子、"四书"与生活实践中去参悟了。

㉙

── 致沅弟：教人以伪来，我以诚往 ──

〔**提要**〕这是曾国藩于咸丰七年，从江西军中回乡丁忧父丧在家时，写给尚在江西吉安前线的曾国荃的一封家书。信中所言不外军事、家事。前半部所述免除王大诚父子债租事，可见曾氏兄弟之人性；后半部谈到左宗棠、李续宾、李云麟三人，都是教弟以为官、治军、待人处世之道，颇值玩味。

沅浦九弟左右：

初四日午刻萧大满、刘得二归，接廿八日来信藉藉悉一切。吉水击退大股援贼，三曲滩对岸之贼空壁宵遁。看来吉安之事尚易得手。

王大诚所借先大夫钱百千，收租十石者十馀年，收六石九斗者又已二十年，实属子过于母。澄弟与余商："王氏父子太苦，宜焚券而蠲免之。"初三日请大诚父子祖孙来，涂券发还。

日内作报销，大概规模折一件、片三件，交江西者公代为附奏。兹由萧大满等手带至吉安，弟派妥人即日送江西省城，限五日送到。耆、龙、李三处并有信，接复信，专丁送家可也。

左季高待弟极关切，弟即宜以真心相向，不可常怀智术以相迎距。凡人以伪来，我以诚往，久之则伪者亦共趋于诚矣。①

李迪庵新放浙中方伯，此亦军兴以来仅见之事。渠用兵得一"暇"字诀。不特其平日从容整理，即其临阵，亦回翔审慎，定静安虑。弟理繁之才胜于迪庵，惟临敌恐不能如其镇静。至于与官场交接，吾兄弟患在略识世态而又怀一肚皮不合时宜，既不能硬，又不能软，所以到处寡合。迪庵妙在全不识世态，其腹中虽也怀些不合时宜，却一味浑含，永不发露。②我兄弟则时时发露，终非载福之道。雪琴与我兄弟最相似，亦所如寡合也。弟当以我为戒，一味浑厚，绝不发露。将来养得纯熟，身体也健王，子孙也受用。无惯习机械变诈，恐愈久而愈薄耳。

李云麟尚在吉安营否？其上我书，才识实超流辈，亦不免失之高亢。其弊与我略同。长沙官场，弟亦通信否？此等酬应自不可少，当力矫我之失而另立途辙。余生平制行，有似萧望之、盖宽饶一流人，常恐终蹈祸机，故教弟辈制行，早蹈中和一路，勿效我之褊激也。黄子春丁外艰，大约年内回省，新任又不知何人。吾邑县运，如王、刘之没，可谓不振；迪庵之简放，可谓极盛。若能得一贤令尹来，则受福多矣。余身体平安。近日心血积亏，略似怔忡之象。上下四宅小大安好，诸儿读书如常，无劳远注。

十二月初六日戌刻

【注释品札】

曾国藩的人伪我诚与拙诚、血诚说

①"久之则伪者亦共趋于诚矣"句：曾国藩在信中谈到左宗棠对于曾国荃很看重，很赏识。所以要其弟亦应真心相待，不可怀有智术之心。并讲他自己的待人之道：别人以伪来，我以诚往，长了久了，那些他人之伪也渐变为诚了。

曾国藩在这里绝非只在讲自己的待人之道。其间自有与左宗棠的恩怨。曾国藩于左宗棠而言，是大大的恩师、恩公。早年的左宗棠是一个纯粹的军阀，普天之下唯我独尊、独贵、独大，所以屡受弹劾攻击，甚至朝中曾想拿问治罪于他。亏得曾国藩一路一力地提保举荐，他才得以到曾国藩门下效力，不久便又一路高升，后与曾国藩可以比肩而立于朝野之中。但此人在曾国藩不顺利时，却同样攻击他，说他虚伪等。在曾氏兄弟最为困难之际，他不仅不援之以手，反而不惜落井下石，所以曾国藩很不舒服，乃至断绝了与他的个人交往，甚至七八年间一封私函都没有。但曾国藩却教自己的子弟善与其相处，并要他们待人以诚。而自己也从不攻击左宗棠。

曾国藩一生确有许多伪处，无非出于自保，但待人处世确有其雅量可观。再加之他是一个由孔孟而程朱，一路走过来的晚清最后一个大儒，所以尤重一个"诚"字，要求子弟不但要待人至诚，而且要有拙诚、血诚之意。所谓"至诚"，即待人要以诚感人，以求天、地、人相通并立为三之境；所谓"拙诚"，即处世要有拙诚之心，少说多做，抱朴守拙，宁可装傻、装笨，而力求沉稳，而不能自以为是，大事张扬；所谓"血诚"即以生死置之度外的报国之心。这"三诚"之境界，是曾氏教子弟的一贯思想。人生若真能达此"三诚"之境，便可立地成佛，升而为仙，至少也算得上圣人、贤人了。但待人处世似乎一个"诚"字是万不可缺的。生而立于世间之人，谁乐与伪诈之人打交道呢？谁不识真假呢？种种心计机关算尽都无非自欺欺人而枉费工夫而已，有什么能骗得了人呢？

以诸葛自比的狂人左宗棠

后人把左宗棠与曾国藩并列为一代中兴名臣，但此人之学问、襟怀、城府与曾国藩比差远了。而且为人太张扬，曾以诸葛亮自比，时人无不视其为狂人。而胡林翼则称其为"横览五州，更无才出其右者"。那么，左宗棠之无右之才在何处呢？

左宗棠，字季高，湖南湘阴人，出身于书香门第。道光十二年中举人，比曾国藩中举还要早两年。但在京城全国会试中三次落第不中，于是从此绝了科举之念，一心攻读地理、兵法。而且自己也说：我这辈子除非遇到周文王请姜子牙的事，否则便没有希望了。他喜欢说不着天地的豪言壮语，并因此在公卿间很有名声。

咸丰初年，张亮基为湖南巡抚，因左宗棠助守长沙有功，将其由知县升为同知；骆秉章为湖南巡抚时，倚左宗棠为左右手。因两任巡抚都像三请诸葛一样，他才出山。他的行为与两位巡抚对他的过分倚重，一方面为他招来谤言，另一方面使他名声大噪，直达天听，连咸丰帝都敦请他出山从政，为国效力。由此，左宗棠更有骄狂的资本了。

咸丰六年，曾国藩率湘军攻克武昌，向朝廷表奏左宗棠挟助军兵、军饷之功，朝中升任他为四品郎中，而此时的曾国藩已是二品官员了。由于湖南巡抚骆秉章罢免了一位总兵，这位总兵通过湖广总督副丞相衔的官文，告发左宗棠，皇上下令逮他对簿公堂于武昌。骆秉章出面援救不得。亏得曾国藩力保左宗棠无罪，并且推荐他才大可用，还有胡林翼等人为他说好话，朝廷才没有逮治他。既然你曾国藩保他，说他才可大用，那么就交给你用吧。朝廷于是命其以四品京堂官身份，正式加入湘军，追随曾国藩治军。曾国藩命其独统老湘勇五千人，自成一军号为"楚军"。

左宗棠不辱使命。在咸丰十年，曾国藩被李世贤、李秀成二王率数十万大军困于皖南大山里的祁门县城时，全赖左宗棠与鲍超的火速驰援，才得解围，转危为安。左宗棠在江西乐平、鄱阳等地与太平军鏖战，"僵尸十余万"，从此江西、安徽两省战事才有起色。咸丰十一年，诏命他率楚军援浙，命他仍归曾国藩节制，而曾国藩则上奏称左宗棠足任一方之统帅，浙江战事可由他独立主持。左宗棠在皖南与浙江只以八千名楚军将士，纵横策应七百余里的战线，曾国藩十分佩服他好整以暇的指挥调度能力。杭州陷落后，巡抚战死，曾国藩又力荐左宗棠出任浙江巡抚。但浙江一省只有湖、衢二州没有陷落，其余全部为太平军占领，所以曾国藩与他商量，以皖南三府各县为根据地，徐图恢复浙江。

同治元年出师归服浙江，同治二年初浙东收复。同时巩固皖南根据地，而力排众议，不急功近利攻取杭州。同治二年四月被升授为浙闽总督，与曾国藩同为各自一方诸侯了，但曾国藩是钦差大臣、协办大学士、兵部尚书衔，仍是他的上司。同治三年初，攻克杭州，左宗棠因功升授太子少保衔，赏黄马褂；七月间，全部收复浙江失地，功封一等伯。此时，曾国荃已攻克南京，授勋后则备受攻击。而左宗棠亦上折子奏报南京大捷的不实之处，攻击曾氏兄弟。从此，曾左二人彻底断绝私交。

　　同治四年三月，曾国藩调赴山东平捻前线。六月，诏命左宗棠节制江西、浙江、福建三省军事，一年间平定了东南战场上的太平军余部。同治五年，诏命其移师陕甘，督剿回民之乱。当时陕甘回乱之众分三股，有陕回、甘回、宁回之说，号称百万。又与捻军合股，声势宏大，朝廷征剿多年久而无功，所以即使派左宗棠去也心有悬惧。他在上奏朝廷的折子里也称：东南战事利在舟船，而西北战事利在骑兵。我需要准备时间，进止时间不好确定，请朝廷准许我便宜行事，宽其岁月，得以从容规划，以达其成。谁说左宗棠狂？人于未成名时自须得几分狂，因为他一无所有，怎么狂，也没有后果责任。一旦成名，主政统军，就是让他狂也狂不起来了，因为一言既出，要负后果责任的。就像崇祯帝第一次召见袁崇焕时，问他几年能恢复关东，他顺口说很快就可以恢复，不成问题；后来自悔失言，便又列了许多困难，说至少要五年，让崇祯帝大为不悦，并由此对他始终不信任。而左宗棠此时已久历宦海沙场，早已不再是当年那个连进士都考不上，只会口出狂言的湘阴举人了。

　　同治六年春，左宗棠准备好了，以大炮对马队，以骑兵对步兵，自率万余人开始西征。又调集皖南战场上的名将刘松山，率老湘军九千余人来陕会剿；调宁夏将军来陕，统署陕西旧军数十营一万余人；还有蜀军、皖军的部分兵力，有四五万人，杀气腾腾地在黄河、泾水、渭水两岸展开了战局。尽管如此，仍大吃败仗，左宗棠遭部议革职留任。但这挡不住回、捻的流动攻城略地。后来竟弄到皇命指名要他带五千人马，驰援与京师接近的地方，而让他的部将代理统帅之职，可见军情之紧迫到不顾帅不离位的地步了。而且回、捻竟然攻入河南、保定的地界，吓得京师马上戒严。亏得左宗棠有先见，没敢妄言，否则真的是不好收拾了。

一个陕甘回、捻之乱，竟弄到如此不可收拾的地步，真的是让朝廷震惊震怒了。皇上下了一道诏书，把与此有关的督师大臣全部痛搋了一遍，自剿回总司令左宗棠、剿捻总司令李鸿章、河南总督李鹤年、直隶总督大学士官文这些高官，一张纸同时夺职留用，这是朝廷从来没有过的龙颜大怒吧！由此看来，朝廷对曾氏兄弟真够客气的了。朝廷一方面严责以上各督臣奋力剿贼，另一方面大集天下勤王之师，保卫京师。李鸿章与左宗棠各执一策，朝廷兼采并用，合左宗棠的楚军、李鸿章的淮军、河南的驻军、各地勤王军之力，费了九牛二虎之力，总算把打入黄河南北的西捻军平灭了。皇上龙颜大喜，召问西北战事何时可了，左宗棠却答仍须五年之后，尽管并不如皇上意，但为自己量好了尺寸，免得当下宽绰，后来受气呀！这也是官场老练之经验。而且这次战事真的又一直打了五年，一直到同治十二年，回、捻之乱才被平息。而老湘军之名将刘松山却在同治九年阵亡。

同治十二年八月，陕回、甘回、西宁土回之乱终于平息。左宗棠因功以陕甘总督身份加授协办大学士，一如当年曾国藩在两江任上之身份。至此，自咸丰初年兴起的南方太平天国、中原的捻军、西北的回民起义三大乱全部终结。朝中对左宗棠相当优宠，在同治十三年又升授他为东阁大学士，仍留军中。

这个咸、同年间前后，也是清朝的"多事之秋"，板荡之际。三乱刚平，在光绪六年，新疆伊犁战火又起。这次不是内乱了，而是事涉国土分裂的大局。英国与新疆地方反叛势力及回乱余部窜入新疆的军事势力相勾结，想使新疆自立为国，成为英国对抗俄国之基地，并暗中助其军火；而俄国则夺取伊犁，想以伊犁取代乌鲁木齐。朝中议论两歧，一方认为新疆每

曾国藩家书选注

213

年耗资数百万，是国家的一只漏杯子，填不满的穷坑，还不如允许英国所议，让它独立，作为一个藩国管理，国家得以专力于海防，而免去西征之耗费。而左宗棠则力主西征，捍卫领土，以长国威。只有军机大臣文祥一人支持左宗棠的意见，但最后朝廷还是决定西征，以左宗棠为钦差大臣，为总督军，开始西征新疆。

光绪二年，西征开始，一路旗开得胜，两年间收复了大片领土。可是到了光绪四年，崇厚使俄，卖国求荣，签约割让伊犁西南之地。对此，朝议不决，左宗棠力主不许割地、通商、赔款各条，朝议乃决，便派曾国藩之子曾纪泽出使俄国。曾纪泽不辱使命，据理力争，并以不惜开战相威胁，始得修改条约，保全了伊犁及其西南领土不致划归俄国。左宗棠对曾纪泽佩服得五体投地，称其不愧为曾公之子孙。光绪六年，左宗棠抬着棺材，从肃州出发，进军哈密，终迫使俄国归还了已侵占的伊犁等地。以西征军功，左宗棠被朝廷任命为军机大臣。上朝觐见时，准许紫禁城内骑马，并命两太监扶其上殿。但这是个一辈子在外打仗的老军人，根本坐不惯京官、朝臣的椅子，所以便要求退休。光绪六年九月，朝廷便派他出任两江总督、南洋通商大臣，他又回到了他的老家和老战场的江南任所。

光绪九年，中越战事开始。左宗棠自请督师贵州，因和议签订而未成行。光绪十年，法军入侵中国，朝廷调其入值军机，诏命其视师福建组织援台军。中法和议不久签订，左宗棠便引疾请求退休，七月竟然去世于福州，时年七十三岁。

《清史稿》论其与曾国藩之短长如下：左氏天性刚峻，连皇上都戒其偏激，与曾氏相交，总是气凌其上。中兴诸将帅，大多曾氏所荐起，他们不管后来怎样尊贵，但都尊事曾国藩，只有左宗棠"独与抗行，不少屈，趣舍时合时不合。国藩以学问自敛抑，议外交常持和节。宗棠锋颖凛上向敌矣，士论以此益附之。然好矜伐，故出其门者，成德达材不及国藩之盛云"。"初与国藩论事不洽，及闻其薨，乃曰：'谋国之忠，知人之明，自愧不如。'志益远矣"。

聘妻二十年娶于途的湘军名将刘松山

《清史稿》在评价湘军诸名将时，如此评价刘松山："刘松山后起，忠诚独著，左宗棠平捻、平回，胥资其力。使获永年，其建树未可量也。"这是相当高的评价。

刘松山，字寿卿，湖南湘乡人，为湘军初期之下级武官，因军功累至千总、守备，一直到咸丰七年，湘军已组建五年之久，才在湘军中成为一个营官。虽然从湖南一直跟随曾国藩打到江西、安徽，屡有军功，但他在曾国藩眼中不过一平常营官。

咸丰九年，曾国藩被困祁门大营，刘松山也在营中。后在景德镇战役中，由于其率军死守浮梁渡桥，喋血大战，阻绝太平军来反攻突袭的大队人马，方使全军赖以保全。第二年因功追补总兵衔，赐号志勇巴图鲁。而令曾国藩青眼相看的则是在咸丰十一年湘军进攻徽州时，太平军夜袭劫营，各营惊慌溃逃，只有他在夜色中集合士兵列队于月下，纹丝不动。偷袭的太平军竟然不敢逼近来战。于是刘松山在其他一片混乱的各营将官前大喊："我是四旗刘松山。"并要大家不许乱跑，军心始定。"曾国藩自是待之以国士"。而且，再战徽州时四战皆捷，基本上攻无不克，战无不胜。因军功升为总兵。

曾国藩督师平捻时，奏请朝廷以刘松山独统湘军从征。湘军各将久征在外，南京战后都思归乡，都不愿从军北征。刘松山大为愤慨，投袂而起马上率军队渡江北征，军士中有闹粮饷者，诛杀数人平息了闹事。同治五年，在平捻战事中，只有他胜仗最多，在徐州、河南等地不断大败张宗愚。张宗愚逃奔陕西，诸将无人乐于入陕，只有刘松山自愿率军西征。"曾国藩尤重之"。同治六年，他由总兵升为提督。这是地方武官最高的级别了，相当于一个省的军区司令。此后，他入陕作战又连败张宗愚与回兵。

同治六年六月，左宗棠督师陕甘，从此归于左宗棠的麾下作战。奉命援救保定时，冒雪跨越太行山，一天行军达一百数十里，最先赶到保定。由于战功卓著，刘松山不断地受到朝廷的嘉奖，前后大小数十战，所向披靡，在与诸军配合下，终于剿灭西捻，张宗愚投水自尽。朝廷赐予刘松山黄马褂，授予他三等轻车都尉世袭。之后，刘松山又随左宗棠由河南、河北战场，回到陕西剿回。

刘松山初从军时，有聘妻在乡。从军后十余年，他只有回乡募兵才回到家乡一次。他的未婚妻前后等了他二十余年。这次在河南剿捻，岳父家带着女儿跑到河南洛阳等他，婚礼举行后十来天，他便回到部队返回陕西。两年间先后大小战，无以计数，肃清四郡，攻克平灭城、堡、垒数以百计。陕甘一带回兵凡闻刘松山三字，皆不敢与战。

同治九年，在攻打马五寨的战斗中，刘松山中炮落马，胸部负重伤，仍令各将督战速攻，遂破马五寨；战后伤重不治而亡，年方三十八岁。朝廷追赠太子少保。其军由其侄也是追随他从军多年的名将刘锦堂代领，一直作战到陕甘平息。刘松山死了，部队仍抬着他的棺木作战，以维系军心。到了同治十二年，陕甘平定后，朝廷又一次追论前功，加封一等轻车都尉，世袭三等子爵。

官场交际妙在"一味浑含，永不发露"

② "却一味浑含，永不发露"句：这是曾国藩对湘军名将李续宾的评价。曾国藩在信中对曾国荃说道：李续宾这个人的升迁之快，自组建湘军以来仅此一例。

信中所言"李迪庵新放浙中方伯"，当在咸丰七年攻克湖口县城战役后，因功授浙江布政使之职，此时，李续宾从军不过七年，便从无级别的布衣之身，而升授到副省级的大员；次年则由攻克九江重镇，活捉并处死太平军名将林启荣、李兴隆等，加升巡抚衔，并准专折奏事，一步又升到了正省级。所以曾国藩说他是"军兴以来所仅见之事"。"方伯"是指方镇侯伯、一方雄长诸侯的意思。

曾国藩接着说道：这个人用兵很有他的独到之处，他奉行一"暇"字诀——不但平时从容不迫，就是临阵也超常镇静，安思静虑。你理繁之才胜过他，但临阵恐怕就没有他那样冷静了。至于官场交往上，你我兄弟恐怕就都不如他了。他妙在什么地方呢？对于世态炎凉复杂，他一概都不懂，他肚里虽然也怀有一些不合时宜的想法，却永远不会说出来，而是一味地打糊涂语，什么都含混不清，什么都不表露出来，而且是永远不会说出真实的想法。而我们哥儿俩就不行了。对于世态都一知半解，又都怀着一肚皮不合时宜，既不能硬，又不能软，而且总要把自己不满的东西表露出来，所以很少迎合他人，也很少有人迎合我们。这终究不是载福之道。那个彭玉麟倒是与我兄弟很像，也是个落落寡合之人。你应该以我为教训，要学会"一味浑含，永不发露"，要不断地成熟起来，身体好，子孙也受用。但不能学那些机心诡诈之道，时间长了，德行便变得浅薄了。

湘军名将李续宾兄弟

在曾国藩的家书中不断地提到迪庵、希庵这两个名字。那么，这两个人是何许人也？竟让曾氏如此看重。迪庵是湘军名将李续宾的字，希庵则是其弟李续宜的字。

李续宾，湖南湘乡人。此人虽为诸生出身，但膂力过人，长于骑射。是湘军另一创始人罗泽南在乡里授学时的学生。在咸丰初年，曾国藩还未回乡办团练时，便组织湘勇与太平军及各地起义的小股农民部队作战。李续宾的父亲就让他去帮助罗泽南办湘勇。他先后随罗泽南征战广东、江西等地，为罗部右营的营官。曾国藩与罗泽南是至交，曾回到湖南办团练，基本上是以罗泽南等人的老湘勇为基础，李续宾也自然随罗泽南加入曾国藩的湘军。

咸丰四年初，曾国藩受命率刚组建的湘军水、陆两军出省作战，自衡阳过长沙，想通过岳阳入长江东援武汉。李续宾随罗泽南部仅率千人与太平军战于岳阳大桥。李续宾只带几名骑兵，独自横刀立马站在桥头的小山岗上，一如张飞独战长坂桥之故事。太平军蜂拥而至，他旁若无人，不屑一顾，等到敌人逼近时，才骤然放马驰入敌军，斩将夺旗，如入无人之境。冷兵器时代，一个人有力气、有胆量，又有武艺，就等于热兵器时代拥有了坦克、大炮、机关枪一样。他一个人不仅打败了太平军的来犯之敌，还直追了十余里地。此人由此一战成名。第二天，湘军最有名的猛将塔齐布来到这儿时，听说了他的事，很佩服他的勇气。连塔齐布都佩服的人，在湘军中名气就更大了。于是他又与塔齐布一举攻克了岳阳城，升为知县。一路上攻无不克，战功累累，到了克服武汉时，已因功升为直隶知州。那时的湘军军官升授地方官，除在战区内的，都不能到任，都留在军中效力。

尤其是在攻克田家镇一战中，湘军所部不过二千六百人，太平军数万从半壁山上冲下，势不可挡。湘军战士望之心怯胆寒，还没有接战，便有三名士卒开始向三个不同方向逃跑。这是一件十分可怕的事，如果乱了阵脚，就会马上兵败如山倒，不战自溃。李续宾间不容发，策马冲出，瞬间跑了三个大半圆，手起刀落，山上山下的人们还没缓过神儿来，他已经把三个逃兵拿下。湘军的所有人员为之一振，个个成了下山猛虎、出水蛟龙，只一仗便消灭了数千太平军，烧毁了敌军在半壁山上的老巢，一举攻克了田家镇。李续宾因此升为知府，赐号挚勇巴图鲁。满语巴图鲁就是勇士、英雄的意思。不久，李续宾又被授予安庆知府。

田家镇战后，李续宾又随罗泽南连克数城，阵阵为先锋。湘军直逼长江重镇——太平军占领多年的九江城。九江城坚敌众，一时急切无法攻下，便分剿他处。十二月，水师失利，受困于彭蠡湖。李续宾气得不行，就请求曾国藩批准，自率千人渡江进攻小池口，塔齐布率二十人同行。由于众寡悬殊，这一仗整整打了一天，也没分出胜负，到了晚上才不得不收兵。

咸丰五年，曾国藩进兵江西，李续宾随罗泽南同征。连下赣东数城，因功升为道员。当年秋回援湖北又连克诸城，加授盐运使衔。咸丰六年，李续宾的上司罗泽南战死于武昌城下，李续宾受湖北巡抚胡林翼之命接替了罗泽南的指挥位置，迅速铲平武昌外堡垒。七月，石达开率部众七八万来援武昌守敌，李续宾率部打援，十来天时间打了二十多仗，破敌垒二十余座，加授布政使衔。清朝官制在职务前加代、署、记名字样的，在职务后加一个衔字的，都是视同、相当于或临时主持，还不是实授。

两军相持不下，守军闭门不出，李续宾便命人引江水灌城，有如三国时代的关羽水淹樊城。到了十一月，武昌城终于攻克，李续宾又被任命为记名按察使。之后，李续宾率军渡江连克数城，又一次直逼九江城下，绕城挖了三十里长壕想把九江城困死。到了咸丰七年三月，壕成合围。湖口、安庆的敌兵来援，都被李续宾一一打退。此时的李续宾已像一头张开了血盆大口的猛兽一样，一心想把九江这块肥肉吞下。这里不仅是南京上游的重镇，而且是由林启荣经营了多年的太平军的一个老巢，所以急切间仍攻克不了，李续宾便与其弟李续宜分兵扫清外围。他们率兵与水师配合，攻打与九江互为声援的湖口县城。李续宾亲率兵丁攀扯藤萝爬到可入城中的山顶，如飞兵天降般进入城内，城内守军悉数被歼，湖口县城遂破，顺势把周边的小堡垒、营寨一一扫清。李续宾又因功实授浙江布政使。

到了咸丰八年四月，李续宾开始三打九江城了。这次很简单，外围已悉数扫清，可以一心一意地啃这块大肉了。湘军用地雷将城墙轰塌百余丈，登梯入城，歼灭守军一万余人，活捉了太平军名将林启荣、李兴龙等守将。李续宾的顶戴又一次被一万多太平军将士的鲜血染得更红，被授予巡抚衔。

是年，朝廷按胡林翼的建议，大举进军安徽。李续宾受命由黄山去太湖，留下其弟李续宜镇守武昌，自率八千人进入安徽战场，中途改援庐州。八九月间一路克复七地，进军庐州（今合肥）。太平军在途中必经之三河镇筑城防守，外筑九垒，处处依河设险，李军不破三河则无以向前推进。十月间，李军三路攻击，大破九垒，歼灭太平军七千余人，自己损失一千余人。太平天国陈玉成、李世贤二王会合捻军部众计十余万人，连营十余里，来围攻李续宾部，以雪九江、三河之仇。

李续宾部自武昌起程时也只有八千余人，先是曾国藩来视察带走了一千余人，三河之役又损失一千余人，再加之自武昌至太湖中途转援庐州，一路上战事不断又消耗掉一部分。到了此时，李部仅剩五千余人了。以五千对十万如此寡不敌众，部将都认为应该退守桐城，徐图再进。但李续宾一意孤行，自认为自己从来都是以少胜多，所以坚守不退，并于夜半起军一大早便去迎敌，结果又逢大雾天气，各部多被太平军包抄分割围歼，大多将领战死。部将仍劝他率残部突围脱险，以图东山再起。可是他说："军兴十年，皆以退走损国威。吾前后数百战，出队即不望生还。今日必死，不愿从者自为计。"于是剩下的这点残兵败将在当天晚上悉数被消灭，他自己也跃马冲入敌军，战死沙场。曾国藩的三弟曾国华与随军众多官吏无一生还。坚守中营的两名将官抵抗三日后也一同战死。

观李续宾传记，不过一勇之夫，三河一役，自己不怕死自无可指责，而置数千生灵于不顾，则为大不智者。无论是曾国藩还是朝廷，还是《清史稿》，对他的评价都太高了。

其弟李续宜，字希庵。从小便与其兄一同追随罗泽南，因军功升为同知、知府等职。在大江南北战场上屡立战功，其能征善战与其兄齐名。其兄三河阵亡后，李续宜前往收拾残部，重新整军，历经年余，军气复振。咸丰九年，石达开率众号称三十万围困宝庆城。李续宜受胡林翼命，统率五千兵驰援解围，并统一指挥各路援军约三万人，不仅救援神速，而且调度有方，四战而围解，因功授布政使衔。

咸丰十年，曾国荃围安庆，多隆阿攻桐城，陈玉成率十万之众来援，李续宜率万人驻守于二城之间的青草塥。李续宜与多隆阿在挂车河一带打援，大破陈玉成，功加二品顶戴。咸丰十一年，李续宜升为安徽巡抚。胡林翼去世，李续宜被改授湖北巡抚，后又回安徽任巡抚。

同治元年，李续宜受命帮办钦差大臣胜保的江北军务，于安徽大破张洛行之捻军。时值安徽有两个钦差大臣，一个是胜保，一个是袁世凯的祖上袁甲三。两个人对于地方地主武装头目苗沛霖态度截然不同。尽管苗沛霖反复无常，一会儿依附捻军，围困、屠杀政府官员，与官军作对，一会儿又依附官军，但胜保仍旧力保苗，要招抚他。而袁甲三则坚决要清灭他。朝廷便秘密私询李续宜，对苗沛霖到底应剿灭，还是应招抚。李续宜的答复是：此人身为朝廷道员，却敢反叛朝臣、围巡抚、除其城、屠其众，乃是人人得而诛之的叛臣贼子，怎么能招抚他呢？苗沛霖害怕湘军的势力，请求讨捻自赎，而胜保却一心以养苗自重，竟转而嫉恨湘军，甚至上奏攻击曾国藩与袁甲三结党，对他对苗不公正。苗在后来终被剿灭。此时袁甲三因病去职，李续宜受命接任钦差大臣，督办安徽全省军务。但又逢李续宜母丧丁忧，朝中只准假百日。但李续宜一病不起，不断咯血，朝中六次下诏追其回任，他却于第二年十一月病逝于家中。

观李续宾兄弟二人，虽同为一时名将，但二人确实不同，史引曾国藩之评语说：李续宾待人宽厚，好为人遮盖过失，不言人短，李续宜则嫉恶稍严；李续宾战必身先，勇敢缜密，而李续宜则长于规划，不计较一战之得失，这是他之所以成功的很重要的一个方面。其实就兄弟二人一生行事而论，其兄不过一勇之夫，至多是个将才，而其弟才是一个官料，是个帅才。

30

致沅弟：教人而无恒，终身无成

〔**提要**〕这里所辑二信都是曾国藩丁忧在家时，写给在江南前线曾国荃的复信。两信中除了略谈军事、家事外，重点告诫其弟做事要有始有终、持之以恒，不可用心太杂。如果精力不集中于一事，那就会什么事也做不成。而且要趁着年轻力壮时，全力以赴，是"正用猛火之时"。而且人的精神、阳气是越用越出，而不能惜心、惜力无所作为。

沅浦九弟左右：

十二日正七、有十归，接弟信，备悉一切。

定湘营既至三曲滩，其营官成章鉴亦武弁中之不可多得者，弟可与之款接。

来书谓"意趣不在此，则兴会索然"。此却大不可。凡人作一事，便须全副精神注在此一事，首尾不懈，不可见异思迁，做这样，想那样；坐这山，望那山。人而无恒，终身一无所成。我生平坐犯无恒的弊病，实在受害不小。当翰林时，应留心诗字，则好涉猎它书，以纷其志。读性理书时，则杂以诗文各集，以歧其趋。在六部时，又不甚实力讲求公事。在外带兵，又不能竭力专治军事，或读书写字以乱其志意。坐是垂老而百无一成。即水军一事，亦掘井九仞而不及泉，弟当以为鉴戒。现在带勇，即埋头尽力以求带勇之法，早夜孳孳，日所思，夜所梦，舍带勇以外则一概不管。不可又想读书，又想中举，又想作州县，纷纷扰扰，千头万绪，将来又蹈我之覆辙，百无一成，悔之晚矣。

带勇之法，以体察人才为第一，整顿营规、讲求战守次之。《得胜歌》中各条，一一皆宜详求。至于口粮一事，不宜过于忧虑，不可时常发禀。弟营既得楚局每月六千，又得江局月二三千，便是极好境遇。李希庵十二来家，言迪庵意欲帮弟饷万金。又余有浙盐赢馀万五千两在江省，昨盐局专丁前来禀询，余嘱其解交藩库充饷。将来此款或可酌解弟营，但弟不宜指请耳。饷项既不劳心，全副精神讲求前者数事，行有余力则联络各营，款接绅士。身体虽弱，却不宜过于爱惜，精神愈用则愈出，阳气愈提则愈盛。每日作事愈多，则夜间临睡愈快活。若存一爱惜精神的意思，将前将却，奄奄无气，决难成事。凡此皆因弟"兴会索然"之言而切戒之者也。弟宜以李迪庵为法，不慌不忙，盈科后进，到八九个月后，必有一番回甘滋味出来。余生平坐无恒流弊极大，今老矣，不能不教诫吾弟吾子。

邓先生品学极好，甲三八股文有长进，亦山先生亦请邓改文。亦山教书严肃，学生甚为畏惮。吾家戏言戏动积习，明年当与两先生尽改之。

下游镇江、瓜洲同日克复，金陵指日可克。厚庵放闽中提督，已赴金陵会剿，准其专折奏事。九江亦即日可复。大约军事在吉安、抚、建等府结局，贤弟勉之。吾为其始，弟善其终，实有厚望。若稍参以客气，将以致志，则不能为我增气也。营中哨队诸人气尚完固否？下次祈书及。

十二月十四夜

沅浦九弟左右：

初七、初八连接弟两信，具悉一切。亮一去时，信中记封有报销折稿，来信未经提及，或未得见耶？廿六早，地孔轰倒城垣数丈，而未克成功，此亦如人之生死早迟，时刻自有一定，不可强也。

总理既已接札，则凡承上起下之公文，自不得不照申照行，切不可似我疏懒，置之不理也。余生平之失在志大而才疏，有实心而乏实力，坐是百无一成。李云麟之长短亦颇与我相似，如将赴湖北，可先至余家一叙再往。润公近颇综核名实，恐亦未必投洽无间也。

近日身体略好。惟回思历年在外办事，愆咎甚多，内省增疚。饮食起居一切如常，无劳廑虑。今年若能为母亲大人另觅一善地，教子侄略有长进，则此中豁然畅适矣。弟年纪较轻，精力略胜于我，此际正宜提起全力，早夜整刷。昔贤谓宜用"猛火煮、漫火温"，①弟今正用猛火之时也。

李次青之才实不可及。吾在外数年，独觉惭对此人。弟可与之常通书信，一则少表余之歉忱，一则凡事可以请益。

余京中书籍，承漱六专人取出，带至江苏松江府署中，此后或易搬回。书虽不可不看，弟此时以营务为重，则不宜常看书。凡人为一事，以专而精，以纷而散。荀子称"耳不两听而聪，目不两视而明"，庄子称"用志不纷，乃凝于神"，皆至言也。

正月十一日

做事宜"猛火煮，漫火温"自有一番"甘滋味"

①"猛火煮、漫火温"句：这本是烹饪之道，但曾公把它运用到了做事上，很有一点哲理味道。这也是曾公的格物功夫之一斑。世间万事万物，无不有相通之理。所以伊尹悟透了烹饪之道，便可做得当朝宰相，且辅佐成汤三世天下大治。这也许正是曾公反复教子弟凡事有恒、有始有终，以专求精的道理所在吧。

曾国藩在两信中对其弟明确讲道："凡人做一事，便须全副精神注在此一事，首尾不懈。不可见异思迁，做这样想那样，坐这山望那山。人而无恒，终身一无所成。""凡人为一事，以专而精，以纷而散。"古人讲术业有专攻，不专之人必无所精通，便为无用之人；俗成之语有"分散"一词，无非说分力、分心、分神，则如散点，到处挖井打洞，必一事无成。所以曾国藩又引荀子的"耳不两听而聪，目不两视而明"，庄子的"用志不纷，乃凝于神"的话，来教谕其弟在军则务须集中所有精力来运营军务，而不可分心旁顾，更不可兴味索然有所倦怠。要像煮不易熟的东西一样，开始要用猛火急攻，然后再用温火慢慢煮，这才能煮得透、煮得熟、煮出滋味来。既不能一味地猛煮，也不可以总是慢吞吞。要像李迪庵那样，做事不慌不忙，一个环节做好了，做到完满了，再循序渐进，要有耐心，这样坚持下去，耐得性子，"必有一番甘滋味出来"。

曾公一生讲尽力，讲勤苦，尽管到晚年，渐入天命之轨，但并不放松一点勤苦意思。在信中一方面不断地劝曾国荃注意养心养生，但也总是不断地鞭策他努力向前。他在信中说道："身体虽弱，却不宜过于爱惜，精神愈用则愈出，阳气愈提则愈盛，每日作事愈多，则夜间临睡愈快活。若存一爱惜精神的意思，将前将却，奄奄无气，决难成事。"曾公所言符合现代科学的"用进废退法则"。但凡事终有极限，大黄蜂的翅膀扇动四百万次，便一定要死亡。这就是天命定数。凡事以"节奏"二字为要，文武之道一张一弛，才有恒久之力。

31

致沅弟：教待人以诚应伪，律己以强为胜

〔**提要**〕这是曾公在富坞新宅居家守父丧时，致曾国荃的一封军旅家书。沅浦是曾国荃的字，九弟是他的排行。信中所言五事：其一，叙军中行止之事，劝其弟努力始终，补其之缺，成父之志，而不要想回归乡里之事；其二，谈兄弟都要本色做人，勿入机巧一途学坏，要恪守以诚待人之道；其三，论强毅与刚愎自用的区别，强调做人要强制自己克服不足之处；其四，略述家事；其五，嘱弟带兵以能战为第一要义。但不可勇有余而沉稳不足。其中以诚待人，律己以强，办事以稳为先之三端，足可为今人之诚。

沅浦九弟左右：

十二月廿八日接弟廿一日手书，欣悉一切。

临江已复，吉安之克实意中事。克吉之后，弟或带中营围攻抚州，听候江抚调度；或率师随迪庵北剿皖省，均无不可。届时再行相机商酌。此事我为其始，弟善其终，补我之阙，成父之志，是在贤弟竭力而行之，无为遽怀归志也。

弟书自谓是笃实一路人。吾自信亦笃实人，只为阅

历世途，饱更事变，略参些机权作用，把自家学坏了。实则作用万不如人，徒惹人笑，教人怀恨，何益之有？近日忧居猛省，一味向平实处用心，将自家笃实的本质还我真面，复我固有。贤弟此刻在外，亦急须将笃实复还，万不可走入机巧一路，日趋日下也。纵人以巧诈来，我仍以浑含应之，以诚愚应之。久之，则人之意也消。若钩心斗角，相迎相距，则报复无已时耳。①

至于强毅之气，决不可无。然强毅与刚愎有别。古语云："自胜之谓强。"曰强制，曰强恕，曰强为善，皆自胜之义也。②如不惯早起，而强之未明即起；不惯庄敬，而强之坐尸立斋；不惯劳苦，而强之与士卒同甘苦，强之勤劳不倦。是即强也。不惯有恒，而强之贞恒，即毅也。舍此而求以客气胜人，是刚愎而已矣。二者相似，而其流相去霄壤，不可不察，不可不谨。

李云麟气强识高，诚为伟器，微嫌辩论过易。弟可令其即日来家，与兄畅叙一切。

兄身体如常。惟中怀郁郁，恒不甚舒畅，夜间多不成寐。拟请刘境湖三爷来此，一为诊视。闻弟到营后，体气大好，极慰极慰！

刘詹岩先生（绎）得一见否？为我极道歉忱。黄莘翁之家属近况何如？苟有可为力之处，弟为我多方照拂之。渠为劝捐之事怄气不少，吃亏颇多也。母亲之坟，今年当觅一善地改葬。惟兄脚力太弱，而地师又无一可信者，难以下手耳。

馀不一一。

再，带勇总以能打仗为第一义。现在久顿坚城之下，无仗可打，亦是闷事。如可移扎水东，当有一二大仗开。

第弟营之勇锐气有馀，沉毅不足，气浮而不敛，兵家之所忌也。尚祈细察偶作一对联箴弟云："打仗不慌不忙，先求稳当，次求变化；办事无声无臭，既要精到，又要简捷。"③贤弟若能行此数语，则为阿兄争气多矣。

正月初四夜

【注释品札】

本色做人，以诚应伪

①"则报复无已时耳"句：这一段都在讲如何做人。曾公讲道：你我兄弟本都是老实诚正之人。只是为兄饱经官场沉浮，开始学了一些心机权术，使自己开始变化。其实那些心机、权术没什么作用，只能惹人嘲笑，让人怀恨，因为凡事总有见底之时。近日居家反思，猛然自省回头，做人还是要一味地向平实之处努力，老老实实以本色做人，以真面目示人为好。你在军中，也应向此努力，万不可走入"机巧"一路，那样会使人江河日下。一切还是待人以诚为好，哪怕是别人以取巧欺诈之心来对你，你也应以诚相待，以大智若愚、装作不知的态度，待之以诚。时间长了，他的欺诈、取巧之心也便自然消除了。如果总是尔诈我虞、钩心斗角，以机心巧诈相迎相拒，那么报复之事便没有终结之时。

强毅与刚愎之别

②"皆自胜之义也"句：这一段是曾公在解释老子的"胜

人者力，自胜者强"一语。他向弟弟讲道：至于刚强坚毅，是做人立身绝不可无的品质。但是强毅与刚愎自用是根本不同的两件事。古语说自胜者强是什么意思呢？是一种对自我的强制。强迫自己改正不足之处。凡是有害的，凡是应该做到而没有做到的，就自己强迫自己去做到。采取以毒攻毒的办法去改正自己。比如自己早晨不愿早起，那就偏偏要强迫自己从天不亮就起床，久了便形成习惯了。这一类事就叫作"强"；如果做什么事没有耐心，那就强迫自己要"有恒"，这就是"毅"。对自己这般要求就是"强毅"。而如果以气以势去压服、欺凌他人，便是"刚愎"。这二者表面上看相似，实际上有天壤之别。

稳中求变求进，不事张扬

③"既要精到，又要简捷"句：曾公在该信的附言处，劝其弟带兵尽管以能打仗为第一要义，但还是力求稳当。士兵的锐气有余而沉毅不足、心浮气躁而不知收敛控制，是兵家大忌。并送其弟一联为勉：

打仗不慌不忙，先求稳当，次求变化；

办事无声无臭，既要精到，又要简捷。

这是曾国藩的一贯作风。万事以周全为先。行军作战如果准备不充分，就是舆论攻击、皇上责催，他也绝不贸然开战；而且从不急功近利，一切从长远、从战略上考虑问题。而且力求实效，而不求烦琐铺张，更反对张扬和言过其实，因为他知道其中的害处。而且他不止一次地要求曾国荃上疏言事行文一定要简捷切当，绝不可行文冗长、四六句去铺张。因为他知道皇帝从来不读这些文人显才露己而言不及义的东西，只重视那些既简直又言之有物、直面主题的奏折。这些都足以为那些浮华不实的官场中人所诫。

㉜

── 致沅弟：教刁民不必爱，劣绅不必敬 ──

〔**提要**〕这是曾国藩于咸丰七年丁父忧在家守孝时，给留在军中的曾国荃所写的家书。信中教其弟在军中应学会爱民，但对于刁民自不必爱；宜敬乡绅，但对于劣绅亦不可敬。此语足见早年曾国藩待人处世之骨梗。但同时又教导其弟，只一个爱字便可得民心、勇心，但不足以此而得官心；官场之上、绅士之间却少不得"礼仪"二字。信中所言"科四、科六"都是曾国藩孙子辈的排行。曾国藩的家训有不信地师、巫医之条款，但观此信，曾氏还是很信阴阳先生的，为了寻找一块为母亲改葬之地，还是煞费苦心的。

沅浦九弟左右：

正月十七日蒋一等归，接十一日信，藉悉一切。次青处回信及密件，弟办理甚好。

民宜爱而刁民不必爱，绅宜敬而劣绅不必敬。弟在外能如此调理分明，则凡兄之缺憾，弟可一一为我弥缝而匡救之矣。昨信言："无本不立，无文不行。"大抵与兵勇及百姓交际，只要此心真实爱之，即可见亮于下。余之所以颇得民心、勇心者，此也。与官员及绅士交际，则心虽有等差，而外之仪文不可不稍隆。①余之所以不获于官场者，此也。去年与弟握别之时，谆谆嘱弟以效我之长、戒我之短。数月以来，观弟一切施行，果能体此二语，欣慰之至。惟作事贵于有恒，精力难于持久，必须日新又新，慎而加慎。庶几常葆令名，益崇德业。

正月十九日

【注释品札】

百姓讲真讲实，官绅重虚重伪

①"而外之仪文不可不稍隆"句：曾国藩在信中告诉曾国荃自己切身的体悟是：这么多年，我之所以得民心、得勇心，无非因为和老百姓打交道，只需要你真心爱他们就行了；而官场之上则不行，和绅士打交道如此也不行，不管心里有何想法，但在外表上的繁文缛节是必不可少的。我多年在官场乡绅中间不得人心，多因为我不注重这些。我上次信中所谓"无本不立"，是指爱民；所谓"无文不行"，是指官场上的礼仪。

百姓需要一个"爱"字，而官绅则需要一个"敬"字，似乎古今如此。

33

致沅弟：教为官当思"裕无咎"三字

〔**提要**〕该信为咸丰八年，江南战局一塌糊涂，朝廷无人可用之时，曾国藩受命终止守孝，回军中主持江浙战场的途中，于水路船上写给曾国荃的一封家书。信中主要告知行程。同时告知其弟，自己向来沉闷郁抑，就是处顺境也如此。而这次出来则专求怡悦，并要其弟也要在"裕"字上下功夫，以求心之安稳，以期不获咎。

沅浦九弟左右：

在湖口专丁送去一函，至南昌由驿递发去一函，均接到否？不接我弟家信已四十日，焦灼之至！未审弟病已痊愈否？

余于廿四日出省城登舟，廿五日开船，廿六午刻至瑞洪。闻吴国佐廿七、八可至南昌，故在此少为等候。兹因谢兴六赴吉安之便，再寄一函，询问近状。如吉安尚无克复之耗，千万不必焦急。《达生编》六字诀，有时可施之行军者，戏书以佐吾弟之莞尔。余向来虽处顺境，寸心每多沉闷郁抑，在军中尤甚。此次专求怡悦，不复稍存郁损之怀。《晋》初爻所谓"裕无咎"者也。望吾弟亦从

"裕"字上打叠，此心①安安稳稳。顺问近好。

七月廿八日于瑞洪舟次

【注释品札】

凡事须从"裕"字上打叠此心

① "从'裕'字上打叠，此心"句：曾国藩在信中说：我向来寸心总是处于沉闷抑郁状态，就是处顺境之时也是如此。这是曾国藩的真心话。

曾公其人一生从不患得，但无论顺逆，都患失。尽管他于官场之上从不少一"强"字，于军旅中从不乏一"狠"字，对太平军唯一"杀"字而无他，但对身家进退安危总时时心怀一"畏"字。由畏而生千忧万虑，唯恐不得全身而退，并祸及家门。而这次丁忧在家，尽管心中大不快意，但他也思考了许多事情。

官场之上，有时需要换换环境，便可改变心境。息息肩、歇歇脚，未尝便会误了行程，也许更是一件好事，至少可以换换心情。所以他又说道：这次重新出山一定要专求心情轻松愉悦，不再有一点忧郁坏损之心。周易中的晋卦说"裕无咎"是很有道理的。希望弟弟你也要在这个"裕"字上打叠此心，不要再焦躁忧虑不堪，一切安安稳稳为好。

那么，"裕无咎"是什么意思呢？我们从字面上来理解，大概就是凡事往宽处想，一切留有余地，学会宽宏大量，扩大心胸，便不会有过失，不会遇凶、获罪、受责处。古语中的"裕"字，不只是丰足之义，而且有宽宏、宽容之意。古书上就有"包众容易谓之裕，反裕为偏"。显然，这里的"裕"

【曾国藩选集】

字，就是指公平、公正、包容、宽容他人之义。而且在其他语境中还有道、道理、引导诸多含义。而"咎"字则有过失、罪、责、处分、凶等诸多含义。而《周易》中的晋卦第一爻辞中的"裕"字则指多，"无咎"则指无灾祸。

从信中的前后语境来看，曾国藩此处讲"裕，无咎"则多指凡事从宽处想，扩大胸怀，便自心安乐；对人对事多有宽宏大量之心，凡事留有余地，便自然安稳，自得顺遂。可去灾免祸。一个"裕"字真是其益无穷之理，可为官场之上游刃有余、纵横自如之道，值得深省广悟。

34 谕纪泽：教善读书者须视书如水

〔提要〕此信是曾公在军中致长子曾纪泽的复信。主要谈朱子读书的方法：其一，要学会切己体察；其二，要虚心涵泳。即读书人应该把书当成水。“涵”者如春雨入花，雨的大小应适宜，过大过小都不好。“泳”者如鱼游水，如夜卧濯足，得其乐、得其快意。

字谕纪泽：

八月一日刘曾撰来营，接尔第二号信并薛晓帆信，得悉家中四宅平定，至以为慰。

汝读“四书”无甚心得，由不能虚心涵泳，切己体察。朱子教人读书之法，此二语最为精当。①尔现读《离娄》，即如《离娄》首章“上无道揆，下无法守”。吾往年读之，亦无甚警惕。近岁在外办事，乃知上之人必揆诸道，下之人必守乎法。若人人以道揆自许，从心而不从法，则下凌上矣。“爱人不亲”章，往年读之，不甚亲切。近岁阅历日久，乃知治人不治者，智不足也。②此切己体察之一端也。**“涵泳”二字，最不易识，余尝以意测之。曰：涵者，如春雨之润花，如清渠之溉稻。雨之润花，过小则难透，过大则**

离披，适中则涵濡而滋液；清渠之溉稻，过小则枯槁，过多则伤涝，适中则涵养而勃兴。泳者，如鱼之游水，如人之濯足。程子谓鱼跃于渊，活泼泼地；庄子言濠梁观鱼，安知非乐？此鱼水之快也。左太冲有"濯足万里流"之句，苏子瞻有"夜卧濯足"诗，有"浴罢"诗，亦人性乐水者之一快也。善读书者须视书如水，而视此心如花、如稻、如鱼、如濯足，则"涵泳"二字，庶可得之于意言之表。尔读书易于解说文义，却不甚能深入，可就朱子"涵泳"体察二语悉心求之。

邹叔明新刊地图甚好。余寄书左季翁，托购致十副。尔收得后，可好藏之。薛晓帆银百两宜璧还，余有复言，可许交季翁也。此嘱。

八月初三日

【注释品札】

切己体察，虚心涵泳

① "此二语最为精当"句：曾公认为，朱熹教人读书方法中最为有效的是两种：其一，切己体察；其二，虚心涵泳。

所谓"切己体察"，就是今人所说的联系自己的实际、社会生活的实际，去认真思考、体悟，才能理解它的真义，才有用处。

所谓"虚心涵泳"的"涵"字，曾公说读书就如灌稻浇花一样，水大了，就涝了；水小了，浇不透。只有正好，植物才长得茂盛。而"泳"字则是指那些善于读书的人，应该把书看成水，把自己当成鱼，鱼游水中自得其快乐。把读书当成晚上洗脚，既去污又舒服。一个人如果能把自己之心当成稻、花、鱼、足，而把书当成水，把读当成灌溉、浇水、洗濯之功夫，这才是善读书者应有的方法和态度。而不能把读书当成任务负担，过于繁滥。这些基本就是曾公对朱子读书之二法的解释，值得揣摩品味。

经历短、阅历浅之人读书，与有阅历的人读书的理解程度是不一样的。有所经历体验疑惑的，由书点破其中原因，自有顿悟觉悟、大快朵颐之感，此时方可谓读懂。而青少年时代读书多得其词句、皮毛，而很难体会到真正的意义。即使是同读一书，前十年与后十年所读的收获也是不一样的。所以许多好书只读过一次就认为可以了，那是不可以的。书是一种常读常新的事物，否则就没有留存的价值了。而至于"涵"字，也有所读书要在心中留得住所需之处的意思，而不能水过地皮干，否则等于浪费时间白白读过。种田者最喜欢的是点点滴滴皆得滋润的毛毛细雨，最忌急雨、暴雨、大雨。否则非但不得滋助，甚至连土带苗都要冲走。

古文中对"涵"字的解释是润泽滋养、包含蕴藏之义。而"涵泳"一词亦非朱熹的创造。南北朝左思便有"涵泳乎水中"，谢灵运亦有"羡轻鲦之涵泳"句；而唐朝的韩愈则有"臣生遭圣明，涵泳恩泽"句。前二者所言，都指于水中潜行意；韩句则指沉浸沐浴享受之意。而罗大经在品评陶渊明诗作时说道："正渊明诗意，诗字少意多，尤可涵泳。"这里的"涵泳"二字显然具有品味、玩味、咀嚼、揣摩之意了。

治人不治者智不足

②"乃知治人不治者，智不足也"句：为官者统治下属不

成功，无法说服他人，是自己的智慧不足，智谋不够，而不能抱怨下属难治。在前面他还讲道：居上位者应当循道而行，居下位者则应导法而行——"上之人必揆诸道，下之人必守乎法。若人人以道揆自许，从心而不从法，则下凌上矣"。为官者如何统驭下属、说服他人，真当审思慎行，不可率意随心而为。官有官道、民有民法，二者需各有所循，方有政治之实现。

㉟

致诸弟：教谨守八字八本
三不信三致祥之家训

〔**提要**〕此篇所辑曾公三封家书，都是教诸弟以勤、谦自修自律，恪守家训的。而且都是写在1860年前后两江任上，于皖南战事艰危，连自己在祁门坐镇的大营都陷入李秀成等亲率的几十万大军重围之中，久困而不得出，日日危在旦夕之时。自己连遗书都写好了，准备以身殉国。尽管有移驻他处之可能，可是他却坚定不移地坚守老营，因为那是皖南前线的司令部，主帅一移、唯恐全线动摇，自古有言兵败如山倒而不可收拾。更难得的是于如此艰危之中，曾公于军中镇定自若，教军士军歌、习战、自卫待援，并从不忘以家书教谕诸弟谨守家规家训。从三信中既可见时局形势之一斑，也可见其镇定自若、心志不乱的大将风度。

澄侯四弟左右：

　　日内皖南局势大变。初一日德兴失守，初三日婺源失守，均经左季翁一军克复。初四日建德失守，而余与安庆通信之路断矣。十二日浮梁失守，而祁门粮米必经之路断矣。现调鲍镇六千人进攻浮梁，朱、唐三千人进攻建德。若不得手，则饷道一断，万事瓦裂，殊可危虑。

余忝窃高位，又窃虚名，生死之际，坦然怡然。①惟部下兵勇四五万人，若因饷断而败，亦殊不忍坐视而不为之所。家中万事，余俱放心，惟子侄须教一"勤"字一"谦"字。谦者，骄之反也；勤者，佚之反也。"骄、奢、淫、佚"四字，惟首尾二字尤宜切戒！至诸弟中外家居之法，则以"考、宝、早、扫，书、蔬、鱼、猪"八字为本。千万勿忘。

十一月十四日午刻

澄侯四弟左右：

上次送家信者，三十五日即到：此次专人，四十日未到。盖因乐平、饶州一带有贼，恐中途绕道也。

自十二日克复休宁后，左军分出八营在于甲路地方小挫，退扎景镇。贼幸未跟踪追犯，左公得以整顿数日，锐气尚未大减。目下左军进剿乐平、鄱阳之贼。鲍公一军，因抚、建吃紧，本调渠赴江西省，先顾根本，次援抚、建。因近日鄱阳有警，景镇可危，又暂留鲍军不遽赴省。胡宫保恐狗逆黄州下犯安庆沅弟之军，又调鲍军救援北岸。其祁门附近各岭，廿三日又被贼破两处。数月以来，实属应接不暇，危险迭见。而洋鬼又纵横出入于安庆、湖口、湖北、江西等处，并有欲来祁门之说。看此光景，今年殆万难支持。然余自咸丰三年冬以来，久已以身许国。愿死疆场，不愿死牖下，本其素志。近年在军办事，尽心竭力，毫无愧怍，死即瞑目，毫无悔憾。

家中兄弟子侄，惟当记祖父之八个字，曰："考、宝、早、扫、书、蔬、鱼、猪。"又谨记祖父之三不信，曰："不信地仙，不信医药，不信僧巫。"余日记册中又有八本之说，曰："读书以训诂为本，作诗文以声调为本，事亲以得欢心为本，养生以戒恼怒为本，立身以不妄语为本，居家以不晏起为本，作官以不要钱为本，行军以不扰民为本。"此八本者，皆余阅历而确有把握之论，弟亦当教诸子侄谨记之。无论世之治乱，家之贫富，但能守星冈公之八字与余之八本，总不失为上等人家。余每次写家信，必谆谆嘱咐，盖因军事危急，故预告一切也。

余身体平安。营中虽欠饷四月，而军心不甚涣散，或尚能支持，亦未可知。家中不必悬念。

二月廿四日

澄、沅、季弟左右：

余于初二日自祁门起行至渔亭，初三日至休宁。初四日派各营进攻徽州。所有祁门、渔亭之营，皆派七八成队来此，老营空虚。闻景德镇一军溃散，左京棠亦被围困，不知能守住营盘否。景镇既失，祁、黟、休三县之米粮接济已断。若能打开徽州，尚可通浙江米粮之路；若不能打开徽州，则四面围困，军心必涣，殊恐难支。

余近年在外勤谨和平，差免怨尤，惟军事总无起色。自去冬至今，无日不在危机骇浪之中。所欲常常告诫诸弟与子侄者，惟星冈公之八字、三不信及余之八本、三致祥而已。八字曰："考、宝、早、扫、书、蔬、鱼、猪也。"三不信曰："药医也，地仙也，僧巫也。"八本曰："读书以训诂为本，作诗文以声调为本，事亲以得欢心为本，养生以少恼怒为本，立身以不妄言为本，居家以不晏起为本，做官以不爱钱为本，行军以不扰民为本。"三致祥曰："孝致祥，勤致祥，恕致祥。"兹因军事日危，旦夕不测，又与诸弟重言以申明之。家中无论老少男妇，总以习勤劳为第一义，谦谨为第二义。**劳则不佚，谦则不傲，万善皆从此生矣**。此次家信，专人送安庆后再送家中，因景镇路梗故也。

三月初四日

【注释品札】

生死关头方见大将风度

①"生死之际，坦然怡然"句：曾国藩困守祁门大营时的自况句。阅史料，此语信非虚言。临四面楚歌之局势而心志不慌；处重围日危之中而好整以暇，教练军士以自卫待援。为固军心虽有生路百不肯移营，抱定必死之心。且仍念念不忘数万军兵之安危，不忘教子弟以家规。实乃大将风度之典范。

此境与当年湘军初建，每逢出师不利便欲寻死之态相比，实为天壤之别。这就是初出茅庐与久经沙场之宿将的大区别。凡为主官者自当有此襟抱担当之气度，每临大事有静气。心志一乱，心智全无。帅位一离，三军则溃。所以主官之定力事关成败。而主官之所以称主官，因其职当全局为周身之主心骨。而能达此不动不摇之境，既须有经历之磨炼，亦须有定力修为之深功。而不动不摇者亦绝非束手无策之坐以待毙者可同日而语。

曾氏家族家训及曾国藩第三故居富厚堂

36

谕纪泽、纪鸿：教处乱世安身以劳俭而不要做官

〔提要〕这是曾国藩1861年初在安徽与太平军作战，被困于祁门大营艰危而不可解之中，写给二子的一封类似于遗书的家信。信中叙述了近期的祁门战事之不利，向二子言明自己即使以死殉国也无所憾。嘱咐二子于乱世之中，当以读书、劳俭为安身之道，不要涉足仕途，更不可从军界。而自己所遗憾只有古文、古诗、写字的功夫不到，无所成就，所以希望二子要认真读书完善自己。

字谕纪泽、纪鸿儿：

接二月廿三日信，知家中五宅平安，甚慰甚慰。

余以初三日至休宁县，即闻景德镇失守之信。初四日写家书，托九叔处寄湘，即言此间局势危急，恐难支持，然犹意力攻徽州，或可得手，即是一条生路。初五日进攻，强中、湘前等营在西门挫败一次。十二日再行进攻，未能诱贼出仗。是夜二更，贼匪偷营劫村，强中、湘前等营大溃。凡去二十二营，其挫败者八营（强中三营、老湘三营、湘前一、震字一），其幸而完全无恙者十四营（老湘六、霆三、礼二、亲兵一、峰二），与咸丰四年十二月

十二夜贼偷湖口水营情形相仿。此次未挫之营较多，以寻常兵事言之，此尚为小挫，不甚伤元气。目下值局势万紧之际，四面梗塞，接济已断，加此一挫，军心尤大震动。所盼望者，左军能破景德镇、乐平之贼，鲍军能从湖口迅速来援，事或略有转机，否则不堪设想矣。

余自从军以来，即怀见危授命之志。丁戊年在家抱病，常恐溘逝牖下，渝我初志，失信于世。起复再出，意尤坚定。此次若遂不测，毫无牵恋。自念贫窭无知，官至一品，寿逾五十，薄有浮名，兼秉兵权，忝窃万分，夫复何憾！惟古文与诗，二者用力颇深，探索颇苦，而未能介然用之，独辟康庄。古文尤确有依据，若遽先朝露，则寸心所得，遂成广陵之散。①作字用功最浅，而近年亦略有入处。三者一无所成，不无耿耿。至行军本非余所长，兵贵奇而余太平，兵贵诈而余太直，②岂能办此滔天之贼？即前此屡有克捷，已为侥幸，出于非望矣。尔等长大之后，切不可涉历兵间，此事难于见功，易于造孽，尤易于诒万世口实。余久处行间，日日如坐针毡，所差不负吾心、不负所学者，未尝须臾忘爱民之意耳。近来阅历愈多，深谙督师之苦。尔曹惟当一意读书，不可从军，亦不必作官。

吾教子弟不离八本、三致祥。八者曰：读古书以训诂为本，作诗文以声调为本，事亲以得欢心为本，养生以少恼怒为本，立身以不妄语为本，居家以不晏起为本，居官以不要钱为本，行军以不扰民为本。三者曰：孝致祥，勤致祥，恕致祥。吾父竹亭公之教人，则专重"孝"字。其少壮敬亲，暮年爱亲，出于至诚，故吾纂墓志，仅叙一事。吾祖星冈公之教人，则有八字、三不信。八者：考、宝、早、扫、书、蔬、鱼、猪。三者：僧巫，日地仙，日医药，皆不信也。处兹乱世，银钱愈少，则愈可免祸；用度愈省，则愈可养福。尔兄弟奉母，除"劳"字、"俭"字之外，别无安身之法。吾当军事极危，辄将此二字叮嘱一遍，此外亦别无遗训之语，尔可禀告诸叔及尔母，无忘。

三月十三日

【注释品札】

官场不是直道事人之所

①"遂成广陵之散"句：晋朝的嵇康善弹琴曲，临死之前弹了一曲自度的曲子优美哀婉无比。但他一死，此曲从此绝世。后代便以"广陵散"来喻绝唱不再。

②"兵贵诈而余太直"句：曾国藩在信中说：行军作战本不是我的长项。军事贵在权变、出奇制胜，而我太平正了；兵贵诈，当以虚虚实实为胜，而我太直了。我之所以能够取得一些胜利，不过是侥幸而已。曾国藩此处所言都是实话。他之所以能够平灭太平天国，除了有他的功劳之外，多由于太平天国的内腐内乱，形势不断地苍黄巨变，使他多次死里逃生，并收取了胜利的结局。所以他可以称为古代最后的大儒，但绝对与军事家无缘。而且不只是军事贵诈，就是政治也不是可以直道而行的。所以古人言：柳下惠"直道而事人，焉往而不三黜"？从历史的眼光来审视，曾国藩总归是一个好人吧。

37

致沅弟：教为官者如何服众

〔提要〕这是咸丰十一年曾国藩与曾国荃在皖南战场上的一封通信，主要讲两件事：其一，嘱其看地形不可多带人马，至多不过五人；与友邻部队相距五里之外，不可约期协同作战，否则一定会失败。并称此二事为行军作战的"二忌"。其二，与其弟交流如何做一个能让下属服气的长官——说话要有条理，要讲有分量、有用的话，令出必行，下级才会服气。这些都是曾国藩在战场上亲身积累的经验之谈，可详见原信。

沅弟左右：

凡看地势、察贼势，只宜一个独往，所带极多不得过五人。如贼来追抄，则赶紧驰回。贼见人少，亦不追也。若带人满百，贼来包抄，战则吃贼之亏，不战而跑回，则长贼之焰，两者俱不可。故近日名将看地势者，相戒不带队伍也。又两相隔在五里以外，不可约期打仗。凡约期，以号炮为验，以排枪为验，以冲天火箭为验者，其后每每误事。余所见带队百馀人以看地势及约期打仗二事致败者，屡矣。兹特告弟记之！近唐桂生初五徽州之败，亦犯此二忌。弟如自度兵力实能胜贼，则出濠一战，亦无不可，切不宜与多、鲍约期。或眼见多、鲍酣战之际，弟率大队一助，则可；先与约定，则不可（多、鲍来约，竟不应允，甘为弱兵，作壁上观可也）。余此次派鲍、朱援安庆，先未约定而忽至，则有益；希庵先约定回援而不至，则有损也。

杨镇南之不足恃，余于其平日之说话知之。渠说话最无条理。凡说话不中事理、不担斤两者，其下必不服。故《说文》"君"字、"后"字从"口"，言在上位者，出口号令，足以服众也。①

四月初八日

【注释品札】

为官服众要学会"说话"的三个要点

① "足以服众也"句：这一段曾国藩教其弟说：为官者要想服众，必须要学会说话：讲话要有条理。凡是讲话不中事理者，没有分量者，其下属必不服。所以，"说文解字"中对"君"的解释是，"'后'字从口，言在上位者，出口号令，足以服众也"。上所说大体三个要点：其一，讲话要有条理，要讲清楚，别人才能听明白；其二，要讲得有道理，符合事理，大家才会信你；其三，言必行，行必果，出口号令。如此，才能服众。

38

——致沅弟：教如何向上级汇报工作——

〔**提要**〕这是曾国藩教曾国荃如何书面"汇报工作"的家书，是关于鲍超一军到底留在江北还是渡江南下作战问题。信中所涉及的人事任用、军事力量的调度、配置、布局，都与曾国荃的军事行动有关。但曾国荃都是讲些首鼠两端甚至前后相矛盾的看法，因而不仅让曾国藩很难决断，而且十分生气，信中语言已近似指责与告诫。这封信虽是兄弟家书，但实属上下级之间的工作联系。为官者从中可以借鉴下级向上级汇报工作时，应注意的方面。

沅弟左右：

余于今早卯刻开船，巳刻至华阳镇对岸之香口。目下各处主意纷纷无定，余将余之深知而自决者告弟知之，谨记之；其不深知不敢自决者，亦告弟知之，听弟酌之。

多军宜全扎桐、怀，专击援贼；弟军宜专主围怀。此兄之深知而自决者也。鲍军或稳驻集贤，或援瑞州；或打宿松，或剿蕲、黄，或打南岩，俱未十分妥善。此兄之不深知不敢自决者也。自孔垄至二套口、隆坪一带，一片皆水，往年湖宽八九十里，今年必百馀里。鲍军若由黄梅行走，不特不能至二套口以过南岸，并不能由广济以达二蕲。此兄之深知而自决者也。鲍若从兴国下手，共须渡水几次而后可至兴境。成、胡赴南岸，共须渡水几次。此兄之不深知不敢自决者也。

现约润帅与春霆同来香口一会，俟会后再飞缄告弟可耳。

再，弟论兵事，宜从大处分清界限，不宜从小处剖晰微茫。如鲍军或打南岸，或留北岸，此大处也。往返动须两月，调度不可错误。北岸或扎集关，或攻宿松，南岸或援江之瑞、义，或援鄂之兴、冶，此小处也，往返不过十日，临时尚可更改。近日接弟两次长信，皆言鲍军不可不救江西以保饷地。而此次十二夜信，又言宿松上至德安乃有官军，中间无人过问云云，意似留鲍公在北岸者。且信中力陈鲍公宜谋宿松矣，而又言鄂南已失十县，重于瑞、义等州，宜合力图之云云，意又似令鲍打南岸鄂境者。**究竟弟之确见欲鲍在北岸乎？在南岸乎？望以一言决之，不必纷纷多说道理，使我无所适从也。**①

五月十三日酉刻

【注释品札】

向上级汇报工作的三大"通病"

① "使我无所适从也"句：这是对曾国荃关于鲍超所部军队的调度使用问题上的意见提出的批评：你到底是什么想法，请你直说，不要绕来绕去，"不必纷纷多说道理，使我无所适从也"。

下属回答上级的询问，或汇报工作时的"三大通病"：其一，"引言"过长，讲了半天，不知道你要说的是什么；其二，总想炫耀自己的业绩而言不及义；其三，讲大道理，总想表现自己个人的水平、才华。由此而又导致三个问题的发生：其一，忽略了上级想要知道的主题是什么；其二，忽略了自己要解决的问题是什么；其三，导致上级的困惑、不满甚至动怒，乃至取消你的发言。

"山不在高，有仙则名；水不在深，有龙则灵。"向上级汇报工作，话不在多，得体则赢。废话少说，画龙点睛，直入主题，三言五语，把话说清，把事讲明才是功夫。

㉟

── 致沅弟：教大处让人才是真谦真厚 ──

〔**提要**〕曾公信中与曾国荃所言二事：其一，部署由皖南渡江攻克南京的战事，不许其弟对此再有异议；其二，商定鲍春霆部与彭杏南、刘连捷部进攻路线的问题，让鲍军走容易的水路，让曾国荃的两位部将走难行的山路，并劝其弟"此等大处让人，乃是真谦、真厚"。

沅弟左右：

鲍军过江，则必须打开桥林、江浦、浦口、九洑洲①，北岸一律肃清，然后可以南渡。即南渡后，亦不遽扎燕子矶，以作呆兵，仍当进剿东坝、二溧，以作活兵。以理势论之，该逆经营一年，攻取二浦，无非固九洑之后身，作金陵之报告掎角，必将竭力坚守。余之拙见，二浦未克之前，不可先攻九洑洲；九洑洲未克之前，鲍、彭、刘不可南渡；②东坝、二溧未克之前，不可围扎孝陵卫、燕子矶。此三者皆极大关键，余计已定，弟切勿执见辨驳。余因呆兵太多，徽、祁全藉左军之力，受气不少。此后余决不肯多用围城之呆兵矣。

由和州进攻二浦，有山内与江滨二路。似宜让鲍军走江滨之路，彭、刘走山内之路。鲍军纪律极坏，江滨运粮较易，掳夫较少。**此等大处让人，乃是真谦，乃是真厚。**③余牍中未说出，望弟酌定，速告春霆与杏、云也。④

五月初二日

【注释品札】

利害面前方显人性本色

①"九洑洲"：此信中所有地名，除徽州、祁门等部分为皖南外，多为江南北南京外围地名。

②"鲍、彭、刘不可南渡"句：前三姓分指鲍春霆部、彭杏南部、刘连捷部；下文中的刘克庵为左宗棠部下，浙江按察使，始终随左宗棠转战南北，升任陕西代理巡抚；前面所提到的萧军，似应指萧浮泗、萧庆衍中的一部，二人都是曾氏部将，都参加了攻克金陵之战。

③"此等大处让人，乃是真谦，乃是真厚"句：指由和州攻打二浦两地应兵分两路：一路为水路较容易；一路走山路，很难走。所以曾国藩建议曾国荃由他的部将走山路，把好走的水路让给军纪不好、民夫少的鲍春霆部。并说只有在这样的大处让人，才是真正的谦让、厚道。

平时小事，人多能礼让，但在大利大害，尤其是涉及个人利害关系面前，才真正见人的本色，这是人性之定理。人人有趋利避害的本能，所以能让利而趋害才是人的理智选择，超越于本能之上，才见得风格亮节，才有互助合作的稳固，否则必无人乐与之合作，唯恐避之不及。

④"速告春霆与杏、云也"句：就是要把上述进军路线的决定迅速传达相关各部。曾国藩的建议有许多时候就是命令，因出于兄弟之间的尊重，总以商量口气下达。春霆，指鲍超；杏，指彭杏南；云，指刘连捷，其字为刘南云。

④ 40

── 致沅弟：教对叛归兵将宽严各二 ──

〔**提要**〕信中曾公教曾国荃对待叛归的太平天国降王李世忠部宽严各二：宽者，名、利二字；严者，礼、义二字。同时要坚持三端：其一，不与争功，以收拢络之效；其二，不与密切往来，以免受牵连；其三，凡遇违法乱纪者毫不客气手软，严惩不贷，且宜时时以强兵备之、防之，以应不测。

沅弟左右：

李世忠穷困如此，既呼吁于弟处，当有以应之。三千石米，五千斤火药，余即日设法分两次解弟处，由弟转交李世忠手。

此辈暴戾险诈，最难驯驭。投诚六年，官至一品，而其党众尚不脱盗贼行径。吾辈待之之法，有应宽者二，有应严者二。应宽者：一则银钱慷慨大方，绝不计较。当充裕时，则数十百万掷如粪土；当穷窘时，则解囊分润，自甘困苦。一则不与争功，遇有胜仗，以全功归之。遇有保案，以优奖笼之。应严者：一则礼文疏淡，往还宜稀，书牍宜简，话不可多，情不可密；一则剖明是非，凡渠部弁勇有与官姓争讼，而适在吾辈辖境，及来诉告者，必当剖决曲直，毫不假藉，请其严加惩治。应宽者，利也，名也；应严者，礼也，义也。四者兼全，而手下又有强兵，则无不可相处之悍将矣。

水师独攻金柱关，恐难得手，不如不泄此机，待陆兵渡江，再行下手为妙。

少荃于三月廿七日谕旨饬署苏抚。广东督办厘金，放晏端书，以其为戊戌同年而派。朝廷之用心，良可感矣。

四月十一日

【注释品札】

不党不私，不叛不离

做人当不党不私，不叛不离。但如果二者必选其一，则宁可为党徒，不可为叛徒。结死党终难免受牵连，但至少有一日之亲谊诚信相待之众；而叛徒不管如何输诚，总归被视为异类，终生防之如贼，待之如寇。读曾氏兄弟之信，观李世忠于湘军之中所受，自可知此。更何况李鸿章攻苏州，太平军八王叛降，一夜之间尽被屠戮。就是清初的明朝叛臣如吴三桂、尚可喜、耿精忠辈虽已贵为裂土一方的藩王，但终归身败名裂被消灭。而李世忠后由于在地方横行霸道，也终被捕杀。

④

— 致沅弟：教家门太盛当常怀日慎之心 —

〔**提要**〕这是曾国藩于曾国荃围困金陵时写给他的一封家书。信中所言三事：其一，沟通南京周围之战事大局大势及军事建议；其二，言及在湘军中效力的金眉生屡受争议，叹人心爱而唯见其美，恶而唯见其恶的劣根性，同时劝其弟认真考察对待此人，而不只能听信任何他人的评论；其三，曾国藩的生日在即，不可大事铺张、不可收受礼金。尤其是家门之盛时，自当存日慎一日之心，以防招灾惹祸，以图自保家门不衰。

沅弟左右：

小河西岸尽为我有，贼船万不能过，且凭河为守，又可当一道长濠，可慰之至！

然城内有数十万悍贼，上游黄、胡、古、赖等即日下援金陵，穷寇有致死于我之心，抑又可惧之至。河之东岸暂不必谋，少息兵力以打援贼可也。

金眉生参者极多。二三年来，胜帅屡疏保之，升于九天；袁帅屡疏劾之，沉于九渊。余十一年冬查参革职，胜帅又以一疏劾我，谓为党袁而不公。余偶与汪曜奎言之，汪以告胜，胜又寄函与我，自陈前疏之误。①即如下游诸公，李、吴、乔皆痛恶眉而不知其美，郭又酷好眉而不知其恶。此等处弟须详询密查，不可凭立谈而遽信其人之生平耳。

饷银今日解去三万，湖南又另解四万与弟，节下当可敷衍。

生日在即，万不可宴客称庆。此间谋送礼者，余已力辞之，弟在营亦宜婉辞而严却之。家门大盛，常存日慎一日而恐其不终之念，或可自保。②否则颠蹶之速，有非意计所能及者。

八月初五日

【注释品札】

看人要学会用"减法"

①"自陈前疏之误"句：曾国藩在信中说，参奏金眉生的人很多，你要十分注意。在江北两帅中胜保把他夸上了天；而袁甲三则把他踩到了深渊之下。以前我被查参革职之时，胜保便参劾我说，我与袁甲三为同党而不公正。后来我和汪曜奎谈到此事，说明了我的立场，他便又来信说是误会了我。那些痛恨的人都说金眉生一无是处；而那些喜欢他的人，又说他好得不得了。你还是认真观察这个人，不要轻信他人所言。

似此等是非之人不宜留在身边，徒惹是非。而观人之道，一定要扣除感情因素，学会用"减法"：你认为很好的人，一定要扣除几分好感，才会是真实的看法；你认为不好的人，也一定要扣除几分恶感，这才会是真实的。

造物忌盛，自保唯有持虚守亏

②"或可自保"句：这是曾公劝其弟于家门极盛之时，凡事当小心谨慎，不可张扬，以免加速自家的衰败。

花到盛开之时，就要落了；月到圆全之时，就要亏了；容器的水装满了，就要流泻了；气球胀到最大时，就要爆了。外物不可能自主，而人则有自主的能力。人只有持虚守亏，方可自保。所谓持虚，就是不可骄傲自大，不可自满其杯，而是要自觉地"减负"，自损其得；所谓守亏就是凡事不求极致、不求完美、不求盈余。人一生若得"虚、亏"二字，便自是福至、至福了。千万不可以满为满，满之加满；不可以至为至，力求极致。话到嘴边留三分，饭到嘴边八分饱，也许是自保之名言吧，大可推而广之。

42

—— 致沅弟：教局面越大，真气越少 ——

〔**提要**〕信中所言四事：其一，耿耿于怀，排斥太平军降王李世忠；其二，不愿再立新营，因为局面越大，真气越少，一处败，全局崩裂，湘军各部缺员以降兵与分拆之兵补充；其三，自己决心辞去所任钦差、江督两职，只以侍郎身份督军，分去权位，与弟二人都只作军事长官，以免招致妒忌指责；其四，向朝中推荐提升的名单不得不减少，以免非议获嫌。

沅弟左右：

李世忠事，朝廷方以袁帅办理妥善。此间无论如何让他，总不能如袁之惟所欲为。

陈栋九营，且到此再看。目下鲍、张、朱各军缺额甚多，可以此勇挪移补之，则不必多开新营。如万不可挪补，则令速赴金陵，听弟妥为位置。

余所以不愿多立新营者：一则饷项极绌，明年恐有断炊之虞；二则局面愈大，真气愈少，和、张晚年覆辙，①只是排场廓大，真意销亡，一处挫败，全局瓦裂，不可不引为殷鉴；三则余拟于新年疏辞钦篆、江督两席，以散秩专治军务，如昔年侍郎督军之象，权位稍分，指摘较少，亦与弟请改武官之意暗相符合。

保举单不能不减，余自有苦衷，明年至金陵当面详告可也。

十二月廿五日

【注释品札】

免蹈和春、张国梁晚年覆辙

① "和、张晚年覆辙" 句：指主持江南大营的和春与助手张国梁营毁兵败身死的前车之鉴。

和春是旗人，于军中一路由军功累迁前锋、尉官、副护军、参将、副将。后随向荣转战江南。又以卓越军功提为总兵、提督，是旗人中一时名将，很少打败仗。清兵江南大营，自第一次被太平军攻破，向荣自杀后，大营军兵便归和春统制，以钦差大臣身份督办江南军务。自陈玉成袭破江北大营，将军德兴阿被罢免，江北大营的绿营兵也归和春统制，由提督张国梁辅之。此时大江南北的清兵不可谓不多。但为什么在由和春统一指挥后的江南大营江北大营，在第二年又被摧毁？不是因为兵少，而是由于兵不精，将不勇，全军只赖张国梁左冲右突，东遮西挡。其他将帅士兵基本上是一战即溃，甚至不战而逃，动摇军心。所以最后导致全军溃败。一路退守镇江、丹阳，张国梁战死。和春率军突围败走常州，重新整军迎敌，又战败，自己身负重伤，退至无锡后，伤重身亡。所以曾国藩对其弟说："局面愈大，真气愈少，和、张晚年覆辙，只是排场廓大，真意销亡，一处挫败，全局瓦裂，不可不引为殷鉴。"

张国梁也是靠一路军功累加，由守备、都司、先锋、游击、副将、总兵而提升为提督的，自咸丰元年入向荣大营七年以来，成了清军在大江南北战场上的"灭火队"，基本上是百胜将，所以史称"时大江南北诸军，贼所尤畏者，惟国梁一人"。所以张国梁一到，太平军便走，不与交战。张国梁一走，太平军就回师攻战，弄得张国梁精疲力竭，到处灭火，所以史称太平军遇"国梁兵至则走，去则复来"。在攻克太平府一战，张国梁"分三队进，设伏纵火，自率精锐四百人突贼营，一战克之，时称奇捷"。在高资城一战时，"两路悍贼群集力争，连营二十余里，国梁大破之，斩伪安王洪仁等"，然后乘胜追击"援贼尽歼"，乘势攻克了太平军占领了五年的镇江城。所以，在向荣军中后期，诏命张国梁协办江南军务；归和春指挥后，也由他统督诸军。但和春并不听他的，所以江南江北大营合并兵力后，却反而彻底毁灭。此时的绿营兵早已无斗志。在大营被破后，其率兵增援丹阳时，在城外遇太平军，部下兵卒不战而逃，张国梁在策马渡河时，不幸沉溺水中。打捞月余不见尸体。后来攻破南京后听李秀成亲口所说才知道，原来是太平军敬重张国梁，早已礼葬其尸于丹阳尹公桥塔下，由此才得收其遗骸。

　　曾国藩正是在不断总结江南战场上十几年来一任任钦差大臣、两江总督、著名将帅不断灭亡的教训，才免遭灭顶之灾的。再加之他赶上了太平天国内讧，不断走向自衰的好时机，这也是他一生最大的幸运。正如西方学者亚斯贝斯所说，第一个突击者总是悲剧的牺牲品、失败者，第二个、第三个才会成功。这也是一种命运吧。曾国藩也不失为一个大智慧者，虽然他称不上军事家，以一介书生、小小的地方民团"司令"，而能成为太平天国的终结者，除时运外，自当有其过人之处。

43

致沅弟：教全身报国之道在于"三副"

〔**提要**〕此信与曾国荃所言二事：其一，谈分遣陈栋所统之十二营兵勇之事；其二，谈朝廷在春节期间，向曾国藩兄弟与鲍超三人特赐福字及其他赠礼事，特嘱其弟报国之道在于"三浮"。

沅弟左右：

陈栋之勇，除已至金陵三营外，尚有九营。吾昨令营务处点名，共四千六百馀人。闻精壮者不甚多，可汰者占三分之一。余札拨二营与鲍春霆，拨一营与朱云岩，以六营归弟处。若果汰去三分之一，则可挑存四营。其馀或令全坐原船遣归，或酌留数百作为馀勇，听弟裁度。

昨奉年终颁赏福字、荷包、食物之类，闻弟有一分，春霆亦有一分，此系特恩。**吾兄弟报国之道，总求实浮于名，劳浮于赏，才浮于事。**①从此三句切实切实做去，或者免于大戾。

正月初三日

【注释品札】

为官须得实副名、劳副赏、才副事

①"才浮于事"句："浮"字当与"副"字通假。人当以此三事律己：其一，不得名过其实，更不可言过其实；其二，劳当其赏，不为无功受禄之事；其三，才堪其职，能副其守，不为绠短汲深之事。

44

致沅弟：教为官当守"劳谦君子"之二端

〔**提要**〕这是曾公在主持围剿太平军的军营中写给同在前线军营的四弟曾国荃的一封信，主要探讨为官之道应坚守二端：其一，辛劳勤政；其二，恬淡冲融。前者为职责所在，不可稍有弛废；后者为一种大将风度，要在勤苦中表现恬淡的豁达襟怀。并解释说：这就是我专门刻了一枚"劳谦君子"的闲章送给你的目的。

沅弟左右：

弟读邵子诗，领得恬淡冲融之趣，此是襟怀长进处。自古圣贤豪杰、文人才士，其志事不同，而其豁达光明之胸大略相同。以诗言之，必先有豁达光明之识，而后有恬淡冲融之趣。如李白、韩退之、杜牧之则豁达处多，陶渊明、孟浩然、白香山，则冲淡处多。杜、苏二公，无美不备，而杜之五律最冲淡，苏之七古最豁达。邵尧夫虽非诗之正宗，①而豁达、冲淡，二者兼全。吾好读《庄子》，以其豁达足益人胸襟也。去年所讲"生而美者，若知之，若不知之，若闻之，若不闻之"一段最为豁达。推之即舜、禹之有天下而不与，亦同此襟怀也。

吾辈现办军务，系处功利场中，宜刻刻勤劳，如农之力稿，如贾之趋利，如篙工之上滩，早作夜思，以求有济。而治事之外，此中却须有一段豁达冲融气象。二者并进，则勤劳而以恬淡出之，最有意味。余所以令刻"劳谦君子"印章与弟者，此也。

少荃已克复太仓州，若再克昆山，则苏州可图矣。吾但能保沿江最要之城隘，则大局必日振也。

三月廿四日

【注释品札】

勤于职守，恬淡冲融

①"邵尧夫虽非诗之正宗"句：邵尧夫为五代残唐与宋初的大隐士，名声极高。曾国荃在信中向其兄谈到在读邵尧夫的诗，曾公很高兴，夸奖他的弟弟说：能读邵尧夫的诗，从其中领会到恬淡冲融的情趣，这正是令人襟怀长进之处。邵子虽然称不上正宗的诗人，但他的特点是豁达、冲淡二者兼备，很适合你我兄弟来读。我之所以喜读《庄子》，就是欣赏他那种豁达，足以开阔人的胸襟。尤其是他关于"生而美"的一段论述，尤其精彩：仿佛知道，又仿佛不知道；仿佛听到了，又仿佛没有听到。太豁达了。以此推论，就是舜帝与禹王用治理天下的权位来请隐士出山，隐士也不肯，大概就是这种襟怀吧。你我现在军中，是身处名利场上，自应时刻勤劳。就像农夫种地、商人做买卖、船夫驶船一样，为了收获、谋利、生存的目的，一大早就要辛苦劳作，夜里还要思来想去，以求做得更好，实在是太辛苦了。这样做也未必是最好的治军之道。我

想最好的方式应该是：在勤劳治事之外，还应有一种豁达、恬淡、冲融的气度，二者相辅，以勤劳而进入军务不懈，以恬淡出于军务而不殆，当是最有意味的吧。这也正是我令人刻了一方"劳谦君子"的印章送给你的意思。让我们兄弟共勉吧。

邵尧夫与庄子，都是历史上有名的大隐士，多主张无为而治，是出世者的代表人物。曾公以此二人为崇尚，显然为苦于军务而致，并非有出世之意。而是主张，一方面要勤于王政，要沉得下去；另一方面要跳得出来，而不能沉溺于军务之中不能自拔。尤其不能操之过急、求功太切，而应有一点恬淡的心态。一方面恪尽职守、忠于王事、力尽人谋；另一方面则顺其自然，听天由命。这是曾国藩久历官场沉浮、沙场磨劫后的一贯心态。与入仕之初的总期望"一日千里"的心态已大不相同。人们之所以说姜是老的辣，大体是说历练者、经验者之成熟老到吧。而仔细想来，为官者至少应以勤政为基，但勤政未必能致美政。所以为官不能成为事务主义者，亦应于政务烦冗中跳得出来，放开胸襟，多思考一下大政、大局，而不沉溺于细务，为琐事微观所淹没，这也是官场上一种"自拯自救"之法吧。有道是殊途而同归，反弹琵琶曲亦工。

45

致澄弟：教位高权重而不失寒士之家风

〔**提要**〕这是曾公于军旅寄给守家二弟曾国潢的信。所言二事：其一，不要代代都建祠堂，不开如此奢华之乡风；其二，要在"俭"字上下苦功夫，要珍惜物力，要不失寒士之家风，不要怕别人笑话寒酸小气，不要贪别人夸大方。

澄弟左右：

围山嘴桥稍嫌用钱太多，南塘竟希公祠宇亦尽可不起。沅弟有功于国，有功于家，千好万好！但规模太大，手笔太廓，将来难乎为继，吾与弟当随时斟酌，设法裁减。此时竟希公祠宇业将告竣，成事不说，其星冈公祠及温甫、事恒两弟之祠，皆可不修，且待过十年之后再看。①至嘱至嘱！

余往年撰联赠弟，有"俭以养廉，直而能忍"二语。弟之直人人知之；其能忍，则为阿兄所独知。弟之廉，人人料之；其不俭，则阿兄所不及料也。以后望弟于"俭"字加一番工夫，用一番苦心。不特家常用度宜俭，即修造公费，周济人情，亦须有一"俭"字意思。总之，爱惜物力，不失寒士之家风而已。弟以为然否？

十一月十四日

【注释品札】

好从慢处来

①"且待过十年之后再看"句：曾公在信中劝主持家务的二弟说：在湖南人中，官至总督的不止我一个人，一省有四位乡党已做到总督的高职，可是谁家也没有代代修祠堂啊？我家也不要开此先例。是的，祖父的、父亲的都应建祠堂；沅弟为国为家都立了大功，也应建祠堂；其他两个弟弟都为国捐躯了，也应建祠堂。但都不要着急，不要开这个风气之先。等到十年以后再说。有道是"好从慢处来"。

曾国藩一生十分重视家风的俭廉清正。对于家人穿什么衣服、坐什么轿子，都有严格的要求，并劝诫家人，人人应记住两句话："有福不可享尽，有势不可使尽。"更屡次写信教育二弟处好与地方官的关系，凡事不带头倡导，凡事不带头阻挠，就是捐款也只居中便好。更不许去走关系请托私事。家里既不要购置田产，也不要大兴土木，务求俭朴。有余财便周济亲友，而不可积财炫富。这次家弟向他请示要为上述诸人建立家族祠堂的事，又被曾公搁置下来，无非怕招致非议。

曾公此信所言十分有哲理。无论功名富贵、处人做事，都不可太急。欲速则不达，事缓则圆，慢工出巧匠，无非都在讲不急功近利、急于求成的好处。

46

致沅、季二弟：教戒惰以儆无恒，除傲以鉴致败

〔**提要**〕曾国藩致信痛责曾国荃骄傲放肆后，又于九月二十二、二十四日连致两信于安庆前线军中的两位弟弟，专讲戒惰、除傲二事，此信是第二封。在这两封信中曾公均提到了李次青，称其实非长于带勇之人，因其心中总有自以为是之见。大概由于此前，派李次青去徽州接防，到任三日猝不及防，便被太平军打败失守的原因吧，所以专致两信，劝他的两位同在一军的弟弟要戒惰、除傲，以防军事之败，重蹈李次青之覆辙。

沅、季弟左右：

沅弟以我切责之缄，痛自引咎，惧蹈危机而思自进于谨言慎行之路。能如是，是弟终身载福之道，而吾家之幸也。季弟信亦平和温雅，远胜往年傲岸气象。

吾于道光十九年十一月初二日进京散馆。十月廿八早侍祖父星冈公于阶前，请曰："此次进京，求公教训。"星冈公曰："尔的官是做不尽的，尔的才是好的，但不可傲。'满招损，谦受益'，尔若不傲，更好全了。"遗训不远，至今尚如耳提面命。**今吾谨述此语告诫两弟，总**

以除"傲"字为第一义。唐虞之恶人，曰"丹朱傲"，曰"象傲"。桀、纣之无道，曰"强足以拒谏，辨足以饰非"，曰"谓己有天命，谓敬不足行"，皆傲也。①吾自八年六月再出，即力戒"惰"字以傲无恒之弊。近来又力戒"傲"字。昨日徽州未败之前，次青心中不免有自是之见。②既败之后，余益加猛省：**大约军事之败，非傲即惰，二者必居其一。巨室之败，非傲即惰，二者必居其一。**③

余于初六日所发之折，十月初可奉谕旨。余若奉旨派出，十日即须成行。兄弟远别，未知相见何日。惟愿两弟戒此二字，并戒各后辈常守家规，则余心大慰耳。

九月廿四日

【注释品札】

庸人以惰败，才者以傲毁

①"皆傲也"句：此句所谈四人是尧帝之子丹朱、舜帝之弟象；夏桀与商纣两位亡国之君。

③"二者必居其一"句：曾国藩在信中写道："大约军事之败，非傲即惰，二者必居其一。巨室之败，非傲即惰，二者必居其一。"而在前一信中也写道："天下古今之庸人，皆以一惰字致败；天下古今之才人，皆以一傲字致败。"此当为至理名言。庸人之所以平庸，必因其无勤奋之心；而恃才傲物则是有才能、才学者之通病。而人太自以为是，目空一切，就一定会招致失败。

曾国藩还以自身经历来教谕二弟说：我在离家入京为官前，去到祖父那里求教。祖父对我说：你的官是做不尽的，你的才学也是很好的，但不可以骄傲。满招损，谦受益，你如果能不骄傲的话，那就好全了啊。至今这些话我都不敢忘怀，你们也要记住。古今那些失败者，都是非惰即傲者，你们要力戒这两个字，我才放心。

曾国藩与李次青一生恩怨纠结在何处

②"次青心中不免有自是之见"句：李次青是曾国藩于官场之上一生难得的心腹幕僚与部将。是足可与同生死共患难之人。曾国藩一生所重用、推荐、提拔的大员不可胜数，但像李次青这般终生不渝、忠诚不贰地维护他的僚属却不多见。不仅于草创之初便投笔自荐，赤胆追随，而且患难之中不离不弃，鞍前马后不离左右，不仅对他有救命之恩，而且呕心沥血维护他的名声、地位、权益。尽管受到曾公毁灭性的打击，但在曾去世后仍以诗文为其歌哭致诚。但为什么只因徽州一败便对他纠结终生而不肯放过呢？一再弹劾他，不把他打倒誓不罢休呢？这是曾国藩一生唯一一次对下属如此手狠而不稍加宽容，而且是对自己的心腹之人。

其一，李次青犯了曾国藩治军大忌。湘军之所以名冠天下，不独因曾国藩治军有方，也因湘人有史以来便有"造反精神""革命情绪"，所以既多节烈之士，亦不乏强悍骄纵之人。而这正是曾国藩建湘军而不建"国军"的缘由之一。因而曾国藩必得能驾驭得了湘人，湘人才有以成军。所以曾国藩治湘军相当严格，尤其憎恨不听调度的骄兵悍将，对这些人从不宽容。他自己就说对这些人只有一个"硬"字相待可言。而祁门大营被太平军困死之际，曾国藩派李次青去接防徽州，既为外援又是他逃生的唯一出路。但李次青于如此危难之际，仍自以为是不听节度，差一点儿就把困在祁门大营的湘军根本葬送。若不是鲍超、左宗棠等拼死、及时来援，曾国藩与湘军老营中人也许早已成了太平军的刀下之魂，横尸于铁蹄之下了。更何况曾国藩耳提面命交代得很明白，给他的任务是不去交战，只要守城十天，便是大功一件，而且详细交代了坚守要领战法。可是他完全不听，率军到了徽州，既不入城，又不构筑阵地，完全置湘军靠扎营、布阵、挖壕、筑垒取胜的传统战法于不顾，而是不自量力地去以小部队寻求与太平军十几万大军的野战、进攻战，这无异于飞蛾扑火、以卵击石。终于弃城而逃。他完全违背了曾国藩要他守而不战的命令。湘军部将如果都这样，那曾国藩还怎么带兵，以何克敌制胜呢？所以，曾国藩一定要把李次青打倒，并不在于他的过失有多大，而在于他犯了大忌，所以只能成为一只"鸡"，起到"杀鸡给猴看"的作用。其二，李次青兵败后不见踪影，曾国藩多日不知其生死。数日回营后，他不但不检讨，反而还自认有理，惹怒曾国藩后，又负气出走，改换门庭，投到了曾国藩政敌的营垒去效力。这是曾国藩无以容忍的，所以才再三弹劾于他。

曾国藩终究手下留情，不仅没有置李次青于死地，而且不断地追悔此事，没有商榷余地地命令曾国荃与其结成儿女亲家，以示曾李两家终生之好。这也是曾国藩一生"公以事论，私以情结"的做人为官之道。李次青后来也屡立战功，终于做到了布政使的高位，虽不致封疆大吏，但终不算劳而无功无所成。

曾国藩关注李次青的书信手迹

李次青的对联书法手迹

47

致沅、季二弟：教克难免祸之道

[提要] 这是曾国藩在同治元年给曾国荃的复信，谈他所忧虑的三件事：其一，驻守雨花台围困南京的湘军与鲍超所部的湘军中瘟疫流行，人员大批死亡；其二，旱灾、虫灾交替发生，地方筹军粮困难；其三，陕西回民起义难以扑灭，多隆阿所部不能很快抽身参加南京大会战，而且安徽的袁甲三、李续宜等又将离位。长江、淮河南北千里空虚，天意茫茫，不知什么时候战乱平息。而让人高兴的是曾国葆的病情见好，民心思治、贼情涣散，南京似有可以攻克的机会。同时教谕其弟说：古来成大功名者，除了郭子仪之外，很少有安全着陆的，我们兄弟一定要小心谨慎。

沅、季弟左右：

接沅弟排递一缄，大傩礼神，以驱厉气而鼓众心，或亦足以却病。余寸心忧灼，未尝少安。一则以弟营与鲍营病者太多，为之心悸；二则各县禾稼，前伤于旱，继而蝗虫阴雨，皆有所损，收成歉薄，各军勇夫七万人，难于办米。三则以秦祸日烈，多公不能遽了，袁、李皆将去位，长淮南北，千里空虚，天意茫茫，竟不知果有厌乱之期否？幸季弟疟疾速愈，大为欣慰。观民心之思治，贼情之涣散，金陵似有可克之机。**然古来成大功大名者，除千载一郭汾阳外，恒有多少风波，多少灾难，谈何容易！愿与吾弟兢兢业业，各怀临深履薄之惧，以冀免于大戾。**①

东征局五万，因北风太大，尚未到省。此月竟止解去五万，下月必补足也。

七月廿八日

【注释品札】

成大功名者免灾之两途

①"以冀免于大戾"句：冀，是希望，以期；戾，为罪过。以上这句话的意思是说：自古以来成大功名者，除了唐朝中兴名将郭子仪一人外，几乎都经历了多少风波，多少灾难啊？想平安着陆谈何容易啊？都很少有好下场，都是兔死狗烹的命运。我们兄弟要想避免这种命运，至少不因功因名而致罪，那只有两种办法：其一，继续兢兢业业。其二，小心谨慎，日日如临深渊，事事如履薄冰，千万不要授人以柄。

48

致沅弟：教成事者审机审势不如先审力

〔**提要**〕曾国荃围困南京，坚守濠墙之内，以两万湘军在缺粮、病疫情况下，与忠王李秀成等八王所率数十万人马自浙江来援之敌血战四十六天，此信为敌军退去后，曾国藩写给曾国荃的一封家书。信中教其三事：其一，劳苦功高，但不可自夸自耀，别人知不知道全在他人，事顺不顺悉听天命；其二，选择什么时机攻克南京是一件很难判断的事，但审机、审势之前还要先审力，看自己实力怎样，当量力而行；其三，不要急于求成，而是要坚持以濠战为主的坚守围困战略，不可轻率出濠围作战，以免伤亡太大，要等候后援兵力到齐，方可总攻。

沅弟左右：

接弟二信，因余言及机势，而弟极言此次审机之难。弟虽不言，而余已深知之。萃忠、侍两酋极悍极多之贼，以求逞于弟军。久病之后，居然坚守无恙。人力之瘁，天事之助，非二者兼至，不能有今日也。当弟受伤，血流裹创，忍痛骑马，周巡各营，以安军心，天地鬼神，实鉴此忱。以理势论之，守局应可保全。然吾兄弟既誓拼命报国，无论如何劳苦，如何有功，约定终始不提一字，不夸一句。知不知，壹听之人；顺不顺，壹听之天而已。①

　　审机审势，犹在其后，第一先贵审力。②**审力者，知己知彼之切实工夫也。**弟当初以孤军进雨花台，于审力工夫微欠。自贼到后，壹意苦守，其好处又全在"审力"二字，更望将此二字直做到底。**古人云："兵骄必败。"老子云："两军相对哀者胜矣。"**不审力，则所谓骄也；审力而不自足，即老子之所谓哀也。

　　药二万、银二万及洋枪一批，日内准交轮舟拖带东下，其馀银米子药苦于逆风不能到皖，望弟稳守，不可急于出濠打仗。十月间，吾再添派护军前往助弟。弟之新勇，十月亦可赶到。昨日风雨，余极忧灼也。

九月廿四日

【注释品札】

知不知由人，顺不顺听天

　　①"壹听之天而已"句：咸丰十一年，湘军肃清江北战事，攻克安徽省城居于南京上游的长江重镇安庆。曾国藩受命节制苏皖浙赣四省军事，坐镇安庆指挥分部江南战局。命左宗棠主持浙江战事；李鸿章主持江苏战事；而命曾国荃去围攻太平天国都城南京。

　　同治元年（1862年）五月，曾国荃率湘军两万余人自安庆一路攻克南京外围太平军所守城垒，挥师进驻雨花台，直逼南京城下。开始掘深壕高垒扎营围困南京。忠王李秀成等人集合江浙外围战场上的十余万太平军，来南京解围。于是，南京城下，雨花台前，壕围内外，两军展开了一场众寡悬殊的生死大战。曾国荃受伤，裹血扶病巡营，在缺粮欠饷、弹药不足的情况下，坚持与数十万大军抵抗了四十六天，后来由于瘟疫蔓延于两军，太平军内部首鼠两端，在曾国藩寝食难安、忧心万分，曾国荃困兽苦撑、命悬一线之际，太平军竟然撤军了。但这对于清朝、湘军而言，却是制胜之奇迹。所以曾国藩此时劝其弟，尽管劳苦功高，"天地鬼神，实鉴此忧"，但仍旧不要自我炫耀，"吾兄弟既誓拼命报国，无论如何劳苦，如何有功，约定始终不提一字，不夸一句。知不知，壹听之人；顺不顺，壹听之天而已"。这是老年曾国藩一以贯之的思想。虽已事逾百年，但于今日官场中人仍有烛照犀明之用。

古人所言之"桃李不言、麝香风扬""谋事在人，成事在天"这两点似应为官场中人恪遵谨守的两大原则。为官者优劣功过，皆有行迹俱在，舆论自会传播，想掩饰遮盖都不可能，何须自说？凡事已力尽人事了，客观条件的种种制约，就不是人力可全然逆转、抗拒的了，所以有"力尽"在先，成败皆不足喜忧了。成必有所不足，败亦必有所不耻。颓波难挽，大势所趋，成败又如何呢？所以人言"胜不骄，败不馁"者，其意概如此。

成败所在之"三审"

②"第一先贵审力"句：曾国藩在与其弟商讨选择什么时机对南京发起总攻时，曾公讲："审机审势，犹在其后，第一先贵审力。"其实不然。无论何事，凡成其大者，必当先审势、次审机、后审力。军事也概莫能外。兵学家自古有用势、借势之言在先。俗语讲"大厦将倾，独木难支"，就是众木、

铁柱也难支，何况独木呢？"四两拨千斤"也无非借势而已。所以孙子兵法说："激水之疾，至于漂石者，势也。""善战者，求之于势，不责于人，故能择人而任势。"兵家最讲"四势"：大势、气势、地势、因势。所以要成事必先"审势"。审大势者成大事，审小势者成小事，不审势者则徒劳。

其次，"审机"，即把握时机。"时机"二字互为表里。时即机、机即时。时与机皆有时间限制，所以有时过境迁、机不可失、时不再来之语。但时与机又有所不同。时，不但指时间、历史时代，亦指天时、天气变化；机则指机会、机遇、变数等。而时势所以相连则因一时必有一势，所以又有此一时，彼一时，生不逢时等语流传。

最后，"审力"，不管时耶、势耶，如不审自己的实力所及，则无以成事。但一个"力"字又有极大的变数。有物质之力，有精神气势之力，有可借助之力，有一己之力；而且力在运用、运行中又有诸多变数。所以古今中外历史上多有百万雄师被几万人打败，几十人、几百人、几万人可胜几百人、几万人、几十万人的战例出现。概因力之变化、变数不测。

曾公所言以审力为先为贵，是对具体战事、战术而言，如此则当为不谬语。即使在战略布局上，也不可置"力"于不顾。最浅显的道理就是拿鸡蛋碰石头，无论如何是不行的。前面所讲的势本身就是一种大力。水能漂石，是其势之力，所以有"势力"之称。而且有势、机、力三者俱备，才可成事。小备成小事，大备成大事，不备则无以成事。勉强而为者，必事与愿违。

㊾

─── 致澄弟：教"上场"当念"下场"时 ───

〔**提要**〕这是曾公在湘军围困南京城时，于军营中给澄弟所写的一封家书。信中所述二事：其一，向看守家园的二弟曾国潢述及军中困境。时值病疫在围困南京的曾国荃军中与鲍超军中流行，南京一带尸横于路、积浮河中，河水井水皆不能饮用，饮用水需船于数百里外运来。军卒中"十病八九"。廖廖数语则备述军营之惨厉之境。其二，劝诫家弟不要置办田产，不要管地方公事；要"盛时常作衰时想，上场当念下场时"，这是曾公自入官场以来一以贯之的理念。

澄弟左右：

沅、霆两军病疫，迄未稍愈。宁国各属军民死亡相继，道殣相望，河中积尸生虫，往往缘船而上。河水及井水皆不可食。其有力者，用舟载水于数百里之外。臭秽之气中人，十病八九。诚宇宙之大劫，军行之奇苦也。

洪容海投诚后，其党黄、朱等目复叛，广德州既得复失。金柱关常有贼窥伺，近闻增至三四万人，深可危虑。余心所悬念者，惟此二处。

余体气平安。惟不能多说话，稍多则气竭神乏，公事积阁，恐不免于贻误。弟体亦不甚旺，总宜好好静养。莫买田产，莫管公事。吾所嘱者，二语而已。"盛时常作衰时想，上场当念下场时。"富贵人家，不可不牢记此二语也。

八月初四日

【注释品札】

> ### 西方人为什么讲上梯时不要忘记把脚下扫净？

曾国藩一生治家、治军两不忘怀。治家则时时不忘"盛时常作衰时想"；治军从政则时时不忘居高防颠，"上场当念下场时"。

也许正为此，曾氏家族累世其昌，曾公兄弟一生荣终。西方人有句名言说：上梯子的时候，别忘了把梯子打扫干净，以免下梯子时滑倒。真是绝顶深刻的官场箴言。官场之上的大人物们有多少都是在下梯子时滑倒的？尤其是西方那些大政客。多是上船容易下船难。每一步上梯时，都不干不净，所以下梯子时便步步滑。

治家须盛时防衰，无非是勤劳戒逸、俭朴忌奢；从政须居安思危，无非是于"步步高"之际，留心脚下干净，防下梯时"步步滑"而已。"上场当念下场时"，公职不过是一个社会角色，并不是你的"财富"，你不拥有"产权"。所有人的恭维，不是送给你的，而是送给那个职位的，所以千万别以为自己真的很了不起，千万别当真，千万别忘乎所以。你离职后所际遇的一切才是真实的，是你个人应得的，所以，为官之人，千万要活得本色，我就是我，职位权势都不过是演员的服装、道具而已，那是公用的，是集体财产。千万别把自己黏着其上，否则下场时也许会失去生存的勇气，会有许多失落。官场不过是一个舞台，而不是你的归宿之处。所以剧目与主角的更替，城头变幻大王旗是自然的事，也是早晚必得下场的必然。早清醒者早自安，多备伞者少挨淋。梯子一定要结实，要扫除干净，以免下不来房，或下房时摔倒。

⑤⓪
─ 致沅弟：教办大事者以多选替手为第一义 ─

〔**提要**〕该信为同治元年曾国藩劝曾国荃随着部队的不断壮大扩充，而提拔人才，各分统一军，才会有分有合，机动自如，便于指挥，而不能由一个人统帅一两万人。彭杏南是曾的表兄弟，曾国藩保荐他的目的就是帮曾国荃分统一部分军队，同时还要提拔可以分统一军之人。尽管可能没有令人满意之人，但也要选拔，慢慢锻炼成长，也总比一个人去统领要好。"办大事者，以多选替手为第一义"，其实，人这一生要想成就大事，必须要有三手——初入仕途一定要有"扶手"，发展阶段一定要有"帮手"，保证事业长兴不衰一定要选好"替手"。观曾国藩一生成功而全身之道，无非这"三手"。

沅弟左右：

水师攻打金柱关时，若有陆兵三千在彼，当易得手。

保彭杏南，系为弟处分统一军起见。弟军万八千人，总须另有二人堪为统带者，每人统五六千，弟自统七八千，然后可分可合。

杏南而外，尚有何人可以分统？亦须早早提拔。办大事者，以多选替手为第一义。满意之选不可得，姑节取其次，以待徐徐教育可也。

四月十二日

【注释品札】

曾国藩初入仕途的两大强力"扶手"

一些自负的人，有飞黄腾达之时，总以为自己多么能耐，其实，谁也离不开他人的扶持。正所谓："新竹高于旧竹枝，全凭老干为扶持。"曾国藩一生的成功有两个关键点：其一，仕途之初的快速成长，使其在同年中抢占先机，得顶端优势的马太效应；其二，自任两江总督、钦差大臣后，才真正拥有了施展他平生才学、胸襟、抱负的宽阔舞台，这是他一生的一个根本转折点。而在这两步上，先得重于当朝执政的旗人穆彰阿的鼎力扶持；后得益于当朝执政的旗人肃顺一言九鼎的保荐推助。而这两个人都不久坍台，且被朝廷肃清余党。但曾国藩竟然一点儿都没受株连之害，简直是罕见的政治奇迹。也足见曾国藩政治智慧之不凡。

曾国藩早年的飞黄腾达，由进士出身而进入仕途的一个山乡青年，在十年间便由一个小干事，迅速跃升到各部侍郎，这在清史上似乎可以与和珅相比肩。这期间自有其本人的素质在先，但更得益于当朝执政的穆彰阿。

曾国藩中进士那年的主考官是穆彰阿，自然有门生恩公之谊。而且穆彰阿又十分欣赏这个门生，便向道光皇帝推荐了他。道光皇帝看了他的卷子，也很欣赏，并朱笔一挥把他从第三名提升到了第二名。在穆彰阿的极力推荐下，道光皇帝便决定召见他。可是第一次召见，只让他一个人在大殿的厅堂里等了许久后，便说有事不见了，另行召见。曾回去后，穆彰阿便马上询问他所候见的地方，并问他都看到了什么。曾回答说：那里四壁都挂满了前朝皇训等字幅。穆又问他都记住了什么。曾说什么都没记住，也没细看。穆相爷急得团团转，许久才想出了补救的办法，拿了四百两银子去贿赂太监，把那个殿堂内的所有字幅内容全部抄了下来，交给曾国藩，让他认真熟记，并准备好皇帝可能就此等内容提出的问题。曾国藩觉得莫名其妙，但还是认真照办了。

果然，不久，道光皇帝亲自召见了这位青年，提出的问题真的全是那些字幅中的内容，曾国藩当然对答如流。道光帝相当满意，所以他很快被不断提升，十年间，在道光帝生前，由七品官连升七级，升到正二品。

道光死后，咸丰上台，前朝宰相穆彰阿被罢免。但由于曾国藩在一道奏折中毫不客气地批判了前朝的政事，尤其是用人制度，这等于虽然无心，而事实上便是批穆。而且曾国藩从来不在政治上去结成穆党，所以他并没有因穆的倒台而受株连，反而由于敢于对新皇帝直言，咸丰帝竟然在大光其火后，还让他陆续担任了礼、吏、兵、工、刑等部的侍郎，这在京城的汉官中是屈指可数的。而且不久，他还被差派到四川乡试任主考官。尽管他在政治上始终按照程朱理学的标准去做人处世，与老恩师穆彰阿并不株连结党，但他一生不忘恩师之情，从不逃避与穆家的私情。直到晚年，看到穆氏后人门庭冷落艰难，他仍旧去看望周济穆家后人。这也是他做人优秀之处。

曾国藩一生关键的第二步是被任命为两江总督。而他能得此舞台全凭了当朝执政的肃顺的一句话。曾国藩自咸丰三年于丁忧母丧期间，受命办团练协助地方同太平军作战算起，一直打到了咸丰十年。这七年间，曾国藩受尽了失败、歧视、诽谤、不信任的折磨，因为这七年他不过是一个"民兵"统帅，既受"国军"排挤，又得不到地方督抚的支持。朝廷对他也是可有可无。

直到1860年，即咸丰十年，清朝的"国军"主力"江南大营"彻底被摧毁，将、帅、督、抚走死逃亡，江南战局已不可收拾之际，朝廷才想起了曾国藩，让他以兵部尚书衔来出任两江总督。咸丰帝的本意是让胡林翼来当此重任，但当时主政的肃顺说：还不如让曾国藩来任两江总督，胡林翼继续在湖北，这样长江上下游两处都用得其人。正是在肃顺的鼎力荐举下，曾国藩先后得以兵部尚书、钦差大臣衔，实授两江总督，并奉旨督办苏、皖、赣、浙四省军务。凡大江南北军政要员、军事力量都服从他的指挥调度，由他来主持东南战局。可以说从此这个"民兵团长"，一跃成为假天子之权命统治半壁江山的"江南王"了。

这是他一生命运的一次根本性的转机，谈不上是福是祸，但至少是一种荣耀，是一个足够他演出的大平台。他的门客们都劝他应该感谢肃顺，至少写一封信表示感谢。但是，他思虑再三，并没有去践履这份"人之常情"。一年多以后，咸丰去世，同治继位，与两后、恭亲王一道阴谋诛杀了以肃顺为首的八位顾命大臣。朝廷在抄肃顺家时，搜出了两箱地方大员与肃顺交往的私人信件，但没有一封是曾国藩的，曾公由此又躲过了一劫。这也是曾国藩久历官场风波的过人之处。

是的，曾国藩的仕进之途无论如何离不开穆、肃这两个强有力的"扶手"帮扶之功。但为什么这两个执政大臣都会看中曾国藩呢？归根到底还是个人的德才能力在起决定作用。官场之上有三种人受上司赏识：其一，贤能之人，讲真话而不讲真心话的人；其二，善于投其所好的钻营逢迎之徒，把假话说得比真话还天衣无缝，而且不惜卑躬屈膝之人；其三，会行大贿送大礼之徒，真话、假话都无所谓的人。而曾国藩完全属于第一种人。所以他一生的腰杆直，理壮气粗，甚至敢于和朝廷叫板，敢于直指皇帝的过失而无所畏惧。尤其是到了同治年间，见了两宫、恭亲王后，他从骨子里看不起这些统治者。即使在晚年的唯命是从，也无非是明哲保身之道。

曾国藩成就功名的三大集团"帮手"

荀子讲过："君子生非异也，善假于物也。"意思是说：那些君子能成事，性情与他人没有什么不同的，不过是善于借助外物而已。那么曾国藩一生成就功业的建树，除了他的性情、修养、权术、心机，与那些腐败官僚、军阀政客有着极大的不同之外，主要在于他"善假于人"。没有舞台时，他便去借场子演出；拥有了一个平台后，他便马上寻找帮手，不断地为他人搭建平台。他不断地为他人搭台子，不断地招聘、提拔搜罗名演员。他只当导演，他从不直接去演出。从一进入军界开始就当设计师、创意者、总导演，从"民团"开始，就是如此，到后来更是如此。因为他有过自己一出场亲自演出就要砸场子的教训。

从创办湘军开始，终其一生，有三大集团力量，始终是他创业、开拓、建功的主要帮手。1.以文人、学者为核心的幕僚集团。这在清史上是最著名的幕府，连李鸿章、左宗棠都是他的幕僚出身，这里既是他的"办事处"，又是他的智囊团，而且是他的人才库，入幕的人多数成长为曾国藩一生事业的中坚骨干，乃至心腹力量、忠诚团队。2.以文武两途构成的军人集团。像彭玉麟那样的人才，当初不过是一介布衣文士，但他不惜三顾茅庐，也要把他弄到自己的帐下；而由湘军中提拔起来的督、抚、将、帅、提督、副将、参将、兵备道则不计其数，就像一棵大树遮天盖地。3.乡党亲友集团。兄弟、子侄、同年、同事、乡党、亲友中，那些凡是能办文牍的，能出谋划策的，能统军作战的，能筹办粮饷的，能从事政务军务的，都聚拢在他的身边。正是这些人构成了湘军这张滴水不漏之大网的经纬核心。所以，以致诸多湘军将领、大员，朝廷圣旨调不动，他一句话、一纸函墨便柳顺条杨。以上三个方面的人才，看一看清史咸同年间的列传与曾国藩的有关史料，便会清楚他为什么会成功了，无非一个"人"字，善假于人而已。而且他网罗人才不唯其众，而其广更是令人意想不到。举凡军、政、钱、粮、盐运、水师、陆师、文学、刀笔、外交、外事、科技人才无所不有。而且这些人才有许多都成了曾国藩身后支撑大清残局的梁柱。这也是曾国藩身后无以泯灭其名其事的一个重要原因吧。

能运用他人能力的人便有改天换地的能力；能运用他人智慧的人，便拥有通鬼神的智慧；能把所有力量凝聚汇集在一起的人，便拥有摧毁千难万险铁壁铜墙的力量。曾国藩差不多就是这样的人，只可惜他仍旧是一支只能在腐败无能而又疑心重重的清朝统治者给他划定的一个笼子里打转的猎鹰。所以到了晚年，他已失望、绝望到听天由命的地步。这是历史的局限，更是他个人悲剧所在。

曾国藩得以终生不倒的两大"替手"

居官之人不断地寻找"替手"，既是他得以不断升迁之途，也是他得以全身而退的一种政治智慧，更是不断扩大自己生命领域、延长自己政治生命周期的唯一坦途。

　　曾国藩把家务事管理的长子权利与责任义务全部交给了弟弟曾国潢，所以他可以终生在外面打天下，而无后顾之忧；他不断地提拔、保荐湘军将帅，所以他一到危难之际，不仅八方来援，而且都直接向朝廷施加压力，所以他总能转危为安、退而复出，终生不倒。就像高尔夫的球托一样，由于他甘愿托球，所以那些球有被抛弃的时候，而球托永远不可或缺。

　　而他一生最大的两个替手，一个是左宗棠，一个是李鸿章。这两个人不但为他分担了他在战场一半以上的压力，而且李鸿章终其一生都是在奉行曾国藩的战略与规划，这等于延长了他的政治生命周期。这也许正是尽管这两个替手都对他并不忠心耿耿，也不能令他满意，但他仍旧不遗余力地为他们垫底，为他们张目，不断重用提拔他们的原因之所在吧。所以在曾国藩百年之后，二者在公众面前仍不敢不坚执弟子之礼，力尽袍泽师生之谊。

　　半部论语治天下之言未必，而曾国藩之道思权谋却足以支撑起成大事业者的一生。

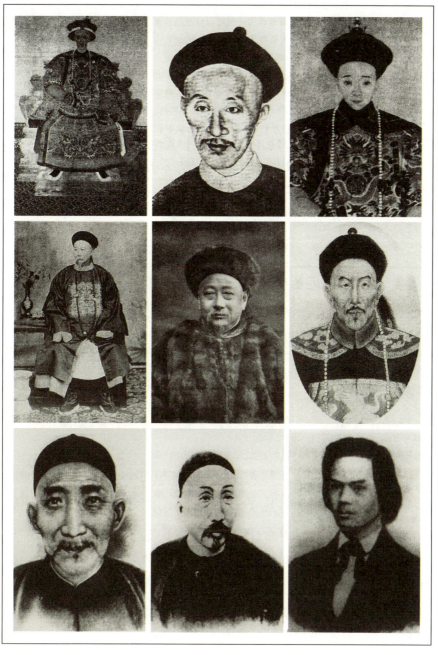

曾国藩的扶手、替手、帮手集团的冰山一角

第一行：左为道光帝，中为穆彰阿，右为咸丰帝
第二行：左为李鸿章，中为郭嵩焘，右为彭玉麟
第三行：左为莫友芝，中为刘铭传，右为容闳

51

谕纪泽、纪鸿：教早起、有恒、重厚三要务

〔**提要**〕此处所辑四信都是曾公寄二子的家书。四封信中的主旨都是教子言谈举止要讲究一个"重"字。无论容貌气质、走路、讲话，都要重厚，不可轻浮。同时教子以早起、有恒、重厚为三要务。

字谕纪泽儿：

接尔十九、廿九日两禀，知喜事完毕，新妇能得尔母之欢，是即家庭之福。

我朝列圣相承，总是寅正即起，至今二百年不改。我家高、曾、祖、考相传早起，吾得见竟希公、星冈公皆未明即起，冬寒起坐约一个时辰，始见天亮。吾父竹亭公亦甫黎明即起，有事则不待黎明，每夜必起看一二次不等，此尔所及见者也。余近亦黎明即起，思有以绍先人之家风。尔既冠授室，当以早起为第一先务。自力行之，亦率新妇力行之。

余生平坐无恒之弊，万事无成。德无成，业无成，已可深耻矣。逮办理军事，自矢靡他，中间本志变化，尤无恒之大者，用为内耻。尔欲稍有成就，须从"有恒"二字

下手。

余尝细观星冈公仪表绝人，全在一"重"字。^①余行路、容止亦颇重厚，盖取法于星冈公。尔之容止甚轻，是一大弊病，以后宜时时留心。无论行坐，均须重厚。早起也，有恒也，重也，三者皆尔最要之务。早起是先人之家法，无恒是吾身之大耻，不重是尔身之短处，故特谆谆戒之。

吾前一信答尔所问者三条，一字中换笔，一"敢告马走"，一注疏得失，言之颇详，尔来禀何以并未提及？以后凡接我教尔之言，宜条条禀复，不可疏略。此外教尔之事，则详于寄寅皆先生看、读、写、作一缄中矣。此谕。

十月十四日

字谕纪泽、纪鸿儿：

十月廿九日接尔母及澄叔信，又棉鞋、瓜子二包，得知家中各宅平安。泽儿在汉口阻风六日，此时当已抵家。举止要重，发言要讱。尔终身要牢记此二语，无一刻可忽也。

余日内平安，鲍、张二军亦平安。左军廿二日在贵溪获胜一次，二十九日在德兴小胜一次，然贼数甚众，尚属可虑。普军在建德，贼以大股往扑，只要左、普二军站得住，则处处皆稳矣。

泽儿字天分甚高，但少刚劲之气，须用一番苦工夫，切莫把天分自弃了。家中大小，总以起早为第一义。澄叔处此次未写信，尔等禀之。

十一月初四日

字谕纪泽、纪鸿儿：

今日专人送家信，甫经成行，又接王辉四等带来四月初十之信，尔与澄叔各一件，藉悉一切。

尔近来写字总失之薄弱，骨力不坚劲，墨气不丰腴，与尔身体向来"轻"字之弊正是一路毛病。尔当用油纸摹颜字之《郭家庙》、柳字之《琅琊碑》《玄秘塔》，以药其病。日日留心，专从"厚重"二字上用工。否则字质太薄，即体质亦因之更轻矣。**人之气质由于天生，本难改变，惟读书则可变化气质。**②古之精相法，并言读书可以变换骨相。欲求变之之法，总须先立坚卓之志。即以余生平言之，三十岁前最好吃烟，片刻不离，至道光壬寅十一月二十一日立志戒烟，至今不再吃。四十六岁以前作事无恒，近五年深以为戒，现在大小事均尚有恒。即此二端，可见无事不可变也。尔于"厚重"二字，须立志变改。古称金丹换骨，余谓立志即丹也。此嘱。

四月廿四日

字谕纪泽：

前接来禀，知尔抄《说文》，阅《通鉴》，均尚有恒，能耐久坐，至以为慰。去年在营，余教以看、读、写、作，四者缺一不可，尔今阅《通鉴》，算"看"字工夫；抄《说文》，算"读"字工夫。尚能临帖否？或临《书谱》，或用油纸摹欧、柳楷书，以药尔柔弱之体，此写字工夫，必不可少者也。尔去年曾将《文选》中零字碎锦分类纂抄，以为属文之材料，今尚照常摘抄否？已卒业否？或分类抄《文选》之词藻，或分类抄《说文》之训诂，尔生平作文太少，即以此代作字工夫，亦不可少者也。尔十馀岁至二十岁虚度光阴，及今将"看""读""写""作"四字逐日无间，尚可有成。尔语言太快，举止太轻，近能力行"迟""重"二字以改救否？

此间军事平安。援贼于十九、二十、廿一日扑安庆后濠，均经击退。廿二日自巳刻起至五更止，猛扑十一次，亦竭力击退。从此当可化险为夷，安庆可望克复矣。余癣疾未愈，每日夜手不停爬，幸无他病。皖南有左、张，江西有鲍，均可放心。目下惟安庆较险，然过廿二之风波，当无虑也。

七月廿四日

【注释品札】

"仪表绝人，全在一'重'字"

①"全在一'重'字"句：曾国藩在第一信中教刚刚结婚的纪泽说：我曾经仔细观察我的祖父星冈公之所以仪表不凡，比一般人都要有威严，都在一个"重"字上。我的走路迈步、脸色表情、举止行为的厚重，都是从他身上学来的。而你的表情、举止轻浮，是一大弊病，以后应该时时留心，要站有站相、坐有坐相，都要显得重厚。在第二信中说："举止要稳重，说话要慎重，你要终生记住这两点，一刻不可忽略。"在第三信中则指出他的书法笔力薄弱、墨气不丰也与他的"身体向来轻字之弊正是一路之毛病"，所以要从临摹那些刚劲的字帖来治轻字之病，要"专从'厚重'二字上用工"，否则连体质都要变轻。在第四信中又说纪泽：你语速太快，举止太轻浮，你能不能尽自己所能去实行，说话要慢一点，行为要持重一些，不知你是否改正啊？如此的三令五申，耳提面命，可见曾公对持重、稳健的重视。

青年时代公众形象之"四忌"

古人讲老要张狂少要稳。人在青壮年时代血气方刚，无论言语、举止、行为、思维都灵便快捷，而且心理也年轻快乐。这是天赋人生黄金季节的宝贵财富。但凡事一过分就要有副效应。诸如：语速太快，行走太急，动作幅度太大太夸张、表情态度放肆、变化太快，都会招人反感，甚至影响对你的本质评价。但凡事总有度，如控制过度，则有装腔作势之嫌。青年时代在社会场合切忌快语、急行、动幅过大、笑虐轻肆，总是要有所留心是否得体、合时宜为要。过于拘泥总显呆板别扭，过于轻肆旁若无人则有失庄重。而自失其重，人必看轻。这是定理。

改变自身气质的两个办法

②"惟读书则可变化气质"句：曾国藩在第三信中讲道：人的气质，由于天生，本难改变，只有读书才可以改变人的气质。同时必须有恒心坚志去改变自己的毛病。这是曾国藩教给他儿子改变气质的两个办法：其一，读书以充实自己；其二，下决心改正自己的不良习惯。读书的目的无非有三：其一，增知益智；其二，明理祛愚；其三，修身正行。自己心中有学养、有知识、有文化底蕴，又能知人、知事、知理。这种文化涵养与道理自然会使人的外表流泻出自然之态，让人很有底气之感。举止行为自然都会合于规范、合于礼仪，自然会让人有很舒服的感觉。这就是一个人气质的由来，气质的影响力。

人的气质自有生理机制的先天遗传基因给定，但并不是不可变的。所以曾国藩一生讲修为之功。人知书达理要用于自身的修养之上。尤其应该有克服、改正自己不足之处的勇气。如此才会有自我气质境界的不断提升。

气质决定命运，"抛光术"决定气质

气质如何，对于一个人一生的命运很重要，有时会起某种决定性作用。所以英国18世纪的外交官国务大臣切斯特菲尔德告诉他的儿子说："总而言之，我一而再地建议你，要做得'有风度'。否则，你就没有朋友，你的优秀品质也会丧失一半功效。"所以他一生教导其子在外表的气质修为方面下功夫是值得的，并称这种修为功夫为"抛光术"，并以雕刻家的手艺比金子本身值钱的比喻，来说明气质修养的价值。他认为再好的金玉珠宝，如果不经过冶炼、雕琢、抛光，那么再珍贵也不过是一块脏兮兮的矿石，而经过加工后便可登大雅之堂，且身价倍增。这也许正是曾国藩为什么努力学习他祖父星冈公的仪态、举止、言行，并三令五申、耳提面命且毫不客气、毫不放松地严格督勉两个儿子注重气质修为，要努力做到"仪表绝人""无论坐行，均须重厚"，连语速走路都要讲稳重的原因所在吧。

⑤52

致沅、季二弟：教自概之道无非
"劳""谦""廉"三字

〔**提要**〕这是曾公在皖南前线致曾国荃、曾国葆二弟向他索要军需物资的一封复信。主旨却仍是与二位领军的弟弟谈修身之道。同时批评了弟弟们的骄矜之处，引经据典论人我之际如何自处、他处。并论及其害处。尤其指出兄弟三人在军中分为将相，各领数千、数万、数十万大军，于近世之中没有几家。正处阖门鼎盛之时，尤当以自谦自律，免招祸尤。又讲述了天概、人概、自概之利害。要二弟自修则以劳、谦、廉三字为坚守，对人则以谦字四端为克治。

沅、季弟左右：

　　帐棚即日赶办，大约五月可解六营，六月再解六营，使新勇略得却暑也。抬小枪之药，与大炮之药，此间并无分别，亦未制造两种药。以后定每月解药三万斤至弟处，当不致更有缺乏。王可升十四日回省，其老营十六可到。到即派往芜湖，免致南岸中段空虚。

　　雪琴与沅弟嫌隙已深①，难遽期其水乳。沅弟所批雪信稿，有是处，亦有未当处。弟谓雪声色俱厉。**凡目能见千里而不能自见其睫，声音笑貌之拒人，每苦于不自见，苦于**

不自知。雪之厉，雪不自知；沅之声色，恐亦未始不厉，特不自知耳。曾记咸丰七年冬，余咎骆、文、文、者待我之薄，温甫则曰："兄之色，每予人以难堪。"又记十一年春，树堂深咎张伴山简傲不敬，余则谓树堂面色亦拒人于千里之外。观此二者，则沅弟面色之厉，得毋似余与树堂之不自觉乎？

余家目下鼎盛之际，余忝窃将相，沅所统近二万人，季所统四五千人，近世似此者曾有几家？沅弟半年以来，七拜君恩，近世似弟者曾有几人？日中则昃，月盈则亏，吾家亦盈时矣。管子云："斗斛满则人概之，人满则天概之。"余谓天之概无形，仍假手于人以概之。霍氏盈满，魏相概之，宣帝概之。诸葛恪盈满，孙峻概之，吴主概之。待他人之来概而后悔之，则已晚矣。吾家方丰盈之际，不待天之来概、人之来概，吾与诸弟当设法先自概之。

自概之道云何？②亦不外"清""慎""勤"三字而已。吾近将"清"字改为"廉"字，"慎"字改为"谦"字，"勤"字改为"劳"字，尤为明浅，确有可下手之处。沅弟昔年于银钱取与之际不甚斟酌，朋辈之讥议菲薄，其根实在于此。去冬之买犁头嘴、粟子山，余亦大不谓然。以后宜不妄取分毫，不寄银回家，不多赠亲族，此"廉"字工夫也。"谦"之存诸中者不可知，其著于外者，约有四端：曰面色，曰言语，曰书函，曰仆从属员。沅弟一次添招六千人，季弟并未禀明，径招三千人。此在他统领所断做不到者，在弟尚能集事，亦算顺手。而弟等每次来信，索取帐棚子药等件，常多讥讽之词、不平之语，在兄处书函如此，则与别处书函更可知已。沅弟之仆从随员颇有气焰。面色言语，与人酬接时，吾未及见，而申夫曾述及往年对渠之词气，至今饮憾。以后宜于此四端痛加克治，此"谦"字工夫也。每日临睡之时，默数本日劳心者几件，劳力者几件，则知宜勤王事之处无多，更竭诚以图之，此"劳"字工夫也。

余以名位太隆，常恐祖宗留诒之福自我一人享尽，故将"劳""谦""廉"三字时时自惕，亦愿两贤弟之用以自惕，且即以自概耳。

湖州于初三日失守，可悯可敬。

五月十五日

【注释品札】

虽千里之目而不能自见其睫

①"雪琴与沅弟嫌隙已深"句：雪琴是彭玉麟的字。曾国荃对湘军诸将多不尊重，但彭玉麟从来不买他的账。后来彭玉麟写好了弹劾曾国荃的奏章，要上告朝廷。但彭玉麟十分光明，先把折子送给了曾国藩过目。彭玉麟与曾国荃闹到如此水火不容的地步，当是让曾国藩十分头疼难处之事。一为湘军水师之统帅，一为湘军陆军之主力；一为股肱臂助之心腹，一为同胞兄弟。曾公也只能一方面以严责其弟而解之，一方面也狠狠地教训了彭玉麟一番。

彭玉麟，自幼长于文字。知府见到他的文章很以为奇，招聘入府读书。地方匪患生，随地方武官剿匪有功。大上司以为他是武官，让他去营中为官，他辞官不就。后来到耒阳县为他人经营商务。太平军来攻，彭将所经营资财倾家助县令招募乡勇自卫，使县城得以保全。上司要记功于他，但他不要功名，只要把他出的钱还给他就可以了。因为这财产都是业主的，他要对那些业主负责。此事让他在湖南很知名，连曾国藩都闻其名其事。

咸丰三年曾国藩于湖南创办水师，命他自领一营。但十营之中的统领都是武人，因此有事都向他请示。曾国藩也十分赏识他，便任命他与杨载福二人共统水师。而湘军水师战功卓著、名闻天下，多以彭之功为巨。他先后追随曾国藩二十余年，但只愿专治水师，对于朝廷所封之官——推辞不就。彭玉麟率水师作战有勇有谋，有所成就。胡林翼称其"忠勇冠军，胆识深毅"。

曾国藩被太平军主力困于江西南昌时，彭玉麟正在家乡休假。闻召则急赴救援。但因道途皆为太平军所阻隔，竟然徒步只身越数百里穿过敌占区而至南昌。因有"芒鞋千里"以救曾公之美谈。湘军水师曾为太平军在湖口之战中，在湖、江交汇处筑垒隔断为内湖、外湖两部。用夜袭火攻把湘军水师拦腰截断而首尾难顾。而困于湖中的水师竟久不得出。直到近三年之后，才由彭玉麟率师血战，冒着敌军的炮火，被毁十余船，仍前仆后继，才打开外江与内湖的通道，使湘军水师外江与内湖两部才得会师，军中"欢声雷动"。而彭玉麟于血战之中，愤然下令道："此险不破，我不会让将士独死，也不会让怯战者独生。"正由此心、此力，才使被分割之湘军水师历三年之久才得会师合一。后屡立大功，为水军统帅。又配合曾国荃攻破南京。又先后协助曾国藩创太湖水师、长江水师。朝廷屡加之兵部侍郎、太子少保、漕运总督、安徽巡抚等职，均一一辞之不受，仍专治水师于军中。南京克后，战事稍平。他便上疏，因其服孝未终三年之制，便从军效力。此时战事已平，应回家补服三年之孝。奏疏言辞恳切，朝廷准其回乡守孝。同治八年

（1869年）回衡阳老家后，"作草楼三重，布衣青鞋，时住母墓，庐居三年不出"，以终三年孝制。同治十一年，诏令其复出，检阅整顿已多所废弛的长江水师。授兵部侍郎，仍辞不就官，只受命治理水师而已。

光绪七年，命署两江总督，九年升兵部尚书，均坚辞不受，只留督江防、海防一事为己任。光绪十一年以病求退休，仍不许。光绪十四年仍扶病巡阅水师。光绪十六年（1890年）病逝，享年七十三岁。追赠太子太保，依尚书例给予抚恤。谥号刚直，命于立功地建专祠祭祀。

对于彭玉麟这样刚直之士与其弟发生矛盾，那么曾国藩怎样处理的呢？只能说服自己的弟弟了。在信中一方面说曾国荃所言有对的地方，也有不对的地方。你说彭玉麟脸色难看，声色俱厉，那你就比他的脸色好看吗？对此，人多不自觉，"凡目能见千里，而不能自见其睫，声音笑貌之拒人，每苦于不自见，苦于不自知"。曾公所言之理确为人之通病。正由于不见、不知己之短处，便不能容人之短；不见、不知他人之长处，所以多自以为长、自以为是。所以，自见自知当为一个人立身内修之功夫，而不可只知责怪他人。

为官应识进退以全身，善藏短以养长

读《清史稿》彭玉麟列传，感人之处实多。而其于南京战事克平，创建长江水师后，朝廷给长江水师以独立建制，升格为方镇，专设提督军职来统管。彭即于同治七年（1868年），向朝廷请求回乡守孝。奏疏中论官场进退之理，尤发人深省。其在奏疏中讲道：

臣尝闻士大夫出处进退，关系风俗之盛衰。臣之从戎，志在灭贼，贼已灭而不归，近于贪位。长江既设提镇，臣犹在军，近于恋权。改初心，贪恋权位，则此前辞官，疑是作伪。三年（守孝）之制，贤愚所同，军事已终，仍不补行终制，久留于外，涉于忘亲。四者有一，皆足以伤风败俗。夫天下之乱，不徒在盗贼之未平，而在士大夫之进无礼，退无义。伏惟皇上中兴大业，正宜扶树名教，整肃纪纲，以振起人心。况人之才力聪明，用久则竭。若不善藏其短，必致转失所长。古来臣子，往往初年颇有建树，而晚节末路隕越错谬，固由才庸，亦其精气竭也。臣每读史至此，窃叹其人不能善藏其短，又惜当日朝廷不知善全其长。知进而不知退，圣人于易深戒之，固有由矣。

彭玉麟疏中所言，可为官场中人所深戒。尤其关于人之才力、聪明总有用之而竭之时。人当善于藏其短而全其长，知进知退之论，自可为贪位、恋权者之大戒。《三国志》王昶传中有言："患人知进而不知退，知欲而不知足，故有困辱之累，悔吝之咎。"意思是说：可为忧虑的是人往往只知道进而不知道退，知道自己的欲望而不知足，因而必有遭受困境耻辱而后悔不及那一天。然而，古今官场之上，激流勇进者实多，激流勇退者实少。而如彭玉麟只求做事，而不贪位、不恋权，且"治军十馀年，未尝营一瓦之覆，一亩之殖"，如此不问舍、不求田、不爱钱财者，实为凤毛麟角，不愧称玉麟者。这也正是他一生名贯朝野、事功卓著，而能得以全身保家，得以善终、青史留名之关键所在吧。封疆大吏之重权，而不足以令其斜视；一品大员之高位，而不足以动其素志；田舍财物之巨利，而不足以诱之以趋跌，古今能有几人？乱世不仅出英雄，亦出奇士。为官者可以不慕英、不慕奇，但总该有人之所以为人之正道方可。

自概之道有三："廉""谦""劳"

②"自概之道云何"句："自概"即自治、自制、自省、自律之意。"概"者即古之用以刮平斗升之木板，为斗升治平之工具。先秦管子曾说："斗斛满则人概之，人满则天概之。"意思是说：在量米的时候，斗斛装得冒尖了，就有人拿着"概（刮平用的木板）"把它刮平了；人如果太冒尖了，那么老天就会出面把它刮平了。无非在讲天道忌盈，人道也忌满。曾国藩在信中说：天概是无形的，天的惩罚也只能假手于人来完成。可是等到他人来"概"时，后悔也来不及了。我家正是丰盈之际，何必等天、人来"概"呢？我们兄弟何不自己动手把它"刮平"呢？

那么什么是"自概之道"呢？曾公讲，不外乎"清""慎""勤"三字而已。我最近把这三个字改为"廉""谦""劳"了。所谓"廉字功夫"，即不妄取分毫钱财，不寄银回家，不多赠亲族；所谓"谦字功夫"无非在外待人之"四端"——面色要亲和；言语要谦和；书信行文要不过激、要语气平和；仆从随员要管好，不可气焰嚣张、仗势凌人。所以待人以谦要于此四端"痛加克治"。所谓"劳字功夫"即每日睡前细数今日劳力、劳心者有几件，由此来自知并没干多少事，所以更思勤奋努力。这就是曾氏"自概之道"的三等功夫——廉、谦、劳。

待人以谦之四端：色、言、函、仆

曾氏自概三道中，尤以谦字功夫之四端取为切要。一端为色：脸色不好看，让人讨厌，口中不言也以心腹非之，在心里骂你，为不言而拒人于千里之外者。二端为言：说话不好听，让人反感，损人尊严、必有反动随之，不仅反唇相讥，亦时时思以报复。以口伤人者极易极多，且中毒最深，记恨最长。三端为函：书信往来，语言不慎、口气不对、措辞偏激、出言不逊、刻薄，均是惹人不快之处。四端为仆：仆人随从的狐假虎威、傲气凌人、气焰嚣张，人们都会把账记到主人头上，自会推而论之，仆人随从尚如此，主人怎样自可想而知。曾公虽出将入相，但终归起身于底层，自幼家风陶冶、家教育化，所以对人情世故、人心揣度自是入木三分，言之大有理在，闻之亦大有补益。此四者都是为官者修齐治平之要言至道。

胡林翼杯酒一跪释彭、杨之前嫌

湘军中多悍将，虽情义很深，但曾国荃与人多不和谐。彭玉麟也不省油，与杨载福同为湘军水师创始人、领导者，但二人曾一度紧张到不共戴天一般。后来到了武汉，胡林翼请二人一叙，两个人一见面竟然扭头便走。胡林翼硬把二人拉坐一起，斟满三杯酒，请二人上座，自己则撩衣跪在地平川，双手擎杯请二人大局为重，同舟共济。胡林翼何等身份啊？唬得二人连忙同跪干杯，从此前嫌尽释。为长官者屈己待人自能感化他人，而能臣干将之间何必互相耿耿呢？

53

致沅、季二弟：教自强与刚柔之道

〔**提要**〕这是曾公劝诫诸弟面对社会诸多不公不平之现象及刚柔互用的一封家书。信中讲道：这些不好的现象由来已久，并不是现在才发生的。人是需要自立自强的，但也不能太嫉恶如仇。天地之道本来是刚柔互用，二者不可偏废。太刚了则容易折断，太柔了则容易软弱可欺。但刚并非暴虐，柔也不等于卑弱。待人处世当刚则刚，当柔则柔，才是长久之道。

沅、季弟左右：

沅于人概、天概之说，不甚厝意，①而言及势利之天下、强凌弱之天下。此岂自今日始哉？盖从古以然矣。

从古帝王将相，无人不由自立自强做出。即为圣贤者，亦各有自立自强之道，故能独立不惧、确乎不拔。昔余往年在京，好与诸有大名大位者为仇，亦未始无挺然特立、不畏强御之意。近来见得天地之道，刚柔互用，不可偏废。太柔则靡，太刚则折。刚非暴虐之谓也，强矫而已；柔非卑弱之谓也，谦退而已。趋事赴公，则当强矫；争名逐利，则当谦退。开创家业，则当强矫；守成安乐，则当谦退。出与人物应接，则当强矫；②入与妻孥享受，则当谦退。若一面建功立业，外享大名；一面求田问舍，内图厚实。二者皆有盈满之象，全无谦退之意，则断不能久。此余所深信，而弟宜默默体验者也。

五月廿八日

【注释品札】

"天概"不平，"人概"自公

①"沅于人概天概之说，不甚厝意"句：沅即指其四弟曾国荃，此人于曾氏兄弟中最为强悍暴烈，无论是家中还是军中，曾公虽多所教责，但终让他三分，很少相强。"概"字，本为古代人用来刮平斗升的工具，是一块木板，斗升装米过满时，用它来刮平。所谓"人概、天概"大抵为不论人道天道都自有公道在的意思。"不甚厝意"是不太在乎、不以为然之意。

社会生活中存在的势利天下、强弱不公、贫富不平、穷达无由等诸多让人气难平的事，是自古以来就存在的。而英雄掣肘、壮士扼腕、遗贤在野而龙盘虎卧、肖小横行，小人得志、步青云如拾芥籽的事，在古今官场之上，更是司空见惯的混闲事。你就是断尽江南刺史肠，江州司马青衫湿，也无法改变，那么何不去正视呢？翻开古今中外的历史篇章，哪一页都是人间、官场的不平之事，那些操有生杀予夺权柄的帝王将相又能奈何于此呢？有时他们就是制造者，有时他们也是受害者，难逃自己手造的荼毒。更何况一介布衣百姓呢？人如果能做到面对现实，管好自己，不去趋炎附势，不去制造不公平，不去为虎作伥，不去同流合污，而日思为官一任、造福一方，无力时独善其身，有余时接济他人，通达时便致力于兼济天下，便是人生、官场之中的大境界了。而且我们应该相信"人概、天概"之说，公道可能不在天，因为天不知道人间的真伪，而公道自在人心。我们既要相信大数法则，也应相信多数法则。

刚柔皆当以利害成破为转移

②"出与人物应接，则当强矫"句：此处之强矫，绝非指强硬、强势、强霸、不讲道理。曾公此"强矫"出于《中庸》第十章。子路问孔子什么是强。孔子说：强与强是不同的，南方人以柔力胜人为强，这对于中道而言为不及，不能称为强；北方人以勇力武胜为强，睡觉都躺在兵器上，就是死于战争也不后悔，这对于中道而言太失之于过，也不能称为强。只有那种亲和大众而不与失理者同流合污；中立而不偏倚；国家有道时，他能居高位而不变操守，善于处顺境；国家无道时，他能够安贫乐道，不改操守，善于处逆境。以上四种人的做法都是合理的，是应有的强啊。这才是"强矫"。所以强矫之本意乃是坚守中道哲学，不因外境变化而改变自己，能不偏不倚去待人处世，这才是"强"。所以他下面便讲刚柔并用之道。

曾公此篇旨在教谕诸弟如何以刚柔并济去待人处世及如何用刚使柔。曾公在入朝之初，常与人不相容，而且极易和那些名高位重的人发生冲突、矛盾。但他很知道哪些人决定他的命运，所以他的一生仕途相当顺遂。他认为天地之道本为刚柔并用，不可偏废。过于刚强、刚直、刚正，便容易受挫折；而过于柔，则容易变得软弱卑懦。所以，不分青红皂白，不论时势场合，一味地暴烈、不妥协、不屈服，既不是刚，也不是强，而是鲁莽灭裂，不讲方法艺术，毫无修养。而柔之意，也不是指无原则的放弃与胆小怕事，而是一种以柔克刚、以柔成事的至强。此道此理，老子讲得最为明晰："夫唯不争，而天下莫能与之争。"水虽至柔而攻无不克，没有能战胜它，伤害它的。而"强梁者不得其死——吾将以为教父。"因为无论做人处世，太强势、太强横、太刚烈了，都会招致众人的反对，招致攻击，成为众矢之的。

至于刚柔强弱在社会生活中的运用，则无一定之规。一切皆当以成事、成功、有理、有利、有节为转移。蔺相如面对秦王怒发冲冠，得以完璧归赵，便是强得其所，以强制胜；与廉颇狭路相让，退避三舍，而不顾他人讥笑与否，而收将相和之功效，终令老将负荆请罪，便是柔得其所、以柔克刚、以弱胜强、守弱致强。是以无论用刚用柔，都应以利害成破为转移，而不可任性而为。

54

致沅弟：教君子大过人处唯虚心而已

〔**提要**〕这是曾国藩在攻克南京之前，给曾国荃写的一封诚勉家书。信中所言：其一，关于在金陵城下铸炮之事，以为不妥；其二，劝曾国荃不要急求攻克南京，要等待时机；其三，劝曾国荃一定要改正不听人言、自以为是的毛病，尤其不能只喜欢听符合他心思的话，而把不合他心意的话都当成逆耳之言。

沅弟左右：

丁道前二年在福建寄信来此，献硼炮之技。去年十一月到皖，已试验两次，毫无足观。居此半年，苟有长技，余方求之不得，岂肯弃而不用？至欲在雨花台铸炮，则尽可不必。

凡办大事，以识为主，以才为辅；凡成大事，人谋居半，天意居半。①往年攻安庆时，余告弟不必代天做主张。墙濠之坚，军心之固，严断接济，痛剿援贼，此可以人谋主张者也。克城之迟速，杀贼之多寡，我军士卒之病否，良将之有无损折，或添他军来助围师，或减围师分援他处，或功隳于垂成，或无心而奏捷，此皆由天意主张者也。譬之场屋考试，文有理法才气，诗不错平仄抬头，此人谋主张者也。主司之取舍，科名之迟早，此天意主张者也。若恐天意难凭而广许神愿，若恐人谋未臧而多方设法，皆无识者之所为。弟现急求克城，颇有代天主张之意。愿弟常存畏天之念，而慎静以缓图之，则善耳。

弟于吾劝诫之信，每不肯虚心体验，动辄辩论，此最不可。吾辈居此高位，万目所瞻。凡督抚是己非人、自满自足者，千人一律。君子大过人处，**只在虚心而已**。**不特吾之言当细心寻绎，凡外间有逆耳之言，皆当平心考究一番**。故古人以居上位而不骄为极难。②

七月廿一日

【注释品札】

办大事以识为主，成大事人天各半

① "人谋居半，天意居半"句：这是曾国藩劝其弟不要太急于攻克南京城的话，认为凡事之成败迟早，人谋占有一半，天意占有一半。攻城略地的迟早与兵力状况都有关系，而不是你想什么时候攻克就能攻克的。战争中有些事可以由将帅之主观意志来决定，有些事则完全要靠条件成熟才行。曾国藩的这种观点至少是唯物的、辩证的。尤其是他讲的"凡办大事，以识为主，以才为辅；凡成大事，人谋居半，天意居半"，足可为那些恃才傲物、主观任性、一意孤行的领导者诫。

凡办大事者，首先贵于有见识；凡成大事者，必使主客观相吻合。

虚心在于纳言，位尊尤须守卑

②"居上位而不骄为极难"句：这是曾国藩批评曾国荃的话。曾国藩此信中的两句话可谓至理名言：其一，居高位者"是己非人，自满自足者，千人一律"；其二，"居上位而不骄为极难"，这便是古人所说的"处尊守卑者难"。所以他劝曾国荃要认真听他的话，而不许总是和他辩论。"君子之大过人处，只在虚心而已"，不但我的话你要听，别人的话也要听。尤其对那些不合你心思的话，一定要认真考虑是不是有道理，而不能只听合你口味、合你心思的话，更不能把不合你心思的话当成逆耳之言。

55

── 致沅弟：教其痛改恶习，慎于用人 ──

〔**提要**〕此信为曾公在两江总督任上写给曾国荃的一封家书。信中告诫他要改正"用人太滥，用财太侈"的恶习。尤其在用人上，不能因为喜欢他便看不到他的缺点。

沅弟左右：

接弟腊月专丁一缄，具悉一切。

弟于十九日敬办星冈公拨向事件，起行来营，月杪或可赶到。少荃准于二月杪赴镇江。弟能早十日赶到，则诸事皆妥。除程学启外，少荃欲再向弟处分拨千人，余亦欲许之，不知弟有何营可拨？渠赴镇江，即日将有悍贼寻战。新勇太多，实不放心。弟进攻巢县、和、含一带，不妨稍迟。待新军训练已成，再行进兵可也。

用人太滥，用财太侈①，是余所切戒阿弟之大端。李、黄、金本属拟不于伦。黄君心地宽厚，好处甚多。而此二者，弟亦当爱而知其恶也。在安庆未虐使军士，未得罪百姓。此二语，兄可信之。拼命报国，侧身修行。此二语，弟亦当记之。余近日平安。幼丹抚江，季高抚浙，希庵抚皖②，应不至

正月十四日

【注释品札】

用人当爱而知其恶

① "用人太滥，用财太侈"句：这是曾国藩对曾国荃恶习最中肯的评价。曾氏兄弟中，曾国潢、曾国荃完全属于乡间豪强之徒，尤其曾国荃好勇斗狠，就是军旅官场之上也是既贪狠，又不善与人处者，纯粹是一个"强梁者不得其死"之辈。如无曾国藩软硬兼施情理并重之严兄之保护，早已不死于官场便死于沙场了。因为他用人太滥，所以其兄教导他一定要"爱而知其恶"，而不可以护短姑息。曾国藩毕竟于大儒之列而改入军旅的，因而十分注重军队的风纪、素质。而他所缔造的湘军在战争中异变到丧失人性的状况，令他十分失望，这也是让他在战后痛下决心，遣散湘军的一个重要原因。尤其是曾国荃所指挥的湘军更是令人发指。

用大人才撑开大局面便是为官最大手笔

② "幼丹抚江，季高抚浙，希庵抚皖"句：以沈葆桢任江西巡抚，李续宜任安徽巡抚，左宗棠任浙江巡抚，由曾国荃主持围攻南京的战局，自己则坐镇于长江边上的安庆大营，以江苏为中心，居中指挥，调度大江南北的人力、财力、军力、物力；手中握有鲍超陆军，彭、杨水师这两支拥有最强战斗力与机动力的机动部队应急增援；还有一个李鸿章兄弟分主湖南、

湖北、上海战事。这就是曾国藩后期主持东南战局以来的基本布局。

为政之要，不在事无巨细，而在"纲举目张"，曾国藩可谓深得个中三昧，偌大的东南数省战局，只用几个人便轻轻撑开。而所用之人，都是自己的心腹、幕僚出身，都是自己于湘军中一手提拔的文武兼备之大才者。而这些人每个手下，又都同样拥有一批能员干将分统各军，上下一切如臂使肘，焉有不成之局？这是曾国藩在东南战局之上得以大胜巨成之唯一之凭借。而后来到北方剿捻，尽管战略正确，但已乏执行之人，已无执行之军，他昔日以为凭借的湘军已裁撤得支离破碎。他对于北方的督抚大员与军事力量已指挥不灵，处处捉襟见肘，所以也只能让位于新兴的淮军来完成这一使命了。

人事，是人在决定事。正如刘克庄所言：算事业须由人做。一点没错，就是"摘桃子"，你也得选一个身手快、个子高的人才行。更何况打拼事业呢？用人，用能人，用善用能人之人，这就是大长官、大统帅的最大手笔。古往今来，凡成大事者，概莫能外。翻翻二十六史的开国君主、中兴之主莫不以此为纽要。

古人言"得民心者得天下"，其实大不然。观古往今来，民心何日何曾希望有腐败、战争发生？民心哪个希望让他人来统治？民心何曾有一日决定过这个世界？民之所以被称为草民，概因民随王法草随风。而王者之风唯在用得其人，得用其人，得其人用而已。自古兴替之定理，无非是得人才者得天下。是的，此番议论无非于此处论此事有感而发。一头羊给他一群狮子，不但成不了事，反而可能被吃掉；而英雄生于没落时代，非但回天无力，反而会上演一出悲剧；民众的力量一旦调动起来，也可能让任何英雄豪杰无足轻重。但对于国家政权而言，则是鸡蛋碰石头。洪秀全的太平天国又怎样？李自成的大顺国又怎样？胜者王侯败者贼，无须讲道论理。胜了、成了就是最大最高的道理。问天下何人能离开人才之助可为胜者、成功者呢？

56

── 致沅弟：教如何用争议之人 ──

〔**提要**〕该信为曾公在南京攻克之前，从安庆写给已在雨花台的曾国荃的一封家书。信中略言战事、人事、家事。重点谈用人之难，尤其对有争议的人，不可不用、不可重用。如过于重用有争议者，便会招致非议，甚至弹劾或朝廷的责备。

沅弟左右：

金眉生到此，已交银二万，令买米解弟营。

簏轩履宁藩之任，凡眉生有善策，无不采纳；凡弟处有函商，无不遵允。晋鹤既调皖抚，自不能干预淮北盐务。惟用人极难，听言亦殊不易，全赖见多识广，熟思审处，方寸中有一定之权衡。如眉生见憎于中外，①断非无因而致。筠仙甫欲调之赴粤，小宋即函告广东京官，以致广人之在籍在京者物议沸腾。今若多采其言，率用其人，则弹章严旨立时交至，无益于我，反损于渠。余拟自买米外，不复录用。

许小琴老而自用，亦未便付以北醢重任。且待忠鹤皋相见，李军全撤之后，再议淮北章程。

闻弟宅所延之师甚善讲解，可慰之至！后辈兄弟极为和睦，行坐不离，共被而寝，亦是家庭兴旺之象。

余所虑者，弟体气素弱，能常康强无疾，至金陵藏事之日不起伤风小恙；其次侍、辅、堵等酋不上江西，不变流贼；其次洪、李城贼猛扑官军，弟部能稳战稳守。三者俱全，如天之福。雪、厚、南、竹等皆以弟新营太多为虑，余苦无良将调以助弟，极歉疚也。

正月十七日

【注释品札】

一步不慎可令终生举步维艰

①"如眉生见憎于中外"句：眉生是金安清的字，浙江人，在官场之上始终为办理粮饷财务的官员，曾任粮台道员、两淮运使等职，因账目不清曾被革职。同治二年投奔曾国藩。此人应当是很有才干之人。在整顿两淮盐政时，他所提出的各项建议政策，都被曾国藩所采纳。但曾国藩由于他在朝野中的名声不好，只用其策，而不重用其人。曾国藩也只是用他采购军粮一类的事而已。后来广东地方想调他去为官，便马上有人把信息通报给广东籍的京官们，一时间物议纷纷，让他无法被任用。后来，终于被朝廷抄家问斩。如此下场，其一，大概由于自己有所不廉俭之处，成为终身之柄授予人口；其二，大概由于得罪了什么要害之人。

57

致澄弟：教与家乡地方官相处之道

〔**提要**〕信中与看家之弟曾国潢所言三事：其一，略述曾国荃南京城下战况与安徽、长江水陆战事；其二，谈对曾国荃的态度，称其为难得之才，但为兄之道应力劝其不足之处；其三，教其与地方官相处要不亲不疏、不远不近，凡事不牵头亦不拖后腿，不去倡先也不反对，以谦谨为主。

澄弟左右：

沅弟金陵一军危险异常，伪忠王率悍贼十馀万昼夜猛扑，洋枪极多，又有西洋之落地开花炮。幸沅弟小心坚守，应可保全无虞。鲍春霆至芜湖养病，宋国永代统宁国一军，分六营出剿，小挫一次。春霆力疾回营，凯章全军亦赶至宁国守城。虽病者极多，而鲍、张合力，此路或可保全。又闻贼于东坝抬船至宁郡诸湖之内，将图冲出大江，不知杨、彭能知之否。若水师安稳，则全局不至决裂耳。

来信言余于沅弟既爱其才，宜略其小节，①甚是甚是！沅弟之才，不特吾族所少，即当世亦实不多见。然为兄者，总宜奖其所长，而兼规其短。若明知其错，而一概不说，则非特沅一人之错，而一家之错也。

吾家于本县父母官，不必力赞其贤，不可力诋其非。与之相处，宜在若远若近、不亲不疏之间。渠有庆吊，吾家必到；渠有公事，须绅士助力者，吾家不出头，亦不躲避。渠于前后任之交代，上司衙门之请托，则吾家丝毫不可与闻。弟既如此，并告子侄辈常常如此。子侄若与官相见，总以"谦""谨"二字为主。

九月初四日

【注释品札】

既爱其才宜略其小节

①"宜略其小节"句：这是曾国潢在湖南老家给他来信时所讲的话，建议曾国藩对于九弟曾国荃的小节，不要管得太多太细，以免心生抱怨。曾国藩在诸弟中对曾国荃最为看重，称其才能不但家族居首，在社会上也很少见。但他最担心的也是这个弟弟，不但贪婪狠戾，而且胆大包天，不知惧为何字。公然谩骂满蒙将帅为膻腥之辈，对朝廷也不放在眼里，更不要说同僚了。就连李鸿章也不敢惹他。官文贵为湖广总督、钦差大臣，又是他的顶头上司，又是旗人朝廷之心腹，湖北官员、江南将帅都含忍巴结他，但曾国荃刚到湖北任巡抚就参了官文一本，几乎引发了一场舆论地震。而且他很善于在同僚中搞摩擦，就是与曾氏亲近如彭玉麟，他也弄得不可开交，所以曾国藩对这个弟弟始终软硬兼施，规制极严，所以才没有大闪失。但亲友间爱之愈深，责之愈切也不行，日久生嫌隙、反目为仇的并不罕见。

58

致沅弟：教为官须常保
"花未全开月未圆"之境

〔**提要**〕这是曾国藩在南京攻克前给曾国荃的一封释疑家书。曾国荃于军中对曾国藩多有不满，所以，曾国荃一郁闷，曾国藩便觉得与他有关，所以信中说，我对李续宜、杨载福、彭玉麟、鲍超这些部将都仁让备至，我们是亲兄弟还能亏待你吗？你总是像春天一样张扬勃发，很有生机，我则总是像秋天一样有收敛之气，所以厚重。我常劝人"花未全开月未圆"为惜福、保泰之道。我对你的推荐人员、钱粮弹药有所节制，无非要你谨慎、节俭、节制，但到关键时刻，我能不管你吗？而且我得一品之位，自当荫及子孙，我把你的儿子曾纪瑞的名字报上去了，让他来承袭这份恩赐，可以让他和纪泽一同去直接会试，而不用再去考秀才、举人了。你别再为一些小事不快了。尤其今年不要再亲自去冲锋陷阵了，胜利在望之时，免生意外。言外之意是说：两个兄弟已经阵亡了，五兄弟已剩我们三个了，要各自保全珍惜。

沅弟左右：

左臂疼痛不能伸缩，实深悬系。兹专人送膏药三个与弟，即余去年贴手臂而立愈者，可试贴之，有益无损也。

"拂意之事接于耳目"，不知果指何事？若与阿兄间有不合，早尽可不必拂郁。弟有大功于家，有大功于国，余岂有不感激、不爱护之理？余待希、厚、雪、霆诸君，颇自觉仁让兼至，岂有待弟反薄之理？惟有时与弟意趣不合。弟之志事，颇近春夏发舒之气；余之志事，颇近秋冬收啬之气。弟意以发舒而生机乃王，余意以收啬而生机乃厚。平日最好昔人"花未全开月未圆"七字，以为惜福之道、保泰之法莫精于此。曾屡次以此七字教诫春霆，不知与弟道及否？星冈公昔年待人，无论贵贱老少，纯是一团和气，独对子孙诸侄则严肃异常，遇佳时令节，尤为凛凛不可犯。盖亦具一种收啬之气，不使家中欢乐过节，流于放肆也。①余于弟营保举银钱军械等事，每每稍示节制，亦犹本"花未全开月未圆"之义。至危迫之际，则救焚拯溺，不复稍有所吝矣。弟意有不满处，皆在此等关头，故将余之襟怀揭出，俾弟释其疑而豁其郁。此关一破，则余兄弟丝毫皆合矣。

再，余此次应得一品荫生，已于去年八月咨部，以纪瑞侄承荫，因恐弟辞让，故当时仅告澄而未告弟也。将来瑞侄满二十岁时，纪泽已三十矣，同去考荫，同当部曹。若能考取御史，亦不失世家气象。以弟于祖、父、兄弟、宗族之间竭力竭诚，将来后辈必有可观。目下小恙断不为害，但今年切不宜亲自督队耳。

正月十八日

【注释品札】

亲严疏宽当是为官之道

　　①"流于放肆也"句：这是曾国藩举他家祖父星冈公对待外人一团和气，对待家人严肃异常的例子，来向曾国荃解释为什么总是对他要求严格，处处节制，无非希望他不致流于放肆。

　　治家如此，而从政与治军也概当如此。只有对疏者宽，才能聚拢人心；只有对亲者严，才会让大家有公正感。

59

—— 致沅弟：教胸襟自养淡定之天 ——

〔**提要**〕这是曾国藩在南京攻克之前，写给曾国荃的一封家书。信中主要是表扬曾国荃这一段"气象极好"——第一，朝廷取消了他的专折奏事权，他并没有不高兴；第二，催要粮饷弹药也没有发脾气；第三，自己又化解了与亲属们的一些矛盾、积怨。这些都是胸怀广大所致。如果在金陵攻克之后，再能谦虚退让，而不居功自傲就更好了。曾国藩就是这样对这个很难对付的弟弟，时时不忘耳提面命地教之、奖之、鞭之、预警之。这也许是曾国藩致曾国荃所有家书中最高兴的一封。

沅弟左右：

天保城以无意得之，大慰大慰！此与十一年安庆北门外两小垒相似。若再得宝塔、梁子，则火候到矣。

弟近来气象极好，胸襟必能自养其淡定之天，而后发于外者有一段和平虚明之味。如去岁初奉"不必专折奏事"之谕，毫无怫郁之怀。近两月信于请饷、请药，毫无激迫之辞。此次与莘田、芝圃外家渣滓悉化。皆由胸襟广大之效验，可喜可敬！如金陵果克，于广大中再加一段谦退工夫，则萧然无与，人神同钦矣。**富贵功名，皆人世浮荣，惟胸次浩大，是真正受用。**①余近年专在此处下功夫，愿与我弟交勉之。

闻家中内外大小及姊妹亲族无一不和睦整齐，皆弟连年筹画之功。**愿弟出以广大之胸，再进以俭约之诚，则尽善矣。**

正月廿六日

【注释品札】

由胸怀浩大而达人生快乐三境界

①"是真正受用"句：这是曾国藩对曾国荃的一段理喻之言："胸襟必能自养其淡定之天，而后发于外者有一段和平虚明之味。""于广大之中再加一段谦退功夫，则萧然无与，人神同钦矣。富贵功名，皆入世浮荣，惟胸次浩大，是真正受用。""愿弟出以广大之胸，再进以俭约之诚，则尽善矣。"在这里曾国藩主要讲了三点：其一，人只要心胸广大，自然会进入淡定的心境，然后，这种心地在外部表情上自然会显现出平和淡定之气、大度开明不为外物所累之味道。其二，有功之日一定要学会谦让，与大家分享，而不独占居功，如此必能达到无与伦比之境，让别人钦佩同乐，连老天都会赞许你。功名利禄不过如过眼烟云，只有人的心胸广大才是真正的享受。曾公此言可与伊壁鸠鲁的观点不谋而合，伊壁鸠鲁就认为，人能获得内心的安宁才是幸福。其三，人在心胸广大的基础上，再能俭约以行事，便可达到完美的境界了。这也很符合伊壁鸠鲁的人生观。伊壁鸠鲁就认为，人如果能达到精神快乐的境界，就是吃面包喝凉水也会感到很幸福。只有不奢侈的人，

才能享受到奢侈的快乐；只有不贪恋财富的人，才能享受到财富的快乐。

曾国藩所言三事虽然是针对曾国荃的弱点所言，但却由此道出了人生的三种境界：其一，由胸襟浩大而至淡定之境界，自得淡定平和之气质，自有淡定之快乐；其二，由胸怀浩大而加谦虚退让，善与人分享，而达人神同乐之境界，便可自得分享、受人钦敬之快乐；其三，由胸怀浩大而加生活俭约，则达尽善尽美之境界，自可收不奢不贪之大快乐。

60

—— 致沅弟：教对付强悍与妒忌之人 ——

〔**提要**〕此信为曾公于两江任上，在湖北安徽与太平军作战时写给曾国荃的一封家书。信中所言四事：其一，军中所需马匹配备事；其二，如何与强悍的李世忠部相处；其三，如何与妒嫉倾轧的"严公"相处；其四，关于渡江南下作战有关事宜。尤以教其弟如何与强悍、倾轧之同事相处，很耐人寻味。

沅弟左右：

接缄具悉。应复之事，条列如左：

一、口马到日，当为弟选留数十匹，余欠各营之马尚多，不知匀得出否。令哨勇各私其马，即水师令哨官各私其船也，法同意同，而效不同，亦视乎统领营官为何如人耳。

一、李世忠之缄，兄付之不答。此人最难处置，其部下人诡计霸道，颇善战守。弟现与之逼处，常相交涉，宜十分以礼让自处。若不得已而动干戈，则当谋定后战，不可轻视。①

一、严公长短，馀所深知。②媢嫉倾轧，从古以来共事者，皆所不免。吾辈当躬自厚而薄责于人耳。

一、由采石、太平一带南渡，本是妙着，亦是险着。妙处有四：使金陵、芜湖两贼隔绝不通，一也；陆师扎于南岸，水师直入内河，可进黄池、湾沚，可由青弋江以达泾县，可由东路水阳江以达宁国，凡鲍军之在泾在宁者，皆可由水路运粮，二也；陆军扎采石、东梁山等处，水师扎黄池、湾沚等处，则芜湖之贼四面被围，三也；青弋、水阳二江，可通石臼等湖，可通宁、广各属，并可由东坝以通苏州，四也。险处有二：初渡采石，营垒未定，恐大股来扑，一也；北岸无大支活兵，恐四眼狗③窜出乱扰无、庐、巢、舍，又恐九洑洲之贼上犯，二也。有此"四妙""二险"，故南渡之迟速难决。速或四月，迟或七月，由弟与多帅商定办理。季弟之军，余嘱其坚守不进。并闻。

四月初四日

【注释品札】

与强悍者相处宜先礼后兵

①"不可轻视"句：信中说，太平军降王李世忠此人最难处置，部下诡计多端，而且能攻善守。你现在与他防区接近，免不了有交涉往来。与这种人相处，应该以礼让为先。但礼让不等于退让屈从，不得已之时要大动干戈的话，就消灭他。但一定要谋定而后战，要稳操胜券，而不能轻举妄动，更不可轻视对手。信中所言李世忠部，是指太平军降王之一的李世忠所率之部。

②"严公长短，馀所深知"句：信中所言"严公"似指时任湖北巡抚，后被湖广总督官文参降为道员的严树森，大概此人是心胸狭窄之人，不但在同僚中妒忌他人，而且是一个长于暗中整人者。曾国藩劝其弟与此等人相处，"当躬自厚而薄责于人耳"，也就是说，要严格要求自己，而不要苛求责备他人。因为这种人是在官场上无法规避的，"从古以来共事者，皆所不免"，都是妒忌他人，踩着别人肩膀向上爬的。自己多小心就是了。

③"四眼狗"：是清兵对太平天国名将陈玉成的蔑称。陈玉成的双目下各有一黑痣。

61

致澄弟：教官运极盛之时预作衰时设想

〔**提要**〕这是曾国藩在南京攻克的前夕，于安庆大营写给曾国潢的一封家信。信中所言只一事：劝其节劳，不要干预、参与地方公务。曾国潢在家不但忙于家务，而且因为其兄为大员，也经常为官府办事，所以，曾国藩劝他不要出面太多。现在我家办事很顺利，是因为家门极盛，但因此也会招致积怨非议，所以要在盛时想到衰时，一到衰退之时，便什么都不顺利了。所以，千万不要干预各地的公事。

澄弟左右：

捐务公事，余意弟总以绝不答一言为妙。凡官运极盛之时，子弟经手公事格外顺手，一倡百和，然闲言即由此起，怨谤即由此兴。吾兄弟当于极盛之时，预作衰时设想，当盛时百事平顺之际，预为衰时百事拂逆地步。①弟此后若到长沙、衡州、湘乡等处，总以不干预公事为第一义。此阿兄阅历极深之言，望弟记之。

四月廿四日

【注释品札】

盛时一唱百和，衰时百事拂逆

①"预为衰时百事拂逆地步"句：曾国藩料事之明、见事之远，大概是他钻研周易，深得盈虚之道的缘故吧。此时虽劝其弟盛时常作衰时想，他自己也是自离朝出京始，一贯如此，慎之又慎。但此时所言：官运盛时一唱百合，衰时百事拂逆的预料，他自己却经历到了。青少年求学之时，一不顺百不顺，甚至被考官通报批评文理浅薄；但最后一次考进士时，则势如破竹，榜上有名，皇上钦点。入翰林后，十年连升七级。在任两江总督平灭太平天国前，权重一时，自己所保举的人，所上的奏折，朝廷无不照行；可是平灭太平天国后与剿捻之时，他的政治生命已处于杭州老去被潮催的景象，所以他所保荐的人员名单，连续七次被驳回；到了晚年从直隶总督任上回任两江时，正是他为冷落衰败有如无边落木萧萧下之际，所以赴江南途中，常常会有过境州县竟无人理会，连食宿之事都要自理的从来没有过的冷遇。

官场之上如此，人生亦如此。所以人这一生需要先培植起一种淡定自然的功夫：得不喜，失不忧；盛不骄，衰不馁；热不惊，冷不悲。一切泰然处之，只要是发生的任其发生，只要是存在的任其存在，都当成与己无关的身外之物，而我就是我，孑然一身，所有生不带来，死不带去的一切都是身外物，视之如云、如风，培植起一颗平常心，自是处世之恒道，自会总有一份内心的安静、安定，而不起不平之心，不生悲喜之意，一切随遇而安，便是一生之福了。

62

致沅弟：教担当大事务 须"明""强"二字

〔**提要**〕这是曾公在镇压太平天国战争接近后期时，在军营中写给江苏、安徽前线指挥作战的曾国荃的一封回信。曾国荃此前来信与其兄表示坚决辞去江西巡抚一职，曾公不但表示同意，而且代他起草了向朝廷递交的"辞职信"。而且说自己也决定把两江总督与钦差大臣的两个职位辞掉一个。因为他很同意弟弟关于"乱世功名之际尤为难处"的十个字的看法。兄弟二人于战事中，地位不断升迁，军功越来越大，而谤随名至，偶有闪失，便遭受无妄攻击，因而二人经常商量战后乘机交权引退之事，唯恐遭际大的灾祸。曾公在此信中还教谕四弟"至于担当大事，全在明强二字"。

沅弟左右：

来信"乱世功名之际尤为难处"十字，实获我心。

本日余有一片，亦请将钦篆、督篆二者分出一席，另简大员。吾兄弟常存此兢兢业业之心，将来遇有机缘，即便抽身引退，庶几善始善终，免蹈大庚乎？①

至于担当大事，全在"明""强"二字。《中庸》"学""问""思""辨""行"五者，其要归于愚必明，柔必强。弟向来倔强之气，却不可因位高而顿改。凡事非"气"不举，非"刚"不济，即修身齐家，亦须以"明""强"为本。②

巢县既克，和、含必可得手。以后进攻二浦，望弟主持一切，馀相隔太远，不遥制也。

四月廿七日

【注释品札】

及时引退，免蹈覆辙

①"庶几善始善终，免蹈大戾乎"句：意思是我们如果在适当时机，抽身退步，离开官场，就可保身家善终，以免重蹈他人覆辙，大祸临头。曾氏兄弟可谓清朝道光、咸丰、同治三朝平逆叛乱的一流柱石、头等鹰犬，有如擎天白玉柱，架海紫金梁。而且圣眷独隆，曾有一纸诏书，兄弟四人同日升迁，藩、荃二人同步一等侯伯之堂；不唯封妻荫子，连祖上都受诰命皇封于一、二品殊荣，而为何常怀惴惴之心，唯恐灭顶之灾突降呢？其一，曾国藩乃是进士出身，由京官而外放封疆大吏；由文官而转身统军，自深知韬光养晦、居安思危、峣峣易折之理；其二，无论历史与现实的鹰犬下场都令兄弟二人触目惊心，因无据之谤言劾书、因一言不慎而获灭门之灾的事比比皆是，常令兄弟二人胆怯心寒、兔死狐悲；其三，远离中央权力中心，在外统兵作战，殊为不易。虽有钦差、皇命在身，但协调军队与地方关系，与朝廷诸部门关系，调度诸军协同作战，多方掣肘、力不从心、苦不堪言。尤其是劾书谤语常常不知因何而起，实令兄弟二人心力交瘁，隐退之心早生于军旅之间。但正由于兄弟二人时时预为筹

谋，处处防范在先，所以终身不得引退。这似乎也是规律。然而可悲的是场之上的权力之争、部门掣肘、互相攻诉倾轧、上下猜嫌疑忌，直令英雄扼腕、望阙叹息，谁敢尽心尽力？

为官当守中庸五事以明强为本

②"即修身齐家，亦须以'明''强'为本"句：这是曾公此信的主旨，也是其修身齐家、从政治军的终身信条。

他在信中说：至于担当大事，全在明强二字。《中庸》之大道中的学、问、思、辨、行五事，都深寓于明强二字之中，如果能做到那五件事则虽愚者必明，虽柔者必强。荃弟向来有倔强之气，却不可因地位的不断提高，而改变，而委顿。凡事非气不举，非刚不济，即修身齐家，亦须以明强为本。虽然，此语无非在为曾国荃壮胆鼓气，而不可完全以为曾国藩的必行之理。因此时的曾国荃在前线围困金陵城已有年余之久，而且多次遭际危机，几于不支，困顿不堪。如非太平天国内讧，曾氏兄弟断无获此不世之功之理。就是曾国藩其人也很有自知之明，常言"尽其在我，听其在天"。

曾公所言"中庸五事"——学、问、思、辨、行，出于《中庸》第十二章：凡从政、治人者当"博学之，审问之，慎思之，明辨之，笃行之。"孔子认为，对于以上五项功夫，如果能做到"人一能之，己百之；人十能之，己千之"，不止不歇，绝不放弃。对于学、问、思、辨、行之事之理，搞清楚，弄明白，并坚定不移地实行到底，那就"虽愚必明，虽柔必强"。人如果能做到既明白大道理，又有强勇之力去实行，还有什么是办不到的呢？这也许正是曾国藩强调无论修身、齐家，还是从政、治军，都应以"明""强"二字为本的道理所在吧。

63

致沅、季二弟：教善将兵者以严为爱

〔**提要**〕这是曾国藩在两江总督任上，于安庆大营中写给在雨花台湘军大营中的曾国荃、曾国葆两位贤弟的信。信中主要与两位弟弟讲带兵之道，然后话锋一转，又开始教育他的两个弟弟：身居高位，不要奢侈，不要贪婪于富贵，不要想着置房地产，那会招人攻击的。同时希望两个弟弟对他的话要往心里去，而不要嫌他絮叨。并在信中告诫他们大胜之后，千万不可大意，要防备太平军更猛烈的反扑。

沅、季两弟左右：

专差至，接两弟书。沅于二十五早大战之后，尚能写二十二叶之多，可谓强矫矣，①所言俱能切中事理。

凡善将兵者，日日申诫将领，训练士卒。遇有战阵小挫，则于其将领责之戒之；甚者，或杀之，或且泣且教，终日絮聒不休。正所以爱其部曲，②保其本营之门面声名也。不善将兵者，不责本营之将弁，而妒他军之胜己，不求部下之自强，而但恭维上司，应酬朋辈，以要求名誉，则计更左矣。余对两弟絮聒不休，亦犹对将领且责且戒，且泣且教也。良田美宅，来人指摘，弟当三思，不可自是。吾位固高，弟位亦实不卑；吾名固大，弟名亦实不小，而犹沾沾培坟墓以永富贵，谋田庐以贻子孙，岂非过计哉？③

二十五日又获大胜，以后应可跕稳脚跟。然计贼之技俩，必再来前后猛扑一次，尚宜稳慎待之。

七月初一日

【注释品札】

官人家书抵万金

① "可谓强矫矣"句：6月25日早间，雨花台前线大营中的曾国荃，率湘军于壕堑中又打退了一次太平军的进攻，大体心情很好吧，竟然挥墨给其兄写了二十二页的长信。所以曾国藩说他弟弟"强矫"，够厉害的了。

杜甫有诗"烽火连三月，家书抵万金"，而真正抵万金的家书，似乎是官人们的家书吧？有"专差至"，多豪华啊！在战火连天的战场上，平民百姓的家书怎得通达？但曾氏兄弟家书却比平常似为更快畅，因为总有官差信使往来，与为京官时又大不相同。为京官时，兄弟间常为书信迟到而争吵不休。可是一入军旅间反没了这些争吵。因为军中专有信使，但这也限于级别，"长官骑马，工作需要"，但有多少公私兼顾之便利呢？

严者为爱，纵者为害

② "正所以爱其部曲"句：曾国藩在信中说，那些善于带兵的人，对部下要求十分严厉。或责而杀之，临之以威；或泣而教之，动之以情。只有这样的将帅带出来的士兵，才有战

斗力，所以，在战斗中必然胜多败少，生多死少，是对士兵、部属的真正爱护。而平时放纵下属的人，实则是害了他们。我对弟弟们整天的聒噪不休，絮叨你们，实在是为了盼着你们更好。这就和将帅对部下且责且诚，且泣且教是一个道理，希望你们能理解为兄的苦心，当三思才是。

严者为爱，爱之愈深，责之愈切；纵者为害，娇纵愈宽，其害愈重。从政、治军、治家无不如此。

官场得一名位当自足，切勿望其他

③"岂非过计哉"句：曾国藩在讲了一番带兵之道后，马上又开始教育他的两个弟弟了：我的地位自然很高，你们的地位实在也不低；我的名气很大，你们的名气也实在不小。我们如果还要"沾沾培坟墓以永富贵，谋田庐以贻子孙，岂非过计哉"？意思是说：我们的地位也有了，名气也大了，如果我们还不满足，还要算计着到坟墓里也要富贵，置良田美宅以留给子孙，这种算计不是太过分了吗？所以，"良田美宅，来人指摘，弟当三思，不可自是"。

在如恒河沙数、过江之鲫的芸芸众生中，一个人如能出乎其类，得一官场公职，自是社会莫大的信任，个人的三生有幸，自当满足而勿求更甚勿望其他。尤其为主官者，自己的职位最高就已遭人不平嫉妒，所以其他各方面事万不可因职位最高而求一律最高。

曾国藩致沅、季二弟的家书手迹

64

——致沅弟：教名望所在，是非谤出 ——

〔**提要**〕曾公在外界听到攻击他的小弟曾国葆的一些流言，并有人说曾氏兄弟间不和，就在家书中告知诸弟。那个强项自是的沅弟曾国荃知道后，便责备他不该把这些事告诉季弟。这封就是曾公劝诫曾国荃如何对待疑言谤语，并释解兄弟嫌隙的家书。并举金眉生因谤遇祸的现实例子，来劝教兄弟们以修身立德求安身立命。希望兄弟能和睦如初，和衷共济。而自己则位愈高愈觉危之可惧，唯恐在位之时并没有恩及兄弟，而一旦获罪则注定要牵连诸弟。所以劝诸弟一定要互相劝诫，以免遭颠覆之祸。

沅弟左右：

此次洋枪合用，前次解去之百支，果合用否？如有不合之处，一一指出。盖前次亦花大价钱买来，若过于吃亏，不能不一一与之申说也。

吾因近日办事名望关系不浅，以鄂中疑季之言相告，弟则谓我不应述及。外间指摘吾家昆弟过恶，吾有所闻，自当一一告弟，明责婉劝，有则改之，无则加勉，岂可秘而不宣？鄂之于季，自系有意与之为难。**名望所在，是非于**

是乎出，赏罚于是乎分，即饷之有无，亦于是乎判。去冬金眉生被数人参劾，①后至抄没其家，妻孥中夜露立，岂果有万分罪恶哉？亦因名望所在，赏罚随之也。众口悠悠，初不知其所自起，亦不知其所由止。有才者忿疑谤之无因，而悍然不顾，则谤且日腾；有德者畏疑谤之无因，而抑然自修，则谤亦日熄。吾愿弟等之抑然，不愿弟等之悍然。愿弟等敬听吾言，手足式好，同御外侮；不愿弟等各逞己见，于门内计较雌雄，反忘外患。

至阿兄忝窃高位，又窃虚名，时时有颠坠之虞。吾通阅古今人物，似此名位权势，能保全善终者极少。深恐吾全盛之时，不克庇荫弟等；吾颠坠之际，或致连累弟等。惟于无事时，常以危词苦语，互相劝诫，庶几免于大庆。

酷热不能治事，深以为苦。

六月二十日

【注释品札】

智者闻谤当退而自修其身

①"去冬金眉生被数人参劾"句：金眉生是曾公在任两江总督、钦差大臣，署理江南军务，统兵围剿太平军时代的朝员。曾参与湘军的军事活动，大抵办些督办粮草饷银事宜。曾公虽明知其人有才干，但却不肯多倚重大用，生怕受株连。曾公在家书中多次提及此人。该人很有才力，但也很遭人忌。朝中大臣与军中将帅对他的评价大相径庭。有的对他大加赞赏，有的则不遗余力地攻击他、诽谤他。但他并不在乎，大体是我行我素。所以，终于被打倒。在数名大臣联名参劾之后，终被

免职治罪。在大冬夜里被抄家，妻子被赶在屋外，中夜立于庭院之中，很是悲惨。显然，曾公对其十分同情，所以说道："岂果有万分罪恶哉？亦因名望所在，赏罚随之也。"意思是说：他被治罪，并不是因为他有什么罪恶，不过是因为有好名望的人便受奖赏，名望不好的人便受惩罚而已。

显然，曾公在这里并非为金眉生的冤屈抱不平，旨在以此教谕诸弟不可对外部舆论、口碑、谤语置之不理而一意孤行，甚至变本加厉。所以在信中说：那些有才学的人愤恨那些没有根据的诽谤之语，因此悍然不顾，依旧我行我素，所以诽谤之言便会更多更众；而那些有德行的人却畏惧那些无因而起的谤言，所以总是严格律己，立德修身，所以那些诽言谤语渐渐地也就平息了。

可鄙可怕的"坏消息综合征"

是的，世人都患有"坏消息综合征"。大多喜欢在他人的"坏消息"中寻求自我心理平衡。所以闻人之喜则心怀嫉恨，或故作不以为意，或退而妄加猜测，或隐而不语，或闪烁其词减其光彩；而一旦闻人之恶、之劣、之难堪，则窃喜于心，而且津津乐道，不遗余力，不遗一人地去夸大其词，极力传播。这是人类所无以改变的天生劣根性，所以古人有言"防民之口，甚于防川""莫道谗言似浪漂""三人成虎、慈母不信""众口铄金、十夫楺椎""众不可以户说"者。而但丁则说人海波澜不下于大海的风浪，都不过是说人心卑劣、人言可畏、舆论杀人之毒剧。无论官场之上，世俗之间，这都是没法除治之事，只有修身立德、律己宽人，以自己的德行来自卫，万事慎言慎行，即使有流言谤语，自会不攻而破。而绝无必要去解释，去耿耿于怀，去变本加厉地一意孤行。

严正：愈严者愈须正

更要紧的是千万别去得罪人。得罪的虽是一人，却可以变成百口、千口的蝴蝶效应，正所谓"一传十，十传百"，让你于众口悠悠中百口莫辩、真伪难分。但总归是人言既可畏，人言又不足恤，只要立身严正，不授人以柄，德、行两不亏，自不受其害。而严于人者本非安身立命之道，且一触犯个人利益则不惜以命相搏耿耿不忘，无以释怀。所以，愈严者愈须正，千万不能授人以柄，当慎于行事，不为他人的攻击留下口实。

65

致沅弟：教一味强劲非成事保身之道

〔**提要**〕该信是曾公于军营中致四弟曾国荃的复信，所言三事：其一，处罚人事须恰如其分，以理服人心；其二，抄送朝臣中优秀奏折范本，劝其弟研习揣摩如何撰写各类"工作汇报"与奏事；其三，与弟论强与明二者的关系。明确指出：如不以明在先，而一味地强，无异于胡闹。

沅弟左右：

鹤侪掯留弟营委员至三个月之久，宜弟恚怒不平。何铣之事，本拟俟筠仙查复后再行严办。今筠公有抚粤之行，后来者不知为谁。意欲严惩何铣，竟不知如何下手乃为恰如题分。盖谴罚有罪，亦须切当事理，乃服人心。

近人折稿，弟处咨到者少，余当饬抄成本，陆续寄去，每月寄送二份。古人奏疏，亦当抄二三十篇，以备揣摹。

"强"字原是美德，余前寄信亦谓"明""强"二字断不可少。第"强"字须从"明"字做出，然后始终不可屈挠。若全不明白，一味横蛮，待他折之以至理，证之以后效，又复俯首输服，则前强而后弱，京师所谓辖闹者也。①余亦并非不要强之人，特以耳目太短，见事不能明透，故不肯轻于一发耳。又吾辈方鼎盛之时，委员在外，气焰薰灼，言语放肆，往往令人难近。**吾辈若专尚强劲，不少敛抑则委员仆从等不闹大祸不止。**

七月十一日

【注释品札】

权位越重者越不可轻易表态

①"京师所谓辖闹者也"句：这一段是曾公劝诫曾国荃不要一味用强的话语。他讲道：强字原本自是美德，但强字一定要从明字做出。凡用强之时，一定先把事情搞明白，把道理想清楚，把利害谋算好，方可不屈不挠于始终。如果什么都没有搞明白，只知一味地任性使气、一味地蛮横、一味地以大道理来折压他人，是很不妥的。一旦到后来证明是自己错了，又要去俯首认输，前强而后弱，既被动又很没面子。京师中所说的"辖闹者"就是指这等人。你很要强，我也不是不要强的人，而我轻易不敢随便发一言，因为我耳目太短，见事常常迟钝不明。更何况，我们兄弟正处鼎盛之时，我们所派出的人在外，如果气焰嚣张、熏灼于人，语言放肆，那是让人难以接受的。一旦你我一味地强劲待人处世，而不稍加收敛管束，我们手下的官员与仆从一定更会倚权仗势、变本加厉，不闹出大祸不肯罢休的。

显然曾公说自己耳不聪、目不明，看不透彻事情纯粹是自谦之语，并以此讽喻劝谏其弟有所收敛，要谨防祸事临头。而权位越重的人，自应不轻易表态断事，否则，一旦出了岔子，后果会是很严重的。持重之人未有不懂此理者。

66

致沅、季二弟：教处危急之时只有靠自己

〔**提要**〕信中所言二事：其一，都兴阿将军派四营兵帮助曾国荃与曾国葆二弟守城，是一件好事，但未必靠得上。外来的兵靠他坚守，怕他遇危急先乱；靠他进攻，又怕他一开始很勇猛，一遇到对手便突然逃跑。因为外来的兵，总没有责任感，谁乐于为他人送命呢？所以危急之时，只有自己，只有风雨同舟、生死同在的兵靠得住。千万不要让外兵搅自己的局。其二，嘱其节省银米、弹药，因筹之实在不易。

沅、季弟左右：

都将军派兵四营来助守，固属可喜，而亦未必可恃。①凡危急之时，只有在己者靠得住，其在人者皆不可靠。恃之以守，恐其临危而先乱；恃之以战，恐其猛进而骤退。幸四营人数不多，或不致搅动弟处全局。否则彼军另有风气，另有号令，恐非徒无益，而反有损，弟宜谨慎用之。去年春间，弟不要陈大富一军，又不留成大吉一军，余深喜弟之有识有志也。

子药银米，余刻刻不忘，弟刻刻宜存节省之意，不必函函苦催。大约弟设身处地所能办到者，兄亦必能办到；

兄所束手不能办者，虽弟设身处地，亦无如何也。

九月十三日

【注释品札】

助人之事不可轻易而为

①"而亦未必可恃"句：曾公讲，都将军派兵来援自是可喜之事，但其兵未必靠得上。尽管曾公所言都是经验之谈，但都兴阿如果读到此信，不知会作何感想。由此可见，尽管能帮人时帮一把自是积福累德之事，但也不是事事可帮，人人可扶的。曾国藩困守南昌，艰危祁门之时，断无此想。所以帮人于危难之时，急需、必需之时，自有感恩之报。而为人锦上添花、画蛇添足、帮忙添乱之"帮"，则非但大可不必，太热心、太主动反而令人生厌、反感。好心无好报者，多由此而生。

⑥⑦

致沅弟：教功不必自己出，名不必自己成

〔**提要**〕这是曾公与曾国荃商量请李鸿章率淮军来南京进行会剿攻城的家书。此时曾国荃率湘军围困南京城已有一年多，久攻不克，朝野非议颇多。曾国藩为此忧愤成疾，而曾国荃亦肝病在身、焦躁忧虑异常。所以曾公在信中力尽开导劝慰之能势，劝曾国荃要想得开，以身体保全为重，而对于由他单独破城，还是和李鸿章会攻都要顺其自然。

沅弟左右：

常、丹之克，此间已先得报。各城皆得，仅馀金陵。城之坚而大，贼之悍而多，实非他处可比。弟切勿焦灼致疾，听其自然而已。

如奉旨饬少荃中丞前来会攻金陵，弟亦不必多心。但求了毕兹役，独克固佳，会克亦妙。①**功不必自己出，名不必自己成**。总以保全身体，莫生肝病为要。善于保养，则能忠能孝，而兼能悌矣。

四月十六日

【注释品札】

老谋深算，一箭三雕

①"独克固佳，会克亦妙"句：曾公写此信之时，江南清兵与太平军、捻军的战事已接近尾声。江浙、安徽等地的太平军、捻军均被李鸿章、僧格林沁所消灭，李鸿章在苏州一次便杀戮了太平军的八王；僧格林沁也消灭了捻军的首领与主力。南京附近的各城也均攻破，只有南京久围不下。曾国藩兄弟二人不只是心焦如焚，忧虑成疾，而且还要承受外间的种种非议、嘲讽、攻击。所以，曾国藩多次与曾国荃信件往返商议请李鸿章率淮军来南京共同攻城决战之事。

那么，他讲"独克固佳"，佳在何处呢？曾国荃率军围困南京城一年有余，历尽千辛万苦，千难万险，才坚持到如今，让淮军最后来分一杯羹，何如由曾氏兄弟的湘军独享其功呢？那么"会克亦妙"妙在何处呢？其一，两军会攻，注定加快破城的速度，一可以结束战事，二可以让曾氏兄弟二人解脱。其二，即使淮军来南京，会攻成功，湘军亦居主功地位；即使淮军分享一部分战功，但亦是自全之道，以免独占遭忌。其三，南京战事，殊难断料胜负之期，因为不唯城坚，而且兵强。一旦战事继续拖延，对于朝廷和舆论的指责，也可由淮军分谤，以减轻湘军与曾氏兄弟的压力。如此一箭三雕，足见曾公之老谋深算。所以他不止一次劝曾国荃"功不必自己出，名不必自己成。总以保全身体，莫生肝病为要。善于保养，则能忠能孝，而兼能悌矣。"曾国荃虽然也同意了其兄的建议，同意李鸿章前来南京会师攻城。其心中仍不想他人来分功。而李鸿章则一方面力避争功之嫌；另一方面四处放风，非淮军不足以破南京。最后还是曾国荃在水师的配合下独立攻克南京。破城第一功仍然是记在了曾国荃的记功簿上。兄弟二人分晋一等侯、一等伯。

但曾国藩所讲的"功不必自己出，名不必自己成"，确可为发扬成事之名言，耐人深深寻味。

68

致沅弟：教分功分谤之道

〔**提要**〕这是曾国藩在南京攻克前，与曾国荃商量请李鸿章率淮军来共同攻克南京事宜的两封信。前一信劝其弟不要独贪其功：其一，他的身体不好，旷日持久，怕病情更重。其二，李鸿章来南京，虽然可以功成分功，但如果功不成亦可分谤，何必独自承此压力？其三，无论他的病体还是粮饷，都不宜再这样相持下去，所以曾国藩决心调李鸿章来南京会攻。第二信则是与李鸿章商量的结果是李鸿章不愿意来南京，怕有分功之嫌，曾国藩以此盛赞李"过人远矣"，其实未必其然。

沅弟左右：

日内深以弟病为虑。接来信并与泽、鸿两儿信，字有精光，兼有静气，词语亦不迫促，卜病体之必将痊愈，为之大慰。惟金陵持久不下，以吾弟平日之性情，恐肝气之病，愈积愈深。

吾与昌岐久谈，少荃于吾兄弟处实有相亲相卫之意，吾意欲奏请少荃亲带开花炮队、洋枪队前来金陵会剿。接弟此次复信，即一面出奏，一面函咨少荃，请其迅速西来。如苏军齐到成功，则弟受其劳，而少荃享其名。既可以同膺懋赏，又可以暗培厚福。**盖独享大名为折福之道，则与人分名即受福之道矣。如苏军虽到，而城贼仍坚持不下如故，则谤可稍分，而责亦稍轻。**①余昨日已咨少荃派炸炮至金陵会剿。细思弟之肝病，不宜再郁两月，而饷项亦断难支至三四月，故决计奏请少荃前来。苏军近亦仅支五成之饷，并非十分充足，可无贫富相耀之患，想弟能亮我苦衷也。

厚庵新授陕、甘总督，可谓非常特恩，仍督办江西、皖南军务，断不可辞矣。金陵水师防务，余请昌岐与弟会办。雪琴仍回裕溪等处，当不至疏失。多公仙逝，劳苦可悯。

五月十二日

沅弟左右：

少荃信阅过，其片稿则已抄寄余处。观少荃屡次奏咨信函，似始终不欲来攻金陵。**若深知弟军之千辛万苦，不欲分此垂成之功者。诚能如此存心，则过人远矣。**②

余从弟意，秋初再赴金陵。老年畏热异常，阿弟深知而体恤，兄即依弟之议，实受其福矣。

英山、宿、太日内警信迭至，余调王可升守无为，再急则调陈自明池州之二千人守庐江。惟调守桐、舒之铨军为江西官绅所留，拟改调钧军上援皖北，亦难遽到也。春霆于六月四日抵南昌，江西人心大定，想不至别有风波耳。

六月初十日辰刻

曾国藩料事之明的过人之处

①"而责亦稍轻"句：曾国藩在前一信中劝曾国荃道："盖独享大名为折福之道，则与人分名即受福之道矣。如苏军虽到，而城贼仍坚持不下如故，则谤可稍分，而责亦稍轻。"此种见地非常人所能预见。后来尽管南京城终为曾国荃所独克，但李鸿章仍与他居为同功，受封为一等伯，可是攻克南京所造成的所有责谤却真的全由曾国荃一人承担。如果不是其兄在撑着，曾国荃确实凶险万分。亏得其兄大智略，早有预察，马上采取裁湘军、建满城、修贡院、令曾国荃交兵权辞官回乡等一系列举措，朝廷才免予追究各种罪责，兄弟二人都得以平安着陆。如果曾国藩无此远见之明，曾氏兄弟都难免于南京城破之日，太平天国平灭之时，而遭兔死狗烹之命运。不要说那些弹劾奏章都是足以置其兄弟于死地的无以说清的事实，就是功高震主、权大兵重遭疑这一条，就可以令其主子以任何借口把他们消灭。

李鸿章之狡猾则"过人远矣"

②"则过人远矣"句：这句话本是曾国藩接到李鸿章的多次复信，说他不想来南京会剿，不可与曾国荃分功后，称赞李鸿章说："若深知弟军之千辛万苦，不欲分此垂成之功者。诚能如此存心，则过人远矣。"其实，李鸿章狡猾之志，连曾国藩如此知人之明、料事如神者，都很难识破。李鸿章极想参与攻克南京这次最高级别的"汤饼大会"，至少能多分一杯羹，

但他又知道曾氏兄弟的真实想法。

清王朝在咸丰帝时，就许诺攻克南京者可封王，所以，在兵力布置上，只让江南大营、江北大营这些旗人为统帅的绿营兵来围攻南京，而让汉人为督抚、统帅的杂牌军、地方军打外围，收拾江西、湖北、陕西、安徽、浙江等省份的敌人。但江南江北大营被彻底摧毁后，朝廷无兵可用，只能任用汉人的部队来剿灭太平军了。而主持东南半壁江山战局的统帅，也只能起用曾国藩这个忠心耿耿的汉人了。而曾国藩在稳定各省战局后，开始组织攻克南京时，则下令由曾国荃去围攻南京，以湘军中的老班底彭玉麟、杨载福的水师与陆军悍将鲍超来配合，自己则在上游江对岸的安庆坐镇指挥。安徽战事先后由袁甲三、李续宜主持；浙江战事由左宗棠主持；湖南、湖北、江西战事则由湘军其他部分主持。曾国藩如此布局目的何在，李鸿章怎能不知？

李鸿章不甘心，一方面致信曾国藩声言绝无来南京分功摘桃之意，另一方面在朝野派人散布舆论说：非淮军无以攻克南京。但他没想到的是太平军内部瓦解得那么快；而曾国荃拼了老命，他的部下听说要请淮军来会剿分功，反激起了他们的斗志，竟然上下同心提前发起总攻，把南京打下，李鸿章后悔都来不及了。他再狡猾，还是没有曾国藩老到，这也许是令他终生心痛不止的事。

69

——致沅弟：教金陵攻克后"勇退"之道——

〔**提要**〕这是同治三年初，南京攻克前，曾国藩与其弟商量功成身退之计的诸信之一。信中讲道：此时的天气恶劣之骇人，如同咸丰十年二月一样。那一年正是江南大营被毁，曾国藩就任两江总督的年份。信的主旨是要曾国荃提前做好准备：南京一旦攻克，兄弟二人必须急流勇退，但一定要退得有秩序，声色不露，同时要有计划地裁军，要提前考虑到裁军的诸多困难，足见曾国藩的老谋深算。但在激流中勇退谈何容易？

沅弟左右：

连日风雨严寒，气象愁暗，便似咸丰十年二月光景，深为疑悚！不知弟体气何如？各营近状何如？城贼出外猛扑否？

上游窜江西之贼，虽经席、韩迭获胜仗，闻有一小股由铅山之湖坊内窜，恐遂将窜扰抚、建，殊为焦虑！

金陵果克，弟之部曲，断不能全数遣散。一则江西是管辖之境，湖南是桑梓之邦，必派劲旅防御保全；二则四五万人同时遣撤，必无许多银钱，而坐轿者愿息，抬轿者不肯，[①]其中又有许多人情物理，层次曲折。

　　勇退是吾兄弟一定之理，而退之中次序不可凌乱，痕迹不可太露。待兄弟相见，着着商定，再行办理。

二月十一日

【注释品札】

坐轿者愿息，抬轿者不肯

　　①"抬轿者不肯"句：主要讲他兄弟想裁撤湘军，让跟随他们转战十余年的乡勇回乡，但这些人未必肯听从。就是兄弟二人想见好就收，想解甲归田也未必会顺风顺水，所以一定要有计划、有步骤地退出。既不能引发兵变、闹事；又不能让朝廷起疑心。既要准备好裁军必须支付的银两，同时要考虑到预备足够的兵力，用以家乡与防区的自保。

⑦70

谕纪泽、纪鸿：教养生须悟一"存"字

〔**提要**〕该信为曾公赴徐州指挥北方平捻水路途中所寄二子的家书。略述战事与自己途次。概因自己身体多病，二子体弱，所以教二子养生当以自然之法，而不要急于药石攻治，要他们认真体味庄子"在宥"的一个"存"字。其实何止养生，天下万事无不贵自然之道。

字谕纪泽、纪鸿：

接纪泽在清江浦、金陵所发之信。舟行甚速，病亦大愈，为慰。

老年来始知圣人教孟武伯问孝一节之真切。尔虽体弱多病，然后宜清静调养，不宜妄施攻治。**庄生云："闻在宥天下，不闻治天下也。"** 东坡取此二语以为养生之法。尔熟于小学，试取"在宥"二字之训诂体味一番，则知庄、苏皆有顺其自然之意。养生亦然，治天下亦然。若服药而日更数方，无故而终年峻补，疾轻而妄施攻伐，强求发汗，则如商君治秦、荆公治宋，全失自然之妙。柳子厚所谓名为爱之，其实害之，陆务观所谓天下本无事，庸人自扰之，皆此义也。东坡游罗浮诗云："小儿少年有奇志，中宵起坐存黄

庭。"下一"存"字，正合庄子"在宥"二字之意。①盖苏氏兄弟父子皆讲养生，窃取黄老微旨，故称其子为有奇志。以尔之聪明，岂不能窥透此旨？余教尔从眠、食二端用功，看似粗浅，却得自然之妙。尔以后不轻服药，自然日就壮健矣。

余以十九日至济宁，即闻河南贼匪图窜山东，暂驻此间，不遽赴豫。贼于廿二日已入山东曹县境，余调朱心榄三营来济护卫，腾出潘军赴曹攻剿。须俟贼出齐境，余乃移营西行也。

尔侍母西行，宜作还里之计，不宜留连鄂中。仕宦之家，往往贪恋外省，轻弃其乡，目前之快意甚少，将来之受累甚大。吾家宜力矫此弊。

二月廿五日

【注释品札】

做人为官切不可学曾公之晚年

①"下一'存'字，正合庄子'在宥'二字之意"句：此句中的"存"字、"在宥"二字都是顺其自然、自在、自如之意。曾公在信中除了引述庄子与苏东坡的字以教子养生顺其自然外，还讲述了商鞅变法、王安石变法而招致政治上的失败，引述了柳宗元与陆游的观点来教二子以自然养生之道。此时的曾国藩显然从青壮年时代的朝气蓬勃、一日千里的状态，转向了以守为攻、以退为进的状态。这也是人一旦走向成熟，便是没落开始的表征。

人的疾病治理，专以药疗自然是一利一弊，一治一害，但仅靠自然养生也不可达治愈之效，须得药治与自治之相佐。政治也概莫能外，除顺乎人性、民情外，对于越轨处，无人治、法治则无以纠其过失。凡事得其适中、适当为宜。庄子的无为而治与孔子的过犹不及相比之下，差之远矣，凡事过头了，或不到位，都不解决问题。曾国藩晚年官场不顺，屡屡蹉跌；身体江河日下，六十一岁便亡故，都是他自治、自咎、自警过偏而畏人言、畏天命、畏身名太过而致，无论做人与为官切不可学曾公之晚年。

字谕纪鸿澤儿 接尔等八月初十日亲笔信鸿

儿禀男之喜军务棘手病危之际闻

此尤为喜慰抑知用澤哲文明学此儿

鬼名澤一书名应用属字派否候得沅

卅四信再取名也九月初十後澤儿送全

春四湘鸿儿可来周家口侍笔左期年

71 致澄、沅二弟：教官场进退之难

〔**提要**〕此信为同治四年，曾公调任"剿捻总司令"在山东前线写给在家"养病"闲居的曾国荃与曾国潢的信。信中只商谈一事：曾国荃何时重出为好。信中详细分析了出山与隐居的各自利弊后，请曾国荃自拿主意，他人不好代谋。并且信中言明，朝廷对曾氏已远不如金陵攻克之前之倚重。以前是有奏必准，而现在则是多方刁难、苛责，所奏之事，多被驳回，很是令人寒心。大有鸟尽弓藏、兔死狗烹之意。信中所言大体为进亦难退亦难，心中有一少半同意他重出，一多半同意他继续隐居。

澄、沅弟左右：

近日贼情，张总愚一股尚在南阳，赖汶光、任柱等股尚在光州、固始一带。闻京师之东北山海关外、奉天等处马贼猖獗，派文尚书、福将军剿办，尚未得手。新授徐海道张树声为直隶臬司。圣意盖欲多调淮勇北卫畿辅，局势又当少变矣。

沅弟出处大计，余前屡次言及，谓腊月乃有准信。近来熟思审处，劝弟出山不过十分之三四，劝弟潜藏竟居十分之六七。

部中新例甚多。余处如金陵续保之案，皖南肃清保案，全行议驳；其馀小事，动遭驳诘。而言路于任事有功之臣，责备甚苛，措辞甚厉，令人寒心。①

军事一波未平，一波复起，头绪繁多。西北各省，饷项固绌，转运尤艰。处山西完善之区，则银钱分文皆须入奏，难以放手办事。若改调凋残之省，则行剥民敛怨之政，犹恐无济于事。

去年三、四月间，吾兄弟正方万分艰窘，户部犹将江西厘金拨去，金陵围师几将决袭。共事诸公易致龃龉，稍露声色，群讥以为恃功骄蹇。为出山之计，实恐怄气时多，适意时少。

若为潜藏之计，亦有须熟筹者。大凡才大之人，每不甘于岑寂，如孔翠洒屏，好自耀其文彩。林文忠晚年在家，好与大吏议论时政，以致与刘玉坡制军不合，复思出山。近徐松龛中丞与地方官不合，复行出山。二人皆有过人之才，又为本籍之官所挤，故不愿久居林下。沅弟虽积劳已久，而才调实未能尽展其长，恐难久甘枯寂。目下李筱荃中丞相待甚好，将来设与地方官不能水乳交融，难保不静极思动，潜久思飞。

以余饱阅世变，默察时局，则劝沅行者四分，劝沅藏者六分。以久藏之不易，则此事须由沅内断于心，自为主持，兄与澄不克全为代谋也。余前所谓腊月再有确信者大率如此，下二次更当申明之。

十二月十五日

【注释品札】

官场冷暖，古今如此

①“令人寒心”句：何事令曾大人寒心呢？其一，平灭太平天国之后所遭际的朝廷之冷遇。凡事不顺，多所责难，大有鸟尽弓藏之意，如农夫待牛马一般，干完活儿便减草料。其二，各方的刁难。“言路”也就是一些闲官、清职，对于有功之臣尤为忌刻。其三，一旦有功，便很难与官僚们处世，稍有辞色，便被扣上居功自恃、桀骜不驯的帽子，而受到攻击、弹劾。

所以曾国藩不但心存让其弟隐居终老之意，而且不止一次劝诫他的子孙不要步入军旅官场。

⑦²

致澄、沅二弟：教行藏之上策
与根本第一层功夫

〔**提要**〕这是曾国藩在同治四年末于剿捻前线写给在家的曾国潢、曾国荃二弟的家书。所谈二事：其一，沟通剿捻及关东、广东战事；其二，分析大势，劝其弟趁势应诏及时出山，与其只考虑自身安危，不如兄弟共同力尽王事，将个人生死祸福置之度外，是官场第一层功夫，能做到这一点，便一切都是坦途了。

澄、沅弟左右：

捻匪全入湖北，任、赖、牛、李等股与成大吉之叛卒勾结，在黄、孝、罗、麻一带，张总愚亦在襄、樊一带。余调刘铭传九千人由周家口驰援黄州，不知赶得及否？

闻关东之骑马贼甚为猖獗，刘印渠带兵至山海关防堵。广东一股亦不易了。

天下纷纷，沅弟断不能久安，与其将来事变相迫，仓猝出山，不如此次仰体圣意，假满即出。余十五之信，四分劝行，六分劝藏，细思仍是未妥。不如兄弟尽力王事，各怀鞠躬尽瘁、死而后已之志，终不失为上策。

沅信"于毁誉祸福置之度外"，此是根本第一层工夫。此处有定力，到处皆坦途矣。①

十二月廿五日

【注释品札】

官场上的"第一层功夫"

①"到处皆坦途矣"句：这是曾国藩劝曾国荃应诏重新出山的话，并称将毁誉祸福置之度外，为官场上的第一层功夫。能做到这一步，那就到处是坦途了。

官场、商场、战场，自古有相通之理。做官的越怕丢官往往越保不住纱帽；经商的越怕赔钱往往越是血本无归，赚不到大钱；打仗的越怕死，越怕失败，往往便越是吃败仗甚至丢了性命。但"三场"之上也绝不是莽撞行事者可为之地。常言道：无私方无畏，官场之上更是如此，老想个人自私自利之处，想无畏都不可能。而无所畏惧加处处小心，则是"三场"成功之基。胆略、胆量、胆色、胆气对于莽撞者是祸害；而对于智者而言，则是大智慧，是大智慧的增长剂与启动器。西方兵学大家克劳塞维茨就有此说。

⑦

致澄、沅二弟：教天道有舒惨，王政有恩威

〔**提要**〕这是曾国藩于同治五年于剿捻前线，在徐州写给在家的曾国潢与曾国荃两弟的家书。信中所言三事：其一，通报剿捻战事；其二，劝曾国荃适时应诏，结束"病假"，重新出山，不应再滞留家中；其三，与其弟论宽严之道，并叹及人才之短缺。

澄、沅弟左右：

沅弟出处大计，余腊月十五日信，六分劝藏，四分劝行，而以久藏之不易，又嘱沅内断于心，自为主持。至腊月、正月两信，则专劝弟出山，盖终不免于一出，不如假满即出，最为体面。惟决计出山，则不可再请续假，恐人讥为自装身分太重。①余此信已为定论，下次不再商矣。

沅弟以余待朱、唐等稍失之簿，余心亦觉不甚安帖。②然天道不能有舒而无惨，王政不能有恩而无威。近日劾吴少村及驱逐在徐之王、刁两团数千人全回山东，亦似稍失之簿，而非此实办不动也。③

夹袋中并无新储之才，惟幼泉及张敬堂较优，不知果

有所建树否？

正月十五日

【注释品札】

凡事当适可而止不宜过分

① "恐人讥为自装身分太重"句：这是曾国藩劝其弟适时出山，不要过于坚持不出，否则便会被别人认为是装相了，甚至会以恃功不应皇上诏命为由而受到弹劾与非议。世间事无不如此。一过分就要走向反面。花的香味一旦超过50%，就马上变成臭味了。再好的事也不要过度、过分，凡事都有一个向自身反面转化的临界线，这个临界线是不好丈称尺量的，需要自己很好把握。

为官者须有宽严相济之手段

② "余心亦觉不甚安帖"句：曾国荃在信中说其兄对待朱、唐二将稍失刻薄，不太宽容。曾国藩也为此似觉心有不安。但马上对其弟说道，天道有舒惨之时，王政有恩威之处。正因为苍天有宽容之处，有惨烈之举，所以方成天地；王道有施恩之处，也有威猛之处，正因为有宽猛相济才成其王道。

事功难违势功，官运不离时运

③ "而非此实办不动也"句：曾国藩告诉他的弟弟，最近他向朝廷弹劾了吴少村，驱逐了在徐州的王、刁两部数千

军兵回山东，这些事似乎也很刻薄，但不这样做，我指挥不了他们了。

朝中当时，多抨击曾国藩剿捻不力，甚至连地方大员也攻击他老了，不适合再统兵。而皇上对他也屡有指责。他是在一片指责攻击声中回到两江任上的。其实曾国藩剿捻实有其客观条件不利之处。其一，捻军与太平军不同。太平军处处与官军争城夺地，正面交战；捻军以骑兵为主，到处流动，是典型的游击战，长途奔袭，长途流窜。其二，曾国藩的湘军在南京战后已裁撤遣散分拨得支离破碎，而且战区由两江移到北方，地方配合不力，军方也不熟地理、社情、地方政情。江南战事离不开水师，而北方则赖骑兵。而李鸿章接任后则一切大有不同。

其一，李鸿章手执新兴的淮军，又有湘军旧部旧将可用，等到中日甲午海战，湘淮军旧将不再时，他照样吃败仗，被革职；其二，他沿用的仍旧是曾国藩的战略，而且无论河防工事、阵地与其他各个方面，都有了一个基础，正所谓草创者难以成，后来者易为功。连西方的雅斯贝斯都说：第一个突击者永远是牺牲者，是悲剧人物；而第二个、第三个就不同了，会是成功者。无论是剿捻还是天津教案，还是兴办海军、洋务运动，一路都是曾老爷子为他垫好了底，他是继承光大者。所以，官场上的时运对于一个人一生的成就也很重要，不唯自己才力如何，努力如何，也有时运如何的问题。就是曾国藩兄弟收取了平灭太平天国首功，也同样离不开时势、时运。其一，在湘军兴起与成为主力之前，清朝的绿营兵已与太平军鏖战多年，付出了重大牺牲，就连江南大营、江北大营都悉数被毁；其二，各地方的军事力量也与各地太平军的主力部队拼打殆尽；其三，战时兴起的一批新军名将在各地各操胜券，极大牵制了太平军兵力投放南京战场；其四，当湘军围困南京之时，太平军已成颓势，更何况内部的分崩离析、腐败堕落已自成败局。否则以曾国荃的数万湘军对抗太平军内外夹攻，早已死无葬身之地。湘军之前的绿营兵自是不如湘军的战斗力；曾国藩之前的几任两江总督是不如曾国藩的智慧与才力，但谁能说没有时、势二力之予夺呢？观胜保、向荣、和春、德兴阿、张国梁、冯子材亦非皆是草包之人，且一时前后死于战事职守的能臣、干将、大员、名士无以计数，独曾氏兄弟、湘军一旅得天独厚，时耶？势耶？命耶？运耶？人耶？天耶？

74

致澄、沅二弟：教居官保全名节之三端

〔**提要**〕这是曾国藩在曾国荃于同治五年出任湖北巡抚时写给曾国潢、曾国荃两弟的信。信中所言三事：其一，讲任督、抚的不易之处，一者任督、抚者必要募兵、筹饷，二者最易招致谤言；而受弹劾者，则多以用人不当，因督、抚均有较大的用人权。并教其弟以保全名节之道。其二，讲选择好的刀笔文书之事。其三，讲家务琐事。而该信之要则在讲居官如何保全名节一事。

澄、沅弟左右：

沅弟定于十七接印，此时已履任数日矣。

督抚本不易做，近则多事之秋，必须筹兵筹饷。筹兵，则恐以败挫而致谤；筹饷，则恐以搜括而致怨。二者皆易坏声名。而其物议沸腾，被人参劾者，每在于用人之不当。沅弟爱博而面软，向来用人失之于率，失之于冗。以后宜慎选贤员，以救率字之弊；少用数员，以救冗字之弊。

位高而资浅，貌贵温恭，心贵谦下。天下之事理人才，为吾辈所不深知、不及料者多矣，切勿存一自是之见。用人不率冗，存心不自满，①二者本末俱到，必可免于咎戾，不坠令

名。至嘱至嘱！幸勿以为泛常之语而忽视之。

陈筱浦不愿赴鄂。渠本盐务好手，于军事、吏事恐亦非其所长。余处亦无折奏好手，仍邀子密前来，事理较为清晰，文笔亦见精当。自奏折外，沅弟又当找一书启高手，说事明畅，以通各路之情。②

纪泽母子等四月中旬当可抵鄂，纪鸿留弟署读书，余以回湘为是。

三月廿六日

【注释品札】

用人的"三不"政策

①"用人不率冗，存心不自满"句：曾国藩告诫曾国荃，官场之上对保全名节上的事主要有三件：其一，招募兵员一旦打了败仗便要受攻击；其二，筹募粮饷要承受搜刮之攻击；其三，用人不当便要受株连被弹劾。而曾国荃在用人上最大的毛病就是既不慎重而又乐于多用人，这就是"率冗"。率为轻率不慎，冗为人浮于事杂滥不堪。而他这个人又自以为是。所以教其弟在用人上要采取"三不"政策：其一，官员不要草率地选用，要慎重地选择那些德行好的人来任用，以免受株连。其二，兵员不要人数太多，兵要精，不要多，人数太多既耗费钱粮，又未必打胜仗，兵不在多，而在精；将不在广，而在勇在能。其三，千万不要心存自满，自以为是，以为自己了解人。天下事、天下理、天下人，我们不了解、不知道的太多了，始料不及的事也太多了，所以千万要慎重。如果能做到如此三点，既可以保证不因人而获罪，也能保证有一个好名声。

曾公的"天下第一疏"

②"以通各路之情"句：曾国藩向来最为重视文书工作，尤其对于上行文的奏折、上疏，无不字句推敲、前后左右照顾，不使有一丝不明、一点疏漏之处。所以晚清官场对他的奏折有"天下第一疏"之美誉。除了曾国藩自己用心谋篇布局机心雕琢外，更有一批"刀笔吏"幕僚，都是晚清著名学者、宿儒、文学家为他润色。信中所说到不愿意随曾国荃去湖北为官的陈筱浦就是之一。此人名叫陈方坦，筱浦是他的字。此人从咸丰十年入幕追随曾国藩以来，一直到曾去世，都在他身边主办文案工作。还有李申夫、赵烈文等人，都是终生追随于他的文人、谋士兼书吏。赵虽后来出任地方知州，但始终为曾之心腹。

信中所说的奏折好手子密，是钱应溥的字，此人为朝考一等、吏部主事，后任军机处章京，同治元年从朝中于安庆入幕曾府，追随曾国藩身边一生，专为其治文书、奏折，起草各种章程。曾国藩去世后，他一直官至工部尚书。曾国藩深得文人文笔之助，所以劝曾国荃任地方大员后，不但要有专管起草奏折之人，而且要再选一个文字高手，以期行文叙事清楚明白不误事，以使各方的情况都得以顺畅沟通，"以通各路之情"。

⑦⑤

——— 致沅弟：教修身之"悔字诀" ———

〔**提要**〕该信所言二事：其一，教其弟曾国荃如何处理衙门火灾一事；其二，教其弟以自己近年来修身自省之功夫，自称近年来修身养性得益于"悔字诀"。这里的悔字为反省、自责义。于信中言及自己目前与四十岁前之不同，一切以"站得住"，以"行得通"为目的来要求自己，而不怨天不尤人。

沅弟左右：

鄂署五福堂有回禄之灾，幸人口无恙，上房无恙，受惊已不小矣。其屋系板壁纸糊，本易招火。凡遇此等事，只可说打杂人役失火，固不可疑会匪之毒谋，尤不可怪仇家之奸细。若大惊小怪，胡思乱猜，生出多少枝叶，仇家转得传播以为快。惟有处处泰然，行所无事。申甫所谓"好汉打脱牙，和血吞"，星冈公所谓"有福之人善退财"，真处逆境者之良法也。①

弟求兄随时训示申儆，兄自问近年得力，惟有一"悔"字诀。②兄昔年自负本领甚大，可屈可伸，可行可藏，又每见得人家不是。自从丁巳、戊午大悔大悟之后，乃知自己全无本领、凡事都见得人家有几分是处。故自戊午至今九载，与四十岁以前迥不相同。大约以"能立能达"为体，以"不怨不尤"为用。立者，发奋自强，站得住也；达者，办事圆融，行得通也。吾九年以来，痛戒无恒之弊，看书写字，从未间断，选将练兵，亦常留心。此皆自强、能立工夫。奏疏公牍，再三斟酌，无一过当之语、自夸之词。此皆圆融、能达工夫。至于怨天，本有所不敢；尤人则常不能免，亦皆随时强制而克去之。弟若欲自儆惕，似可学阿兄丁、戊二年之悔，然后痛下箴砭，必有大进。

"立""达"二字，吾于己未年曾写于弟之手卷中，弟亦刻刻思自立自强。但于能达处尚欠体验，于不怨尤处尚难强制。吾信中言皆随时指点，劝弟强制也。赵广汉本汉之贤臣，因星变而劾魏相，后乃身当其灾，可为殷鉴。默存一"悔"字，无事不可挽回也。

正月初二日

【注释品札】

突发不明之灾不可先自猜疑扩大其实

①"真处逆境者之良法也"句：信中说湖北衙门的五福堂发生火灾，损失不大，受惊不小。但此类突发之灾，飞来之祸，不可自家先自大惊小怪、胡乱猜疑、扩大其实。否则，极有可能多生许多事端，同时让仇家幸灾乐祸耻笑。只能说是下人们不小心失火了事。自己首先要泰然处之，装出若无其事的样子才好。即使有所委屈，也自应如李申甫所言"好汉打脱牙，和血吞"；而祖父星冈公生前也有言"有福之人善退

财"，这才是身处逆境的好办法。

曾公此处所言，当称智慧之言、智者之举。处理突发灾祸事件，尤其是私家事尤当如此。否则也许会引发其他不良事端；亦足使亲者痛、仇者快，而自家心生畏惧。

信中所言称"申甫"者，是曾公帐下跟随他最长久的大幕僚李榕，字申夫。在曾氏家书中凡所称李申夫、李申甫者都是李榕。此人也是京师中翰林出身，后入礼部。奉旨入曾国藩军中。两次离开曾公为带兵之将，又回到曾公幕府，是跟随曾公左右最久的身边人。也是对曾公最了解的人。曾公一生多得益于聚拢其帐下一大批此般能文能武、知书知兵的能员干才，乃至令曾氏幕府成为历史上一道独特的政治、军事景观。

心存"悔"字无事不可挽

②"惟有一'悔'字诀"句：曾国荃在信中要求其兄随时对他训示申儆，曾公也向来毫不客气，便告诉其弟说：近年来我所受益的只有一"悔字诀"。自己四十岁以前，总是自负很有本事，无论屈伸都不在乎，用我不用我也无所谓，自以有才能可恃，什么都不怕。而且又总是爱看别人的短处。可是自从1857年在家丁忧父丧的一年多时间里，思考反省了许多事情，经历了大悔大悟后，才觉得自己并没多大本事，而且也发现别人也有许多做得很对之处，也有许多长处。从那时开始，到现在已经九年，我觉得自己和那以前大不一样了。大体上能做到以能"站得住"（立）与能"行得通"（达）为行事之根本；以不怨不尤来要求自己。平时少看别人的短处，多看他们的长处；有了矛盾出了问题，不怨天不尤人，多从自己身上找原因。所谓"立"者，就是自己发愤图强，以求能站得住；所谓

"达"者，就是办事圆融，不刻板拘泥固执，以求能行得通。至于怨天本有所不敢，而在尤人方面则常常不能免，有时还是不太宽厚于他人。但自己能做到随时强制自己去不尤人了。如果你想改进自己，那么也不妨学学我在家那两年的自省反思悔悟的方法，找出自己的不足，然后痛下针砭，强制自己改正。如果能做到这两点，那一定会大有长进。

弟弟你于自立自强方面做得还是很不错的，但在办事圆通能达方面还缺少体验，而在不怨尤处还很难强制自己改正。汉朝的赵广汉本是一位贤臣，只因为星相有变，出现杀戮大臣的征兆，就去贸然弹劾魏丞相，结果却是自己身当其灾，此事可为前车之鉴。如果能在心中默存一个悔字，则没有什么事情是不可挽回的。

曾国藩这几句话实际上不是一般的交流，而是心有所指的一种暗示。曾国荃有一个弹劾人的毛病，对于地方大吏总有不和之处。就是对他的上司，时任湖北总督官文这位很受皇上信任的满族旗人大吏也弹劾。最后终于为自己埋下祸种，也曾遭历一段被免职的耻辱。曾国藩确有见事之明，总有先见在前。

曾公所言之"悔"字，多为自省、悔过之意，而更重在悔改上。"悔"字在古文中既有后悔之义，也有悔恨、悔过、悔改、改过之义。而且还有与吉字相对应的灾祸之义。亦是《周易》中的卦辞。

76

── 致沅弟：教自修以强但不可以强胜人 ──

〔**提要**〕该信主旨是曾公于平捻前线劝喻曾国荃修身以自强，但切不可一味地倚强胜人。此意由曾国荃于湖北巡抚任上弹劾长官湖广总督顺斋（官文）一事而起，无非因军政不合。但这种做法也是很有风险的。所以虽然弹劾奏章已发出，但兄弟二人均有所不安。曾国荃说听凭命运做主。而曾国藩担心的是：其一，但愿朝廷处置时能不露声色，不露马脚，以免结怨太深；其二，但愿继任者不再与曾军掣肘，如果一蟹不如一蟹就反为不美了。正由此担心，曾公引经据典劝其弟努力修身，而不可一味地以强力去胜人。

沅弟左右：

接弟信，具悉一切。

弟谓命运作主，余素所深信；谓自强者每胜一筹，则余不甚深信。

凡国之强，必须多得贤臣工；家之强，必须多出贤子弟。此亦关乎天命，不尽由于人谋。

至一身之强，则不外乎北宫黝、孟施舍、曾子三种。①孟子之集义而慊，②即曾子之自反而缩也。惟曾、孟与孔子告仲由之强，略为可久可常。③

此外斗智力之强，则有因强而大兴，亦有因强而大败。古来如李斯、曹操、董卓、杨素，其智、力皆横绝一世，而其祸败亦迥异寻常；近世如陆、何、肃、陈，亦皆予知自雄，而俱不保其终。

故吾辈在自修处求强则可，在胜人处求强则不可。若专在胜人处求强，其能强到底与否，尚未可知。即使终身强横安稳，亦君子所不屑道也。

贼匪此次东窜，东军小胜二次，大胜一次；刘、潘大胜一次，小胜数次；似已大受惩创，不似上半年之猖獗。但求不窜陕、洛，即窜鄂境，或可收夹击之效。

余定于明日请续假一月，十月请开各缺，仍留军营，刻一木戳，会办中路剿匪事宜而已。

九月十二日

【注释品札】

守勇、守气、守约三强之优劣

① "则不外乎北宫黝、孟施舍、曾子三种"句：此句中之三人见诸《孟子·公孙丑上篇》。这三个人代表了三种强的类型。那个叫北宫黝的齐国人是"守勇"类型的强者，不过只是一勇之夫而已。此人是宁折不弯的人，不忍一毫之辱，不管是布衣百姓，还是万乘君主都不可以侵辱他一毫，也不怕诸侯之权势。只要是有恶声入耳，他必然去报复，而绝不宽恕。孟子没有说他的结局如何，大抵是"强梁者不得其死"所之辈。

那个叫孟施舍的人则是"守气"类型的强者。他并不算计对手的强弱，也不看重胜败如何，即使战败了他也当成胜利，他坚守的只是不管如何，而无所畏惧，只管一路杀去，自有一种勇气。所以孟子称他是"守气"之人。

而曾子则是"守约"之人。是依义理而行的强者之论。他认为，如果自己没有理，对手就是一个平民，自己也不该去以强凌弱；如果自己的理是直的，哪怕对手有千万人在那里，我也不惧怕，一定要一往无前。原文是："吾尝闻大勇于夫子矣。自反而不缩，虽褐宽博，吾不惴焉；自反而缩，虽千万人，吾往矣。"

那么三者孰优孰劣呢？孟子评价道：北宫黝的勇很像子夏（一勇之夫）；孟施舍的勇是"守气"之勇，有点像曾子；而曾子的勇则是"守约"之勇。显然孟子是赞成先有"理直"而后方可有"气壮"的强者。当然，这只是在以上三者之中的比较而言。真正的强者则是不战而屈人之兵者，有道是得理也让人，有理不在声高，态度并不决定一切。

孟子：志为气先，气由义生为何义

②"孟子之集义而慊"句：就是说孟子对于强的看法则是重"守义"。孟子的观点见于《孟子·公孙丑上篇》。书中说：我遇事不疑虑不畏惧，在于我能辨别他人所说话的是非，我善于养自己的浩然正气。但是一个人的志向是气的统帅，气则是其次的。而养浩然正气则需要行事合于义的道理，才会生出浩然正气。而且还不止于此。如果心中有不快足，就没有正气之充盈，就要胆怯了。所以养浩然正气须先有向善的日积月累，既不可忘记它，也不可拔苗助长，而应顺其自然。原文是"夫志，气之帅也，气体之充也。夫志，至焉，气次焉。故曰

持其志，无暴其气。""我知言，我善养吾浩然之气。""其
为气也，配义与道。无是馁也。是集义所生者，非义袭而取之
也。行有不慊心，则馁矣。""不慊心"就是心中有所不快，
不满足。孟子之论志、气、义之关系大体如此。

综上所述，各种强勇之道相较，守勇不如守气，守气不
如守约，守约不如守义。人之行为需先有向善之心方有浩然正
气；要符合义理，然后才无所畏惧，才是真正的强者。既不能
靠心智算计去斗智，也不可以凭借个人的勇力与权势来压制他
人，否则必然产生反动，害及自身。历史上许多人尽管有因斗
力之强而兴盛一时的，也有因"其智力横绝一世，而其祸败
亦迥异寻常"。恃智、恃力而兴盛者，大多其兴也勃，其亡也
忽、也惨。"俱不保其终。"所以曾公劝其弟："吾辈在自修
处求强则可，在胜人处求强则不可"。否则很难得善终，或只
能增福于他人。即使可以由强横而安稳到底，也要受人非议，
会让人看不起的，"亦君子所不屑道也"。

曾国藩此处提到的前四个人：李斯、曹操、董卓、杨素，
都是秦、东汉、隋朝的历史人物。这四个人都是历史上著名的
智谋强梁人物，但都没有好结局。所提到后四个人：一个是曾
国藩的前两任两江总督陆建瀛；一个是曾的前任两江总督何桂
清；这两个人都是自以为是之人，都被太平军打败而丧命。肃
顺是咸丰帝死前指定的八大顾命大臣之首辅；陈孚恩是肃顺一
党的军机大臣。肃顺被慈禧杀头后，陈被株连发配新疆。后二
者都是强梁用事之人。

曾公：守义理中道，略可长久

③"略为可久可常"句：曾国藩的基本观点是：为官做

人做事之道都要守强，不能胆小怕事，怯懦动摇，那是既没骨气也不能成事的。没有志气、没有胆识、没有决断、没有不屈不挠之精神，是什么事也成不了的，更不能担当大事。但无论强勇还是气势，都不可以强力欺凌他人。人不但要虑及功业得失成败，更要考虑到功业长久，全身而退，明哲保身，而不可鲁莽灭裂，一味任性、使气、凌人。所以他推崇曾子的"守约"——依理而行；孟子的"守义"——以志为浩然正气之帅，以道义为根基，行事不气馁。而"孔子告仲由之强"就是前文所论及的"强矫"之道——刚柔并济、不偏不倚之中道。

曾国藩一生修为之功，无人可及。其一，见官场之险恶，人心之叵测而生畏惧之心，正可谓战战兢兢，日谨一日；其二，知所畏而问道求学，以理智依利害行事，而不以功利为先，所以敢一往无前，以终身之苦辛，而得终生之盛名、之骂名。有足取之处，亦有不可取之处。但自是一世非常之人，亦天下共识之。正所谓内圣而外王，其即使无达此境，亦足称内修而外得者。

致沅弟：教官场"两患"与处危之法

〔**提要**〕这是曾国藩在徐州未回南京时写给曾国荃的劝慰信。告诉他已奏明圣上留下鲍超一军剿捻军任化邦与赖文光部。关于你辞职病休的事再另行咨询。以后再奏事，不可一意孤行，老是惹事。老头子的态度十分严肃。但马上又安慰他劳苦功高，不会有什么事情。今后多注意就是了，一切从平常、平安处着想，不要再老是从掀天揭地处着想。这不是萎靡不振，而是名高位重而令身危的缘故。并告之，官场一患不能达，二患不稳适，只有处处只从波平浪静处安身着想这个办法，才能免去"两患"。

沅弟左右：

日内有战事否？留霆军剿任、赖一股，昨已附片具奏，另咨弟案。

嗣后奏事，宜请人细阅熟商，**不可壹意孤行，是己非人。为嘱！**①

弟克复两省，勋业断难磨灭，根基极为深固。但患不能达，不患不能立；但患不稳适，不患不峥嵘。此后总从波平浪静处安身，莫从掀天揭地处着想。②吾亦不甘为庸庸者，近来阅历万变，一味向平安处用功。非萎靡也，位太高，名太重，不如是，皆危道也。

正月廿二日

【注释品札】

位高名重者不可是己非人

①　"是己非人。为嘱"句："壹意孤行，是己非人"这正是曾国荃的致命弱点。一般常人如此尚不可，身为封疆大吏如此便更不可。不管什么情况，什么对象，什么后果，只要自己想怎么做就怎么做，且不听他人劝阻，如此的一意孤行就已经无人以堪了；再加之凡事总是自以为是，什么都是自己对，而毛病都是别人的，总是不断地攻击他人，与所有人，不论上司、下属、友军、兄长、同僚都搞摩擦，这种人不被打倒，已是天幸。曾国荃自从先后经历了南京战后、剿捻不利两次大事件引起人际矛盾总爆发、总攻击，因而被踢出局的大教训后，再次复出时，其人已成脱胎换骨者。曾国荃后来终肯吸取教训，所以才较为顺遂地度过了官场晚年。

官场中途后宜从稳妥处着想

②　"莫从掀天揭地处着想"句：这一段是曾氏教其弟凡事多从平安处着想的话，讲得非常精彩。"但患不能达，不患不能立；但患不稳适，不患不峥嵘。此后总从波平浪静处安身，莫从掀天揭地处着想。"意思是说：官场之上，不用为能否站得住操心，应该忧虑的是不顺利，不通达；不用忧虑不会露头

角，只怕不稳健，处置失当惹祸端。所以，今后一切应该只从如何平安、平稳处着想，而不要再老是雄心勃勃总是不计利害地想着干掀天揭地的事，便自然会有好的结果。

显然，这是曾国藩对曾国荃，乃至对自己这种特定对象、特定时期的特定状况所讲的道理。

⑦⑧

── 致沅弟：教人事处分须防党仇报复 ──

〔**提要**〕这是曾国藩在徐州前线尚未回南京时与曾国荃的通信。所言三事：其一，被他弹劾的官文处分极轻，只是免去了湖广总督的职位，在朝中仍任大学士，还是相爷。安排李鸿章任湖广总督，虽不能到任但专调湖南巡抚李瀚章来湖北代署；而湖南之缺则由朝中直接委派刘昆来任巡抚，这纯粹是给曾家面子。这已很不错了，你不要再闷闷不乐了。其二，要搞好曾李两家、湘淮两军的关系。曾对其弟说：你在湖北，淮军的将领都很感谢你的厚待，一定要和李鸿章兄弟与淮军搞好关系，以期互助。其三，刘霞仙已被免职，但我们不能忘记老朋友，要经常和他通信问候。

沅弟左右：

　　顷阅邸抄，官相处分极轻，公道全泯，亦殊可惧。①惟以少帅督楚，筱荃署之，又以韫斋先生抚湘，似均为安慰吾弟，不令掣肘起见。**朝廷调停大臣，盖亦恐有党仇报复之事，弟不必因此而更怀郁郁也。**

　　少荃宫保于吾兄弟之事极力扶助，虽于弟劾官相不甚谓然，然但虑此后做官之不利，非谓做人之有损也。弟于渠兄弟务须推诚相待，同心协心，以求有济。淮军诸将在鄂中者，有信至少荃处，皆感弟相待之厚，刘克仁感之尤深。大约淮、湘两军，曾、李两家，必须联为一气，然后贼匪可渐平，外侮不能侵。

少荃力劝余即回江宁，久于其位。余以精力日衰，屡被参劾，官兴索然，现尚未能定计。

霞仙去官，屡于谕旨严诘，责余不能不与之通信。兹有一函，请弟专人妥交。

《鸣原堂文》亦思多选，以竟其事。若不作官，必可副弟之望。

正月廿六日

【注释品札】

居官大势一去即不可留

①"亦殊可惧"句：显然曾国藩、李鸿章等都不同意弹劾官文，不是因他不该弹，而是弹了既不解决问题，也要危害到自身。但曾国藩"可惧"的是并非官文一案的结果，而是自攻克南京以来，曾氏兄弟的渐被冷落、责难、疑惧。虽不至"走狗烹"，但却大有"良弓藏"之势。所以朝中颇不以曾氏兄弟之意为重。一直到平捻战事之后，朝廷才对曾国藩兄弟彻底释疑信任。

居官之位之期也有一个势字，大势所趋自可好官自为之，自可一顺百顺，建功立业如转丸于板上，游刃有余；大势一去、大势已去，则绝不可留任，一不顺而百不顺，处处难为、捉襟见肘，继续干下去很可能白费力气，甚至前功尽弃、晚节难保、善终不得。应运上台是一种智慧，适时下台更是一种大智慧。所以居官进退都须审时度势，量力而为，既不可急功冒进，也不可驽马恋栈，自取其辱、其逆、其祸。

欧洲雕塑家雕塑的李鸿章（中）、俾斯麦（左）、格兰斯顿（右）

李鸿章光绪四年的照片

⑦⑨

谕纪泽：教不可轻慢四邻之利害

〔**提要**〕该信为曾公于同治五年（1866年）十一月刚刚接旨由平捻前线调回两江总督任上时，写给长子纪泽的一封家书。略述平捻战事，主要叮嘱纪泽在迁居到双峰县荷叶镇后，要处理好同乡邻的关系。

字谕纪泽儿：

此间军事，任、赖由固始窜至鄂境，该逆不得逞志于郭，势必仍回河南。张逆入秦，已奏派春霆援秦，本月当可起程。惟该逆有至汉中过年、明春入蜀之说，不知鲍军追赶得及否。

本日折差回营，十三日又有满御史参劾，奉有明发谕旨，兹抄回一阅。余拟再具数疏婉辞，必期尽开各缺而后已。①将来再奉入觐之旨，亦未可知。

尔在家料理家政，不复召尔来营随侍矣。**李申夫之母尝有二语云"有钱有酒款远亲，火烧盗抢喊四邻"**，戒富贵之家不可敬远亲而慢近邻也。我家初移富坨，不可轻慢近邻，②酒饭宜松，礼貌宜恭。或另请一人款待宾客亦可，除不管闲事不帮官司外，有可行方便之处，亦无咎也。此谕。

涤生手示 十一月廿八日

【注释品札】

后世厚曾薄李多因曾厚李薄故

①"必期尽开各缺而后已"句：意思是说一定要不断地上疏，直到辞去自己的各种职务为止。

曾国藩兄弟在同治三年（1864年）六月攻克南京后，太平天国即宣告灭亡。但太平军仍有众多余部汇入北方捻军的洪流，战事仍旧很惨烈。同治四年，负责平捻的僧格林沁在山东阵亡。曾国藩马上奉命接替僧王的平捻之任，坐镇徐州，指挥北方的平捻战事。但曾国藩与僧王的战略有所不同。僧王总是疲于奔命地率领骑兵追击，如同狗撵兔子一样；而曾国藩则从长远战略出发，采取利用河道、沟墙，围堵分割围歼的战术。此战略用以应付以骑兵为主飘忽不定无可琢磨捕捉的捻军，无疑是正确的。就是后来接任的李鸿章也是靠了这一战略才取胜的。但显然这种战略战术见效慢，所以当时的朝野都认为曾国藩主战不力，各种责难非议蜂起，令曾国藩十分灰心绝望，便不断地上书辞职，要求告老还乡。但朝廷非但不批准，还升授他为大学士，相当于宰相之衔，只把他调回两江总督的位置，派李鸿章来接替他主持平捻战事。一来，李鸿章拥有新建的淮军，又有曾国荃、鲍超、郭子美等一批湘军旧将；再加之曾国藩所规划好了的基础，所以不到两年间便平灭了捻军。

李鸿章一生一路踩着曾国藩为他架好的梯子向上攀登，而曾国藩则是一生的筚路蓝缕，以启山林。无论是平灭太平天国、平捻、洋务、通商、组建中国海军，还是天津教案，都是曾老先生在前面打开了航道，但一切都由这位李小学生在后面摘果子一样，一颗颗地收入自己的怀抱之中。

时也、势也、命也、运也？时势天定，人力不可力挽；而命运则多由人定。性格即命运。深厚、正直、学问、大略，曾是先生，李是后生、学生；而狡猾、机变、腌臜，则曾大不如李多矣。时人、后人多厚曾薄李，实由曾厚李薄之故。而"后生可畏"的天道自然法则也在规矩着人的命运。李鸿章是道光二十七年中进士的，要比曾国藩晚十年。而曾国藩此时已是朝中的内阁学士、礼部侍郎。曾国藩回乡办团练已为湘军统帅时，李鸿章才刚刚投到曾国藩门下学经、帮办而已。但正为此年龄上的差距，李才有可能一步步地紧步曾的后尘，成为曾的接班人，左右了晚清最没落腐朽时代近四十年朝政。杭州老去被潮催，英雄之花总被时间的风吹雨打飘零落去，这是不可抗拒的自然法则。正是这一自然法则决定了，不管后来者如不如今，不管雏凤是否清于老凤声，而后来者居上，势如积薪也是必然。

远亲不如近邻

②"不可轻慢近邻"句：此时的曾氏一家已由世代祖居的湘乡县三迁而至湖南双峰县荷叶镇，由曾国荃、曾国潢主持在鳌鱼山下依山傍水起建新居，那个地方叫富坨，所以信称"我家初移富坨，不可轻慢近邻"。并引用了跟随他最久的大幕僚李申夫老母亲的两句话来教育纪泽——"有钱有酒款远亲，火烧盗抢喊四邻"。意思是说：人们的钱、酒都喜欢用来款待那些远方的亲戚，但是一旦遇到贼抢火烧的事，却只能靠近邻来

搭救。也就是北方人们所说的"远亲不如近邻，近邻不如对门"之意。所以曾国藩教子不可敬远亲而慢近邻，而要多款待礼敬乡邻，以期友好相处，危难之际可得借助。

⑧⓪

致澄弟：教人以极品为荣，实为苦恼之境

〔**提要**〕这是曾公在南京战后同治六年于平捻前线发给家弟曾国潢的家书。信中所言二事：其一，述剿捻之苦闷、劳累，很想钻入箱子中闭上眼睛，万事不见；不仅愈焦灼愈烦，而且责任愈重，指责越多.其二，告其弟对于朝中在湖南清查哥老会一事，不要太认真，解散是了。

澄弟左右：

闻弟与内人白发颇多，吾发白者尚少，不及十分之一，惟齿落较多，精神亦尚能支持下去。**诸事棘手，焦灼之际，未尝不思遁入眼闭箱子之中，昂然甘寝，万事不视，或比今日人世差觉快乐。乃焦灼愈甚，公事愈烦，而长夜快乐之期杳无音信。且又晋阶端揆，责任愈重，指摘愈多。人以极品为荣，吾今实以为苦恼之境。**①然时势所处，万不能置身事外，亦惟有"做一日和尚撞一日钟"而已。

哥老会匪，吾意总以解散为是。顷已刊刻告示，于沿江到处张贴，并专人至湖南发贴。兹寄一张与弟阅看。人多言湖南恐非乐土，必有劫数。湖南大乱，则星冈公之子

孙自须全数避乱远出。若目前未乱，则吾一家不应轻去其乡也。

南岳碑文，得闲即作。吾所欠文债甚多，不知何日可偿也。

此间雨已透足，夏至插禾尚不为迟，但求此后晴霁耳。

六月初六日

【注释品札】

官位越高责任越重指责越多

① "吾今实以为苦恼之境"句：这是一段向二弟诉苦的话。曾国藩自南京战后，本想歇歇脚。可僧格林沁一死，北方剿捻战事又落在了他的肩上。而且此间无论战事、政事都是两大不顺，军事上不断地打败仗，挡不住捻军的到处游击；朝廷又对他不再那样信任、支持、倚重。且朝野非议颇多，而且地方督抚中也有说他统兵太久，年事已高，已经不堪再用，建议撤换他的奏折上达朝中。南京战后大受攻击、质疑、怀疑的风波刚刚平息，此时又面临着一种政治、军事上的双重困境，所以令其日夜焦灼不安，以至到了他想逃避人世的境地，所以方有"焦灼愈甚，公事愈烦""人以极品为荣，吾今实以为苦恼之境"，真想钻进箱子闭目不视，也许会比在人世更快乐之语。而自己身当重任，又无法置身事外，处于一种进不可得，退不可能的境地。所以，不久，他便要求坚决辞职，朝廷便顺水推舟派他仍回到两江任上，由李鸿章接替了剿捻战事，他才算舒了一口气。

81

致澄弟：教搜捕军人哥老会之事不必认真

〔**提要**〕此信是曾国藩于同治五年，在山东剿捻前线写给湖南老家的澄弟曾国潢的一封家书。信中主要讲查捕哥老会一事。因湘军名将鲍超为四川奉节人，所带兵卒也多四川人，所以发起于四川的哥老会后来渐入湘军之中。同治五年朝廷下令湖南、湖北查剿哥老会，事涉湘军的一些高级将领。所以曾国藩致信其弟告诉他不要太认真，尤其涉及湘军高级有功之人，应以礼待之，尤其不能发生冤案，一切以劝化为主，以救人为主。因为曾国潢为地方团练的负责人，肯定参与了这次清查活动，所以有是语相规。

澄弟左右：

哥老会之事，余意不必曲为搜求。左帅疏称要拿沈海沧，兄未见其原折，便中抄寄一阅。提、镇、副将，官阶已大，苟非有叛逆之实迹实据，似不必轻言正法。如王清泉，系克复金陵有功之人，在湖北散营，欠饷尚有数成未发。既打金陵，则欠饷不清，不能全归咎于湖北，余亦与有过焉。因欠饷不清，则军装不能全缴，自是意中之事。即实缺提、镇之最可信为心腹者，如萧孚泗、朱南桂、唐义训、熊登武等，若有意搜求其家，亦未必全无军装，亦难保别人不诬之为哥老会首。

余意凡保至一、二、三品武职，总须以礼貌待之，以诚意感之。如有犯事到官，弟在家常常缓颊而保全之。即明知其哥老会，唤至密室，恳切劝谕，令其首悔而贷其一死。惟柔可以制刚很之气，惟诚可以化顽梗之民。即以吾一家而论，兄与沅弟带兵，皆以杀人为业，以自强为本。弟在家当以生人为心，以柔弱为用，庶相反而适以相成也。①

孝凤为人，余亦深知。在外阅历多年，求完善者实鲜。

余外病全去，尚未复元。初九抵周家口。此间或可久住。

八月初十日

【注释品札】

上帝造人为什么处处两两配之

① "庶相反而适以相成也"句：这是曾国藩告诫他的澄弟，一旦有清查哥老会的人犯到官，他一定要设法保全，即使真的是哥老会，也要在私下里劝其悔过而已，设法免去一死。并说我和曾国荃在外统兵，只能以杀人为业，那是没办法的事，因为是生死相搏，必以自强为本；而你在家当以生人为心，只要有机会就要想办法救人，以柔为用。这样，对我家而言，才是相反相成。显然曾国藩在这里既有对与他并肩战斗过的生死弟兄们有相怜之意，而且这些人又都是在南京战后遣散在家的湘军旧部，本已够可怜的了，又要因为哥老会的事丢掉性命就更可怜了。同时，他对于军旅间杀人过多，未必就没有

感觉，似乎再也不是当年的"曾剃头"了。

是的，战场之上，不可能稍存仁义之心，处你死我活之境，转眼间存亡立见，谁还讲什么扫地恐伤蚂蚁命吗？但滥杀无辜、屠城坑俘的事总可避免。据说同为湘军名将，杀人不眨眼冲锋不要命的塔齐布，在遇到太平军童子军被打败的惨状时，不但泪下如雨，下令不要追杀，还救起落水的童子军数百人。但是以湘军成分之复杂、之贪婪、之野性，其烧、杀、掳、掠之事非但不是一纸军令所能禁止的，有时，主将甚至会以城破之日允许屠城杀人放火奸掠为诱饵，提前允诺士兵，以使其努力破城。更何况自古有言：钱上赌场不是钱，人上沙场不是人的说法呢！

曾国藩在信中还讲到"惟柔可以制刚很之气，惟诚可以化顽梗之民"。对于一般人际而言，似不失为名言至理。但遇特殊之例，似无暴则无以易暴，无铁石则无以碎顽梗。所以只有一只手的人，似乎总有败劣不敌之处，所以上帝造人都是两只手、两只脚，双目、双耳，大脑只有一个也分为左脑、右脑，心脏一个也分为左心室、右心室，嘴只有一个也必分上下唇……大抵是因为世间的所有人事太复杂，都不可一而论之吧。

信中所言"军装"事，大约是在南京战后，湘军遣散归乡时，要求军人要把军装交回。但有的部队因欠饷无法补发，所以士兵便带走了军装。而在清查哥老会时，凡发现家有军装者便视为会党的证据。

82

致澄弟：教以"四不"解"三危"

〔**提要**〕这是曾国藩在曾国荃南京战后回家养病，应诏复出到剿捻前线作战不利，急于引退时，写给在家的曾国潢的一封家书。主要讲曾国荃这次出山大不顺，一来连吃败仗，损兵折将；二来又与鲍超闹翻了，所以他急于引退，曾国藩认为不合时宜。同时也讲道：他已从剿捻前线回到南京两江总督任上，形势对他也很不利，只能小心谨慎渡过难关。

澄弟左右：

沅弟治军甚不得手。二月十八之败，杏南、葆吾而外，营官殉难者五人，哨勇死者更多；而春霆又与沅弟龃龉。运气一坏，万弩齐发，沅弟急欲引退。**余意此时名望大损，断无遽退之理，必须忍辱负重，咬牙做去。待军务稍转，人言稍息，再谋奉身而退。**①作函劝沅，不知弟肯听否？

处兹乱世，凡高位、大名、重权三者皆在忧危之中。②余已于三月六日入金陵城，寸心悸悸，恒惧罹于大戾。弟来信劝我总宜遵旨办理，万不可自出主意。余必依弟策而行，尽可放心。**祸咎之来，本难逆料，然惟不贪财、不取巧、**

不沾名、不骄盈四者，究可弥缝一二。

三月初七日

【注释品札】

为官于败损之时不可引退

①"再谋奉身而退"句：曾国藩认为曾国荃在最不顺利、名望大损之时引退是最不合时宜的，这表明你的彻底失败。就是真的要退出，也要等到稍事平息之时，再有战功之际退出。哪怕再艰难，也要咬牙挺住。

高位、大名、重权为忧危之源

②"忧危之中"句：这是曾国藩在讲自己从剿捻前线在一片攻击的声浪中回到了南京，不但心惊肉跳，唯恐大祸临头，而且深感高位、大名、权重这三者都是官场忧危之源。而度过"三危"的办法只有不贪财、不取巧、不沾名钓誉、不骄傲自满这"四不"了，还可以挽回一点。尽管许多时候都是祸福难料，但只要做到这"四不"，大概不会有问题。

那么，是不是曾国藩过于胆小了呢？不是的，古代官场上，一个人的沉浮祸咎是没有定律可循的，生死予夺常常是一个人一句话，于喜怒之际便可定夺的。尤其是在外征战之将官，一次败仗，一城一地之失，都有足够的理由被免职、查抄、发配、杀头，甚至诛灭九族的。

银票上的李鸿章像与慈禧赐字、光绪帝赐匾

栋梁华夏资良辅
带砺河山锡大年

1892年，李鸿章七十大寿，慈禧亲书对联贺寿

83

── 致沅弟：教与他人交际当有自省之处 ──

〔**提要**〕这是曾国藩准备离开剿捻前线，即将回任两江总督任上与曾国荃的通信。信中所言三事：其一，商量自己去留之计。自己想辞去钦差大臣与两江总督的实职，但仍留军中当一个"顾问"式的差事，以免回乡与地方官不快，留京养病招谤之弊。其二，准备将两江总督一职让于李鸿章，此人虽非理想中人，但亦无他人可替代。其三，劝他注意调整人我关系，不能老看别人的短处，应多自省。当知天道忌巧、忌盈、忌贰。

沅弟左右：

得初一日寄谕，令回江督本任。余奏明病体不能用心阅文，不能见客多说，既不堪为星使，又岂可为江督？①即日当具疏恭辞。余回任之说，系少荃疏中微露其意。

余仍请以散员留营，或先开星使、江督二缺而暂留协办治军亦可，乞归林泉，亦非易易。弟住家年馀，值次山、小荃②皆系至好，故得优游如意。若地方大吏小有隔阂，则步步皆成荆棘。住京养病，尤易招怨丛谤。余反覆筹思，仍以散员留营为中下之策，此外皆下下也。

弟开罪于军机,凡有廷寄,皆不写寄弟处,概由官相转咨,亦殊可诧。若圣意于弟,则未见有薄处。弟惟诚心竭力做去。吾尝言:"天道忌巧,天道忌盈,天道忌贰。"若甫在向用之际,而遽萌前却之见,是贰也。即与他人交际,亦须略省己之不是。③弟向来不肯认错,望力改之。

十一月初七日

【注释品札】

曾国藩剿捻不利进退两难之际

①"星使""江督":星使即指朝廷使臣。此处专指曾国藩所任钦差大臣职位;江督即两江总督一职。名为两江,实治江苏、江西、安徽三省。

曾国藩与其弟相商,原本接到入京觐见皇上的圣旨,后又收到令其回两江总督的圣旨。他已向朝廷复信,以有病为由要求辞去钦差大臣与两江总督的职务,但仍留在军中以闲职散人视事协助治军。因为回乡退隐并不是容易的事,你在家休养那一段觉得很自在,那是因为湖南的地方官次山与小泉都是与我们交好之人,如果换成不友好的人,那就会处处为难,而去京城赋闲养病则更容易招怨生谤。所以辞职而留在军中是唯一的上策。

清朝官场上的李鸿章"家族"

②"小荃":即李瀚章,合肥人。小泉、筱泉都是此人的字。他是李家老大,即李鸿章的哥哥。李氏兄弟共有四人同时为

李家老大李瀚章

李家老五李凤章

李鸿章（右）和他的儿子

李鸿章的夫人（左一）和女儿（右一）

李家老三李鹤章的书法手迹

官。长兄为李瀚章，出身为贡生、知县，入曾国藩幕府后任粮台，由曾氏举荐，一路升任为湖南巡抚。后又三次任湖广总督，与李鸿章不断地交替易职，后任两广总督，官至兵部尚书衔。

李鸿章，字少荃，李家老二。其父为刑部郎中。其祖先本姓许，后改为李姓。道光二十七年进士，晚曾国藩十年。他的父亲李文安则是曾国藩的进士同年，所以不久，以翰林院编修身份，以同年家子之谊而赴湖南入曾国藩幕府。因受不了曾国藩的严厉管教而离去，跑到安徽团练大臣手下去帮办。后因功升道员，但久不得志，便又跑到曾国藩身边，从曾氏于江西军中。后在安徽祁门大营被困最危难之际，李又离开曾的身边。曾国藩始终任其去留，而心虽不喜其人，但知其可用，所以，在湘军攻克安庆，准备大举东进攻克南京之时，先保荐他为江苏巡抚，后命他兴办淮军，为湘军之一分部，自成一军，终于把他培养成为自己的"接班人"。李鸿章先后有战功于上海、镇江、常熟、苏州、太湖、江浙等地。南京战后，太平天国灭，僧格林沁死，曾调任剿捻前线，李接任曾国藩为两江总督；曾平捻不利，又由李接任曾国藩平灭捻军；后曾在直隶总督任上处理天津教案不利，回两江任上，又由李接任直隶总督任二十八年之久，统湘、淮军旧部，署理江海防，兴办北洋海军。甲午海战，北洋水师覆灭，李被革职，受命赴日本议和。

第二年，李鸿章于日本受刺而伤于面部，签订马关条约，又出使欧美各国。李鸿章后被任命为"直总理各国事务衙门"、武英殿总裁、两广总督等职。八国联军入北京后，李鸿章被任命为议和全权大臣兼直隶总督。李鸿章于光绪二十七年（1901年），呕血死于总理外务部任上，享年七十八岁。《清史稿》称其："独立国事数十年，内政外交，常以一身当其冲，国家倚为重轻，名满全球，中外震仰，近世所未有也。生平以天下为己任，忍辱负重，庶不愧社稷之臣。惟才气自喜，好以利禄驱众，志节之士多不乐为用，缓急莫恃，卒政败误。疑谤之起，抑岂无因哉？"显然，这种盖棺定论，至少是功有所张，过有所隐，但其自曾国藩之后，对于晚清朝政的影响力确是真实的。不过一切唯朝廷之命而已。而清史所乐称之"咸同中兴""同治中兴"，观诸于史，而何兴之有呢？无非苟延残喘而已。

李鹤章，字季荃，李家老三，即李鸿章的弟弟，于同治元年始以知县身份加入淮军，分统一军，因军功升至甘凉道员。同治三年冬，曾国藩调其赴湖北剿捻。不久，李鹤章告假还乡。

李鸿章最小的弟弟叫李昭庆，字子明，号幼泉。一开始在曾国藩的湘军中效力。淮军成立后，曾国藩命他率五营之兵驻守无为、庐江等地。同治四年秋，李昭庆随曾剿捻，为曾国藩总理营务，后受令统帅骑兵近万人为曾国藩剿捻的机动部队。官至记名监运使。

上述李氏兄弟四人在《清史稿》中各有传记。

天道"三忌"，人当自省

③"亦须略省己之不是"句：这是曾国藩在信中劝曾国荃应该学会反省自己的话。信中说：你身为湖北巡抚这样的封疆大吏，自有独立奏事，直接与朝廷通报文书的权利，可是奇怪的是现在凡是有朝廷的文件，朝中都不直接寄给你，而是寄到湖广总督府，由你所弹劾的上司官文处转告你，这还不是因为你在弹劾官文时，连军机处都一起烧进去，得罪了那帮人的缘故吗？但是皇上那里对你并没有见薄处，所以你也不要太以为意。我曾经讲过"天道忌巧，天道忌盈，天道忌贰"，如果

朝廷正在用你之时，你却因小不顺畅便萌生退隐之意，便是二心了。在与他人交际之时，也应该经常反省一下自己的不是才好。你向来不肯认半个错字，你还是要改改这个毛病才行。

自省本是人类所特有的一种天性，是人所独有的一种能力。更何况唯自省者，才有心安，才有长进，才有与他人的和睦相处。否则处处以他人为攻击对象，所有不对都归咎于他人，人何以堪？何人乐与之共事相处呢？而且人一旦学会了遇事怨天尤人，就会放弃了自己的努力，总自以为是怨天尤人者又会有什么长进呢？所以列宁说，人从什么时候认识到了自己的不足，便是走向伟大的开始。我们即使不求其伟大，但总该求得心安、事顺，有所长进吧。所以，人于社会之中，职场之上，总该有一点自省精神为是、为要。

84

致澄弟：教积财积物莫若修家风家教

〔**提要**〕这是曾公在剿捻军旅后期写给二弟曾国潢的信，专谈家务、人情世故。曾家新建家宅的地方在湖南双峰县荷叶镇鳌鱼山下，是曾的第三故居，原名为八本堂，曾纪泽后将其改名为富厚堂。二弟在这里给他发的信收到后，回信告诉他不要让曾纪泽到徐州剿捻大营中去了。因为他接到了圣旨调他回两江总督任上，剿捻的事由李鸿章接替他。并向他解释为什么不往家里多寄钱，因为处乱世中，钱多祸大。家族的兴旺与否，不在财物积累的多少，而在于是否有贤子弟出现。而子弟贤否主要在家风家教。因而他在乡持家，应该牢记祖上遗传的家训，教育好家中子弟。

澄弟左右：

余于十月廿五接入觐之旨，次日写信召纪泽来营。厥后又有三次信止其勿来，不知均接到否？

自十一月初六接奉回江督任之旨，十七日已具疏恭辞；二十八日又奉旨令回本任，初三日又具疏恳辞。如再不获命，尚当再四疏辞。但受恩深重，不敢遽求回籍，留营调理而已。余从此不复作官。

同乡京官，今冬炭敬犹须照常馈送。昨令李蔼汉回湘，送罗家二百金、李家二百金、刘家百金，昔年曾共患难者也。

前致弟处千金，为数极少，自有两江总督以来，无待胞弟如此之薄者。**然处兹乱世，钱愈多则患愈大，**兄家与弟家，总不宜多存现银现钱。每年足敷一年之用，便是天下之大富，人间之大福。**家中要得兴旺，全靠出贤子弟。**若子弟不贤不才，虽多积银积钱积谷积产积衣积书，总是枉然。

子弟之贤否，六分本于天生，四分由于家教。[①]吾家代代皆有世德明训，惟星冈公之教尤应谨守牢记。吾近将星冈公之家规编成八句，云："书、蔬、鱼、猪，考、早、扫、宝，常说常行，八者都好。地命医理，僧巫祈祷，留客久住，六者俱恼。"盖星冈公于地、命、医、僧、巫五项人进门便恼，即亲友远客久住亦恼。此"八好""六恼"者，我家世世守之，永为家训。子孙虽愚，亦必略有范围也。

十二月初六日

【注释品札】

曾氏家族"八好""六恼"的家训

① "子弟之贤否，六分本于天生，四分由于家教"句：曾公认为一个家族是否兴旺，不在财物产业书籍的积累有多少，而在于后代子弟是否贤德能干。而子弟贤否，六分决定于天生，四分决定于后天的家风熏陶、家教有方。曾世家族为此代

代都有家训留存流传。但他认为最有用的是祖父星冈公曾玉屏这一代所留下的家训，尤当谨守牢记。那么，星冈公的家训是什么呢？曾国藩把它归纳为"八好""六恼"。"八好"是：书、蔬、鱼、猪，考、早、扫、宝，这八件事要"常说常行，八者皆好"；"六恼"是：地、命、医理、僧巫、祈祷、久住客这六种人是"六者俱恼"。这"六恼"中地、命二字，大体是指风水先生与算命之人，湖南人称前者为地师。曾氏一家从不信神佛巫医，而且极排斥以药治病，但不拒滋补之物。不但以上五种人入门即恼；就是亲友来久住也不受欢迎。那么，怎么理解"八好"的家训呢？

"八好"的前四者是指读书、种菜、养鱼、养猪；显然是指传统的耕读人家之家风。俗有言"穷养猪、富读书"，养猪、养鱼、种菜为当下生计所必需，而读书则是百年育人之计；而且鱼在乡村有"年年有余"之象征；蔬菜有茂盛之意，喻家门兴旺；养猪不仅可自食，亦可出卖换钱，接济家用。"早"，是指早起，不唯象征"勤"，而且象征一种奋发意志；"扫"，即古人云黎明即起，洒扫庭除意，亦有屋不扫何以扫天下意；"考"是指祭祀祖先，主一个孝字，孝为治家、治国之大端；"宝"是指和睦邻里，他的祖父星冈公便常说"人待人无价之宝也"。由此可见，这不仅仅是一个自给自足的耕读人家的小农之家风，而且是一个以耕、读为基，以礼义为本，有长远之志的家风。曾国藩青少年时代不但深受其教，而于仕途之中深得其益，所以不但自己身体厉行，绝不荒怠，而且念念不忘，以教传子弟勤俭持家、敬恕待人、强毅处世、德才立身、平淡功名、势盛不骄、居安思危，足见其用心之良苦。而且他的父亲也是一个老秀才，在晚年，还手拟一副楹联提醒家风，令曾国藩书写挂在厅堂自勉自励。其联为：

有子孙，有田园，家风半耕半读，但以箕裘本祖泽；

无官守，无言责，世事不闻不问，只将艰巨付儿曹。

而曾国藩不但把祖、父家训归纳为八个字，而且也亲自手书手卷以自勉，教谕子弟。直到晚年，曾国藩于任上还思恋故乡不已，曾写下一首诗以志怀乡之情：

高媚山下是侬家，岁岁年年斗物华。

老柏有情还忆我，夭桃无语自开花。

几回南国思红豆，曾记西风浣碧纱。

最是故园难忘处，待莺亭畔路三叉。

尽管诗中是怀念故乡高媚山下的待莺亭，实际上心中所念仍是那个给他灌注了精神文化乳浆的故园"农家"，这个农家最让他留恋的也许是那浓浓的家风，代代家人吧。

成功者不仁也仁，失败者人也不人

家风的形成，家教的坚守，对于后代的成长至关重要。曾门家风的形成至少是几代人的坚守。曾公出生成长于世代祖居湖南湘乡白杨坪村一户四世同堂的大家庭中。祖父曾玉屏就是一个五六百年以来都以农为生的农家子弟，少年不务正业失学，以为终身之耻，后来发愤农耕治家，渐重于乡里。又与人为善，不断为乡里排忧解难，威重刚直，成为头面人物，十分受大家尊重，遂成为乡绅。长子曾麟书稍长成，便令其读书，去接近文人，曾麟书青少年时代虽刻苦努力，但终不得及第，便在乡中开馆授学。曾麟书的长子曾国藩六岁便入了父亲的私塾。曾麟书于长子亦父亦师，耳提面命，对他寄予极高的厚望。因为曾国藩出生日，他的曾祖父梦见大蟒从天而降。梦中惊醒时家人恰恰来报长孙又添了曾孙。所以家人对他特别青眼相看。再加之他天生坚忍，性格倔强，据说从出生到三四岁间，很少有人能听到他的哭声。三十多岁后，又患上严重的癣疾，癣屑片片厚重，却被附会牵强为龙鳞。所以人们又说他是天上的一条癞龙出世。晚清著名大文人，也是他的幕僚王闿运也说他的面相很不好，按照相法来说，他的面相应当是一副当受大刑而死的苦相，但却得以出将入相，无非是因为他对君父忠心耿耿的缘故吧！

世人的眼光就永远是如此的势利，只要你成功了，不好处也变成了光彩处，就连癣屑都被说成了龙鳞。看来人这一生只可成功，不可成仁啊！你只要成功，不仁也仁；你一旦失败，仁也不仁且人也不人。当然，这只是在讲世人的世俗眼光，事实上成败与人的好坏并没有绝对关系。不过曾国藩确实没让父母祖上失望，在他父亲的晨夕面课，严督苛责下，不到两年便读完五经，七岁开始习八股，准备应考，十三岁就去参加省试。他的父亲应试十七次，到了四十三岁才考为秀才。他十五岁便在长沙府试中考取第七名，在他父亲考中秀才后的第二年，他便考中了秀才，时年二十三岁。二十七岁那年，以会试三十八名、殿试三甲四十二名的成绩，考中进士，二十八岁便入京师翰林院供职。此后步步高升，直到出将入相，不仅光宗耀祖，而且成为中兴名将中的第一人，名扬天下。曾国藩一生之成就除自己一生的力求内圣外王外，也得益于曾祖父、祖父、父母的严格家教；而自己于从政军旅之中，从不忘恪守家风家训，孜孜不倦地教诲诸弟与子侄，而从不姑息迁就，并且亲自拟制了他这一代的"八本家训"：读古书以训诂为本，作诗文以声调为本，事亲以得欢心为本，养生以少恼怒为本，立身以不妄语为本，居家以不晏起为本，局官以不要钱为本，行军以不扰民为本。这既是他的家训，也是他自己的官箴。曾国荃、曾国潢主建新居，以此命名为"八本堂"。

人生成败岂止"六分天生，四分家教"

在曾氏家族的如此家风家教下，不但曾氏兄弟五人皆为一方雄长，一代龙虎风云人物，曾国藩的长子曾纪泽也成为晚清的著名人物，且是绝有骨气的外交家，在慈禧时代弱国无外交的情况下，维护着国家的主权尊严，为国家争回了不少在条约中割让的土地。不仅家族世代兴盛，而且代代都有很出名的男女人物。由此可见曾国藩所说的一个人贤能与否，六分天生，四分家教是很有道理的。所谓天生，无非家族遗传，所谓家教，无非后天习得。

仔细想来，人这一生的德行与成败，岂止是"家教四分"，也许有更大的作用。家教的作用甚至可以改变许多兴衰定律。曾国藩自言官宦之家兴旺最短，耕读之家兴旺最长，但曾氏家族至少四、五代都很有名气，绝对与曾氏的家规、家教、家风有极大关系。现代人言，商贾之家的恩庇荫泽最多三世而绝，但洛克菲勒家族一直延续了六代，直到今日仍旧是六世其昌。读一读老约翰·洛克菲勒写给小约翰的家书就可以感受到了家教对一个家族兴盛周期的影响力了。

⑧5
致沅弟：教困厄之际须坚守
忍、耐、吞、挺四字

〔**提要**〕 该信是曾公在平灭太平天国之后，奉命到山东、河南一带继僧格林沁之后清剿捻军期间，致同在剿捻战场的曾国荃的一封信。当此之时，其弟不唯战事不顺，心亦不顺。曾公便以自身半生不顺而全靠"一味忍耐""打脱牙，和血吞"来挺过的经历劝慰其弟咬紧牙关，徐图自强。并指出："困心横虑"之际，"正是磨炼英雄，玉汝于成"之时。希望其弟振作起来，而不可心灰意冷，萌生引退之意。观曾国藩一生所历诸多磨劫，确是靠一个"挺"字熬过来的。可谓一忍、二耐、三吞、四挺，有此四字，何难能阻，何关不可过？

沅弟左右：

贼已回窜东路，淮、霆各军，将近五万，幼泉万人尚不在内，不能与之一为交手，可憾之至！①岂天心果不欲灭此贼耶？抑吾辈办贼之法实有未善耶？

目下深虑黄州失守，不知府县尚可靠否？略有防兵否？山东、河南州县一味闭城坚守，乡间亦闭寨坚守。贼无火药，素不善攻，从无失守城池之事，不知湖北能开此风气否？鄂中水师不善用命，能多方激劝，扼住江、汉二水，不使偷渡否？少荃言捻逆断不南渡。余谓任逆以马为命，自不肯离淮南北，赖逆则未尝不窥伺大江以南。屡接弟调度公牍，从未议及水师，以后务祈留意。

弟之忧灼，想尤甚于前。然困心横虑，正是磨炼英雄，玉汝于成。李申夫尝谓余恼气从不说出，一味忍耐，徐图自强，因引谚曰："好汉打脱牙，和血吞。"此二语，是余生平咬牙立志之诀，②余庚戌、辛亥间为京师权贵所唾骂；癸丑、甲寅为长沙所唾骂；乙卯、丙辰为江西所唾骂；以及岳州之败、靖江之败、湖口之败，盖打脱牙之时多矣，无一次不和血吞之。弟此次郭军之败，三县之失，亦颇有打脱门牙之象。来信每怪运气不好，便不似好汉声口。惟有一字不说，咬定牙根，徐图自强而已。

子美倘难整顿，恐须催南云来鄂。鄂中向有之水陆，其格格不入者，须设法笼络之，不可灰心懒漫，遽萌退志也。

余奉命克期回任，拟奏明新正赴津，替出少荃来豫，仍请另简江督。

十二月十八夜

【注释品札】

官场成败：人耶？天耶？时耶？势耶？

①"可憾之至"句：曾国藩憾什么呢？

剿灭太平天国后，曾氏兄弟二人本拟议退隐归乡。但南京虽破，太平军尚有大批余部与捻军会合，于湖北、山东、河南等地仍有相当的实力、战斗力。而且太平天国破亡后，捻军成了朝廷的心腹巨患。从咸丰初年时，捻军兴起，主作战于山东、河南、江苏、安徽等地，且波及十余个省区，方兴未艾风起云涌了十几年。

同治三年（1864年）六月，湘军大破南京，红旗报捷于朝中，江南诸督将均大升迁。但同治四年，钦差专责剿捻的蒙古族亲王僧格林沁却在山东曹州阵亡。朝中无人可继其任，此时李鸿章之淮军尚不足以当此。所以非曾氏兄弟莫属。曾国藩虽于南京战后受命剿捻，但并无此准备。尤其是其弟曾国荃虽获攻破南京首功，但无论湘、淮军中，还是朝中大臣，却诽谤、非议、攻击不断。一怒之下，将亲统的二万八千余名湘军尽数解散。而老湘军部分又由左宗棠统带于西北战事。到了此时，曾公只能将南京尚未撤营的四营湘军二千余人，新招二营一千余人，作为亲兵统帅出征。但这部分兵员如此之少，根本无以成为主力，主力已在李鸿章淮军及鲍超的部队五万余人，及李鸿章之弟李幼泉的万余人。由此，曾公虽为统帅，但却指挥调度不灵了。而令曾国藩"可憾之至"的是，当捻军大举东进的时候，以上三军六七万人竟无人阻拦、截击、交战。

由于剿捻战事迟缓，加之很少有人理解，曾国藩所拟定的以"长围圈制"的方式来对付捻军流动性大的骑兵作战方式的战略，因而招致"谤议纷起"。曾国藩压力重重，终于在第二年冬便提出辞职。朝廷顺水推舟，命李鸿章来接替他任"剿捻总指挥"，而命他重回两江总督任上，曾公四次坚辞不就而未获准。此时，至少在军事方面，曾公与湘军均是强弩之末，大势已去。李鸿章与淮军将渐次取代他及湘军的历史地位与作用。

官场功业所成，必得人助、天助，两事缺一不可。人助——上司的信用不疑、自己的能力、努力；核心团队的合力；济济人才的效力；天助——生逢其时，用逢其时，乘得其势——国势、形势、大势、各种不可更改的趋势与时局、事件的变化，在一定条件下，都起影响作用，甚至是支配与决定作用。这当是所谓"谋事在人，成事在天"的唯物解释吧。用曾国藩的话来讲就是"尽其在我，听其在天。"而曾国藩的一生成败得失亦无不与这二者相关。

曾国藩早年得以进士出身，二十八岁跻身翰林，全凭自己的刻苦努力攻读；相继由翰林院庶吉士一步步高升为侍讲、校理、侍读、侍讲学士，亦多凭借个人的修为努力；而于三十九岁由四品一步跃两级升任为内阁学士、兼礼部侍郎衔为二品大员，同年内相继升任礼部右侍郎、未几又兼署兵部右侍郎。又历署刑部、吏部侍郎。则即得益于科举恩师执政大臣穆彰阿的臂助与皇帝的赏识。而其一生功名勋位皆得于太平天国之事起，此为时耶、势耶？而能剿灭太平军者则得益于湘勇、楚勇之奠基者，得助于湘军、淮军一班文武将帅，此亦为人助者。而能独克南京，则得益于太平军内讧之由，否则胜败于何日可分尚不可知。此皆大势使然。至于后来淮军取代湘军，亦由湘军十年征战己师老之势所定；李鸿章取代曾国藩主国四十年亦自然法则之势。皆非人力可挽者。而曾国藩一生功业的关键点则在于他被委任为两江总督、钦差大臣，独自主持东南战局始。此职咸丰帝原本想用胡林翼，但协办大学士肃顺说：不如用曾国藩，如此长江上下游都用得其人了。征求胡林翼意见，胡则说，把此事委于曾国藩一人，江南战事不够他平复的啊！表面上看一人一言定乾坤，而背后则是本人之根本在决定命运。正所谓天道奉行的法则是倾者覆之、栽者培之啊！

官场盛衰、功业成败、一身得失、家国祸福，系由人耶？天耶？时耶？势耶？命耶？运耶？

曾国藩一生立志之诀：一忍二耐三吞四挺

②"此二语，是余生平咬牙立志之诀"句：曾国藩在信中劝他弟弟说：皇帝有谕旨严辞申令要把云梦等三县捻军尽数铲除、寸草不留。我知道你比以前还焦虑急忧万分。然而困心横虑之时，也许正是磨炼英雄，玉汝于成之际。你还是宽心为要。李申夫曾对我说过：我这个人有什么恼气堵心的事，从不说出。只是一味忍耐，徐图自强。并引用一句名谚"好汉打掉牙，和血吞"来说我。这两句话正是我生平咬牙立志之诀，不料被李申夫这人一语道破。

曾国藩一生既官运亨通，又建不世之功业于朝廷。但也没少经历过常人不遇的三灾八难，但都咬牙挺过来了。他一生的成功在于一个"挺"字，挺得起、挺得住。而支撑一个"挺"字的则是忍而不发、耐而不辍、吞而不吐这三根柱子。遇窝火恼气之事，便忍而不发，忍难忍之人之事之气，从不做小不忍而乱大谋之举，一切从战略、从长远考虑；遇多事之秋，遇不顺利处，遇好事坏事，都有一个"耐"字，自言"好从慢处来"，一切求稳妥，既不急功近利，也不心胸狭窄，更不出风头，胜不骄，败不馁，绝不急于表白、不中途而废。多自省自责自慎，而从不怨天尤人，凡事多顺其自然，即使失败降职，也不急，而是"徐图自强"；而实在忍不下，耐不住时，便"吞"下去，装在心里，他信奉"打掉牙和血吞"的是好汉。但他不是天生的圣人，他是从自己生平三灾八难的炉火中练成如此修养功夫的。

曾国藩官场的九大耻辱与劫难

按清史列传所载、史料所记、自我述及的，他一生所经历的耻辱磨炼与劫难大体有以下九桩：

第一桩，京师耻辱。在咸丰即位之初，他应诏上了一道折子，批评吏治，痛陈用人之流弊。咸丰帝朱批："剀切明辨，切中事情，着百日后日讲"。意思是说：说得很明白，切中时弊，让他在百日后日讲。日讲就像今天的讲座一样，皇帝请"专家、学者"，每天上午给他上课。这次还让他准备好，给朝臣们开专题讲座。他有点忘乎所以了，一方面猛批前朝的用人弊端，另一方面极力宣扬他的用人"新政"，一点不知忌讳，一点不懂明哲保身。而且一边讲还一边"板书"绘图，作自己的"课件"。可惜的是他自己都承认，图画得太不成功了，自己都引为一生的"四大堑"之一。结果不但招致大臣、同僚的讥笑，而且还借此引申到批他的"新政"。大家忌妒他的风头，权贵们唾骂他。后来又有攻击时政流弊的奏折上疏，语言都很激烈，虽然咸丰帝并未怪罪他，都没有实行。但却又遭到了士大夫们"谤议横生"的结果。这大概就是他在信中所说的"为京师权贵所唾骂"的缘由吧。

第二桩，长沙唾骂。曾国藩于朝中遇此尴尬境地，便心灰意冷，很感绝望，便想寻机引退。恰好他被派往江西去任主考官。途中闻知其母去世，便星夜回家奔丧。途经武昌时，湖北巡抚来向这位朝中二品大员、副部长级的高干吊唁母丧。他才知道长沙正被太平军围攻。于是绕道回了离别十几年的老家湘乡。湖南既逢此患，又恰好他回家守孝，朝廷便命他就地开办团练乡勇自保地方，抵御太平军的侵犯。因为此时清兵的八旗、绿营都已烂如朽索，无以为用，只有靠地方与民间组织团练、乡勇、私兵来维持局面。各省都如此而行。

尽管他在湖南的士大夫中是当然领袖群伦者，很有威望，但在创办湘军的过程中，与创办湘勇的王鑫及王的上司左宗棠发生了矛盾，左宗棠带头骂他骂得很凶，湖南人也有许多不满意于他。更由于他办湘军重用有才干之人；又自立"审案局"，用重典快速处理地方积案。只此两项便得罪了地方军政两部分官员。任巡抚的行政长官骆秉章认为他多事，因为团练大臣是朝廷命官，不该管地方刑事；而军事地方官提督鲍起豹与副将清德二人忌恨他弹劾自己，便唆使兵变，去围攻他的公馆，并刺伤他的随员、兵丁。而请地方出面解决问题，谁都敷衍他。为了不激化矛盾，他只得退出长沙，去衡阳练兵。

团练初建，需要训练，不可能马上投入战斗。但是在练兵期间，地方人士非议他不出战，朝廷也讽刺他说大话，对他冷嘲热讽，但他的回答却是"与其受大言欺君之罪，不如受畏葸不前之罪"。意思是说：我只能如此，你爱怎么样就怎么样吧。朝廷终于让步了。但地方的非议却无法止息。再加之他出师不利连吃败仗，长沙人对他的态度可想而知。这就是他信中所说的长沙人唾骂他的缘由吧。

第三桩，岳州溃败。咸丰四年（1854年），曾国藩把初经训练的湘军集中到湘潭阅兵：陆军十三营约七千人；水师十营约五千人；其他兵役、水手、工匠、统帅部门人员五千人，全军一万七千人誓师后，分水陆两路进军，讨伐太平军，准备经长沙援武昌，以救南京，通两广、四川。可是没想到刚到长沙，太平军便蜂拥而至，打湘军于措手不及。营官储玫躬先战死于宁乡，接着王鑫、曾国葆、邹寿璋、杨名声四部又大败于岳州。只得退回长沙。这是湘军出师的首败战绩。

第四桩，靖港之羞。岳州败后，兵退长沙。不久太平军攻克湘潭，同年四月，曾国藩亲自率兵攻打靖港，全军大败。曾国藩愤而投水自尽，幸而被部下章寿麟救起。好在水师有湘潭大捷，使其有机会重整军伍。史称此时"人人揶揄之。"但不久又克复岳州，保固湖南，开始进军湖北，攻克武昌。虽然曾连吃两次败仗，但出师不到一年，便平定了两湖，朝廷喜出望外，便封他为巡抚。湘军由此士气大振。

第五桩，湖口之厄。湘军受到朝廷重视，委以重任，便由湖北发兵远征九江、湖口，水师进入鄱阳湖中。对手却是英雄了得的石达开，太平军用土石把湖口堵塞，使内湖与外江隔绝，就把湘军水师拦腰斩断，首尾不能相顾，然后太平军乘小船夜袭湘军船营，到处扔火烧船，连曾国藩的座船都被毁，逃到罗泽南的陆军大营后，又要自杀，被劝阻，才去南昌休整水陆军。而太平军则沿江上溯，三克武昌；湘军名将塔齐布却因久攻九江不下，竟患气脱而死。湘军此时，三军为之夺气。

第六桩，坐困江西。咸丰六年，石达开进犯江西。曾国藩坐镇南昌，却被太平军四面围困，一筹莫展。先后有塔齐布、罗泽南两位湘军著名将领战死。水师统帅彭玉麟"闻江西警，芒鞋走千里，穿贼中至南昌助守"。就连他的弟弟曾国荃也从湖南巡抚骆秉章处借兵从家乡赴江西救援；继而，曾国葆、曾国华在家也坐不住了，拿着父亲的家书到武昌，向湖北巡抚胡翼林处借兵五千赴江西救援其兄，真是应了"打仗亲兄弟，上阵父子兵"的古语。直到湘军水师、陆军各部先后集于江西、攻克九江，湘军才开始重振声威。

第七桩，祁门遇险。咸丰十年，江南大营被太平军攻破，两江总督逃跑被治罪。又逢李秀成攻苏、杭；陈玉成纵横安徽南北。江南战局几乎不可收拾，朝廷此时才下决心把东南战局全部交付曾国藩主宰，任命他为两江总督，加兵部尚书衔，并为钦差大臣。主持东南战局。于是曾国藩派曾国荃率湘军主力去攻打处于长江边上、南京门户的安庆，自己则督师于祁门大营。可是没想到李秀成为解省会安庆之围，却从苏州回师，把祁门大营围困起来，部下劝他移营别处，但他却说：我如果遇险即退，那以后还怎么说话呢？我就是死也要死在这里。他勉力支撑了几个月，心中已经绝望了，在帐中连遗书都写好了。帐中高悬佩刀，不知准备与敌肉搏还是自裁的。太平军几乎把祁门大营攻破，但他终于硬挺了过来。直到曾国荃把安庆攻克，他才把大本营移到安庆。

第八桩，剿捻之挫。南京大捷后，曾国藩于1865年五十四岁之际，接替阵亡的僧格林沁赴山东剿捻。但师出无功，颇遭非议攻击，所以自请辞职。朝廷调他仍回两江任上，派李鸿章接替剿捻。

第九桩，天津教案之谤。曾国藩一生最大的耻辱似乎当数处理天津教案所受到的舆论攻击。同治九年（1870年），天津百姓因谣传迷拐儿童，用儿童的心和眼睛配药，是天主教所为，因而聚众焚烧教堂，把法国领事也打死了。当时正任直隶总督的曾国藩于病中奉旨处理此案，抓捕杀害了几十名国人。于是朝野谤声四起，舆论大哗，说他袒护洋人，被骂为"卖国贼"。甚至在北京的湖南人把他题写的会馆牌匾都砸了。后人称当时国人对他大有"白简纷纷，举国欲杀"之势。而他自己也引咎自责说："内惭神明，外愧清议，聚九州铁不能铸此错。"由于法国的无理外交干涉，致使他虽蒙国骂，也仍迟迟结不了案。于是又惹怒了朝廷，嫌他拘泥，办案不力。趁两江总督马新贻被刺，江督出缺之际，又把他调回了两江任上。而又派李鸿章来接手办案。至于他心中的，精神上的磨劫万千，便更是无以言清了。

同治十一年（1872年）二月初四，六十一岁的曾国藩病逝于两江总督任上，于南京官署书房内端坐三刻而亡。朝廷罢朝三日以吊，追赠太傅，谥号为文正。四月，由其二弟曾国潢与纪泽、纪鸿二位公子扶柩回到湖南老家入葬。《清史稿》为之盖棺定论称其："殆无以过，何其盛与！""中兴以来，一人而已。"

86

── 致澄弟：教乱世安身之策非止辞荣避位 ──

〔**提要**〕这是曾国藩于徐州大营接到圣旨，调他回南京两江总督任上时，写给老家的二弟曾国潢的家书。信中所言主要是工作岗位调动的事，并表示一定要努力辞官不做了，实在是不顺利，处处是不如意之事，何苦日日郁闷，如坐针毡呢？但仅仅离开官场，不要名誉地位，似乎也不是安身立命之良策。晚年的曾国藩似乎始终处于这种矛盾的心态之下，而又能何乐之有呢。

澄弟左右：

正月初六日起行，十五日抵徐州，十九接印。近又两奉寄谕，今回金陵，文武官绅人人劝速赴江宁。申夫自京归，备述都中舆论，亦皆以回任为善，辞官为非。兹拟于二月移驻金陵，满三个月后，再行专疏奏请开缺。连上两疏，情辞务极恳至，不肯作恋栈无耻之徒，然亦不为悻悻小丈夫之态。允准与否，事未可知。

沅弟近日迭奉谕旨，谴责严切，令人难堪。固由劾官、胡二人激动众怒，亦因军务毫无起色，授人以口实；而沅所作奏章，有难免于讪哂者。计沅近日郁抑之怀，如坐针毡之上。

霞仙系告病引退之员，忽奉严旨革职；云仙并无降调之案，忽以两淮运使降补。二公皆不能无郁郁。**大约凡作大官，处安荣之境，即时时有可危可辱之道，古人所谓"富贵常蹈危机"也。**纪泽腊月信言宜坚辞江督，余亦思之烂熟。平世辞荣避位，即为安身良策；乱世仅辞荣避位，尚非良策也。①

二月初五日

【注释品札】

曾氏兄弟为何终未退出官场

①"尚非良策也"句：曾氏兄弟自南京战后，万事不顺，兄弟多次相商退隐全身之道，都无法实现。而且他的亲近部属霞仙、云仙二人也皆大不顺。云仙即郭嵩焘，霞仙即刘蓉。此二人均系曾国藩于青年时代结交的终生挚友。后者官至陕西巡抚，前者成为后来著名的外交家。二人均被革职或降职，而曾国荃又连遭圣旨严厉谴责。自己也因战事不利，被朝廷调转，从平捻前线刚刚回到两江任上，而长子纪泽又来信劝其坚决辞退江督之职。所以他自己也下决心辞职不干了。但深思之余，却认为太平盛世退出容易，只要辞荣避位就是安身之道；而处于乱世之中，仅仅如此，还不是良策。为什么呢？其一，乱世之中，如果没有官位权势兵员，甚至会连自保自卫的能力都没有；其二，乱世之中，山高皇帝远，连小小地方官都敢勒逼甚至杀害朝中退归的大员；其三，乱世之中，掌军之人想退都十分困难，因为还有利用价值；其四，凡有才干之人，很少会有自甘寂寞的，就像山里的花儿，不管有没有人看，有没有夸奖欣赏，尽管什么都不为，它也要一样盛开是一个道理。更何况所有事都是"利害"二字密切相关。

87

致沅弟：教处逆境待悍将
当守"硬"字诀

〔**提要**〕这两封信都是曾公在曾国荃于南京大捷获得天下首功大奖高升之后，连处逆境时给其弟的复信。曾国荃在官场、战场连遭两逆境：其一，弹劾大学士、总督官文引起朝野的强烈反弹，自己也受到弹劾，甚至连南京大捷都受到诸多挑剔攻击；其二，南京战后随曾公赴山东平捻，连吃败仗，大受言路攻击。此二信就是此时曾公劝慰其弟以"硬字诀"来对待的。

沅弟左右：

十八之败，杏南表弟阵亡，营官亡者亦多，计亲族邻里中或及于难。弟日内心绪之忧恼，万难自解。然事已如此，只好硬心狠肠，①付之不问，而壹意料理军务。补救一分，即算一分。弟已立大功于前，即使屡挫，识者犹当恕之。比之兄在岳州、靖港败后，栖身高峰寺，胡文忠在芗山败后，舟居六溪口，气象犹当略胜。高峰寺、六溪口尚可再振，而弟今不求再振乎？

此时须将劾官相之案、圣眷之隆替、言路之弹劾一概不管。袁了凡所谓"从前种种譬如昨日死，以后种种譬如今日生"，另起炉灶，重开世界，安知此两番之大败，非天之磨炼英雄，使弟大有长进乎？谚云："吃一堑，长一智。"吾生平长进，全在受挫受辱之时。务须咬牙励志，蓄其气而长其智，切不可茶然自馁也。

二月廿九日

沅弟左右：

春霆之郁抑不平，大约屡奉谕旨严责，虽上元之捷，亦无奖许之辞，用是怏怏者十之四；弟奏与渠奏报不符，用是怏怏者十之二；而少荃奏省三败挫，由于霆军爽约，其不服者亦十之二焉。余日内诸事忙冗，尚未作信劝驾。向来于诸将有挟而骄者，从不肯十分低首恳求，亦"硬"字诀之一端。②

余到金陵已六日，应酬纷繁，尚能勉强支持，惟畏祸之心，刻刻不忘。

弟信以咸丰三年六月为余穷困之时。余生平吃数大堑，而癸丑六月不与焉：第一次壬辰年发佾生，学台悬牌，责其文理之浅。第二庚戌年上日讲疏，内画一图甚陋，九卿中无人不冷哄而薄之。第三甲寅年岳州、靖港败后，栖于高峰寺，为通省官绅所鄙夷。第四乙卯年九江败后，赧颜走入江西，又参抚、臬；丙辰被困南昌，官绅人人目笑存之。吃此四堑，无地自容。③故近虽忝窃大名，而不敢自诩为有本领，不敢自以为是。俯畏人言，仰畏天命，皆从磨炼后得来。

弟今所吃之堑，与余甲寅岳州、靖港败后相等，虽难处各有不同，被人指摘称快则一也。弟力守"悔"字、"硬"字两诀，以求挽回。弟自任鄂抚，不名一钱，整顿吏治，外间知者甚多，并非全无公道。从此反求诸己，切实做去，安知大堑之后，无大伸之日耶？

三月十二日

【注释品札】

处逆境当守"悔、硬"二诀

①"只好硬心狠肠"句：曾国荃于同治三年（1864年）六月率军独克南京，捣毁太平军大本营"首都"南京后，太平天国即行灭亡。曾氏兄弟均由此大受皇封。同时也遭受到朝野官场乃至湘军内部、地方大员、督师的同忌。所以，曾国荃一为怒不可遏，一为避嫌全身之计，竟将所率湘军数十营悉数解散。并上疏求辞归乡。后任湖北巡抚后，又与顶头上司大学士、总督、钦差大臣、旗人官文不和，竟上疏参奏官文。如此大胆而不顾投鼠忌器之举，大受朝野大员的非议讥讽攻击。自己也受到满人御史的参劾。后虽经朝廷派大员查核官文，以小罪名将其革职，但终是汉人劾旗人，令满族朝官大为不满，也终保官文安全着陆。但曾国荃也因此大伤元气，连曾国藩的威望也下降。

同治四年，专司平捻战事的钦差大臣蒙古族亲王僧格林沁于前线阵亡。钦命曾国藩赴山东前线，坐镇徐州，接僧主持平捻战事。曾国荃随行参战，且连吃两次大败仗，损兵折将。朝野之上交口非议攻击。曾国荃既伤心阵亡将士，又以失败为辱，又有言路弹劾，又忧虑皇帝对他冷淡，压力重重，心灰气馁。所以曾国藩此时的致信都是劝慰他弟弟宽心自安，一意治军，不能气馁的。

信中说：你心绪万端难以自解，我很理解。但事已至此

"只好硬心狠肠，付之不问，而壹意料理军务。补救一分，即算一分。"更何况弟有大功于前，即使屡有失败，有识之人都会有所谅解，不会怎样。与我当年出师不利连吃败仗时的惨状相比，总要好得多了。我都挺过来了，重新振作至今，你就不想振作了吗？到了此时，什么弹劾官文的失败，皇上对你态度的转变，舆论与言官们的攻击，全都不要放在心上，就当死过一次再重生一次。如袁了凡所说：从前种种譬如昨日死，以后种种譬如今日生，另起炉灶，重开世界。安知此两番大败，非天之磨炼英雄，使你大有长进呢？谚语说"吃一堑，长一智"。我生平长进全在受折受辱之时，你务须咬牙励志，蓄气长智，切不可自己泄气。一定要"力守'悔'字、'硬'字两诀，以求挽回。"你自任湖北巡抚以来的廉名、政声、吏治，外间自有公道。只要能守悔字诀——总结经验教训，找出自己的不足，努力改正；守硬字诀——咬紧牙关，腰杆硬起来，挺过去。怎么会知道大失败之后就不会有大作为呢？

遇骄兵悍将须守硬字一端

②"亦'硬'字诀之一端"句：曾国藩部将鲍超，字春霆。与曾国荃、李鸿章、左宗棠等都是独领一军的人物，在中兴名将中很有作为，很有名望。在平捻战事中，屡次受到圣旨的严厉批评，就是打了一次胜仗，朝廷竟无表扬之辞。而曾国荃的上报军情与鲍的报告又有出入；李鸿章的奏疏甚至把别人的失败也归罪到他救援不力，所以很是郁闷不高兴。但曾国藩对此也对鲍心有不悦，所以虽然知道他很不顺不快，但也没有致信相劝。因为有人说他装病闹情绪，所以曾国藩也很生气，以至于在给朝廷的奏折中也没为他正名、张目。但曾国藩后来

接到了鲍的信后，才知道他真的病于军中，心中很是后悔。曾国藩在这里对其弟说：我遇到那些做事总要附带一些条件的傲慢的将领们，从不去俯首迁就他们，这也是"硬字诀"的一个方面。这也是曾国藩以"硬"治军的一个心得。

曾国藩初任两江总督时，清军旧营中的一名悍将划到他的军中。此人以骄傲强悍而多不法闻名，根本不把曾帅放在眼里。曾国藩在一番调研后，把该将传到营中，也不赐座，劈头就是"兴师问罪"，历数他多年于军中不法之行状，把那个悍将吓得汗如雨下，还以为曾国藩这位新任钦差、总督要拿他开刀问斩祭旗慑军呢，从骨子里把他的所有骄横傲慢之气全都吓跑了，马上"俯首称臣"谢罪。但曾公也马上收锋敛气，又鼓励了他一番，让他继续留军效力，但此人恶习难改，终被曾公寻事除掉。这也足见曾公以硬治悍的一斑。

曾国藩终生自惭的"四大堑"

③ "吃此四堑，无地自容"句：曾国藩在前信劝其弟吃一堑、长一智；此信中又举自己一生惭愧的"四大堑"之事例，来劝慰其弟以"硬字诀"渡过难关。那么他一生自惭的"四大堑"都是什么呢？

其一，"县试之堑"：1833年，那一年他二十二岁。他的父亲竹亭公以府试第一名，在湘乡县学考为秀才。他也随父参加县试考秀才。可是不但名落孙山，而且还被提督学政贴出公告，点名批评他的试卷文理浅薄。这对于自尊心极强，又值同学少年风华正茂的曾国藩而言，无疑是一件在乡里间无法见人的奇耻大辱。但曾国藩并不气馁，而是足不出户、苦读经史。一年后二十三岁时，便在县试中考取了秀才。第二年二十四岁时便入岳麓书院，苦心进修，考试经常得第一名，以能诗文而名噪一时。在当年乡试中以第三十六名考得举人。但在二十五岁时去京都会试考进士时又一次落第；二十六岁时在春试会考中又一次落第。回乡后日夜苦读，终不气馁，在二十七岁时去京师会考初试中考中第三十八名；在正大光明殿的复试中得一等；终以殿试三甲四十二名考中进士。从此，步入仕途。

其二，"日讲之堑"：1850年，刚刚三十九岁的曾国藩，从入翰林院的"小干事"起步，历经十一年，便一步步升为二品大员。当年应诏上奏一篇论述"吏治用人"的奏策，大受道光帝的赏识，并诏令请他给朝臣"开讲座"——进行日讲。这一下大出其丑，一边口无遮拦、滔滔不绝，一边"板书"画图。连他自己都认为画得太不堪了。大受朝臣耻笑，且受到权贵的攻击。由此曾令他十分灰心、绝望，但都挺过来了，而且大受教益，既去自是之心，亦增政治智慧。

其三，"靖港之堑"：1854年，咸丰四年，曾国藩以朝官身份指挥刚刚组建不久的地方团练武装力量湘军，离开长沙，水陆并进出境与太平军作战。陆军先在岳州大败，紧接着自己亲自指挥的水师也在靖港大败，自己曾投水自杀，被救起。但自己住在高峰寺，忍受着湖南全省官绅的蔑视、嘲讽，仍旧整顿三军，以利再战。而没有就此半途而废。

其四，"江西之堑"：1855年，咸丰五年，湘军进攻九江大败，厚着脸皮回到南昌。自己打了败仗，却又去参劾江西巡抚、提刑按察使。第二年又被太平军围困于南昌城中困窘不堪。连官绅们来探视慰问时，都带着嘲讽的目光，自己真是无地自容。但他终于挺过来了。等到了湘军各部的救援，渡过了难关，才有后来的打开局面。

致沅弟：教艰危之际要逆来顺受，要撑得住

〔**提要**〕这是曾国藩重回两江任上，给剿捻的曾国荃的家书。信中所言二事：其一，主要谈他与鲍超的事，为他这位已处大不顺的弟弟又无异于瓦上加霜，劝其弟以一个悔字检讨自己，以一个硬字挺过去，自会有所转机。其二，打听左宗棠的战况，因他久已不与左通音信，同时向他推荐在困难之时，多向跟随自己多年极有谋略的"军师"李申夫请教。

沅弟左右：

接李少帅信，知春霆因弟复奏之片"言省三系与任逆接仗、霆军系与赖逆交锋"，大为不平，自奏伤疾举发，请开缺调理。又以书告少帅，谓弟自占地步。弟当此百端拂逆之时，又添此至交龃龉之事，想心绪益觉难堪。然事已如此，亦只有逆来顺受之法，仍不外"悔"字诀、"硬"字诀而已。朱子尝言："'悔'字如春，万物蕴蓄初发。'吉'字如夏，万物茂盛已极。'吝'字如秋，万物始落。'凶'字如冬，万物枯凋。"又尝以"元"字配春，"亨"字配夏，"利"字配秋，"贞"字配冬。兄意"贞"字即"硬"字诀

也。弟当此艰危之际，若能以"硬"字法冬藏之德，以"悔"字启春生之机，庶几可挽回一二乎？①

闻左帅近日亦极谦慎，在汉口气象如何，弟曾闻其略否？申夫阅历极深，若遇危难之际，与之深谈，渠尚能于恶风骇浪之中默识把舵之道，在司道中不可多得也。

三月初二日

【注释品札】

硬字效冬藏之德，悔字启春生之机

① "庶几可挽回一二乎"句：曾国藩从李鸿章处得知，与曾国荃生死与共的患难之交鲍超，因为知道曾国荃上奏把刘铭传与鲍军约期合攻而抢攻先发致败，反由鲍军收拾残局事说成是刘铭传军与捻军任柱部接仗，鲍超军与捻军赖文光接仗的事，认为他表奏不公，心中很是不平，所以上奏自己伤口复发，请辞职休假，并对李鸿章说了曾国荃的坏话。所以便告诉他的弟弟说：你在如此不顺利的时候，又增加了一件和多少年生死弟兄发生矛盾的事，心里一定会觉得很难受。但事已至此，难受也得受，逆来也要顺受。渡过这个难关的办法只有一悔二硬。悔就是要反思自己的不足；硬就是要撑得住。这也是曾氏一贯教导自己子弟的二字诀。

曾国藩还引用朱子的话教其弟如春之悔，如冬之硬。朱子曾经用一个元字配于春，以亨字配于夏，以利字配于秋，以贞字配于冬。我认为贞字就是硬字诀。你当此艰危之际，如果能以硬字法冬藏其德，以悔字以启春生之机，也许还会有所转机。

曾国荃此次自南京战后回乡养病后，重新出山到湖北上任，因弹劾湖广总督、副相爷官文一案，得罪了官文在地方、京中的大批官员，也让朝廷出丑为难，自己也因此而大伤元气；剿捻战事又损兵折将连吃败仗，受到朝野攻击和朝廷前所未有的严厉斥责；再加上鲍超对他的反目怀恨，所以十分艰难。不久便上疏要求回乡养病，朝中便顺水推舟、就坡下驴，让他回乡养病，一养数年，直到光绪元年才让他复出。他终于挺过去了，复出后重得朝廷不断重用，且不断有美政，口碑极好，官至当朝一品、历任巡抚、总督。终得善终于两江总督任上。其后半生结局完全为其兄所料之中。

89

谕纪泽、纪鸿：教待人以谦谨，律己以八德

〔**提要**〕这是曾公在平捻前线时，嘱二子与其母先赴湖北曾国荃处，再至周家口相会的信件。信中主要嘱咐儿子沿途如遇地方官接待，其一，不许收礼吃请；其二，要谦虚礼敬地待人，不要有傲慢之气。同时教二子以他平生所悟之八德来加强自己的修为之功。

字谕纪泽、纪鸿：

顷据探报，张逆业已回窜，似有返豫之意。其任、赖一股锐意来东，已过汴梁，顷探亦有改窜西路之意。如果齐省一律肃清，余仍当赴周家口以践前言。

雪琴之坐船已送到否？三月十七果成行否？沿途州、县有送迎者，除不受礼物、酒席外，尔兄弟遇之，须有一种谦谨气象，勿恃其清介而生傲惰也。余近年默省之勤、俭、刚、明、忠、恕、谦、浑八德，曾为泽儿言之，宜转告与鸿儿，就中能体会一二字，便有日进之象。泽儿天质聪颖，但嫌过于玲珑剔透，宜从"浑"字上用些工夫。①鸿儿则从"勤"字上用些工夫。用工不可拘苦，须探讨些趣味出来。

余身体平安，告尔母放心。此嘱。

济宁州三月十四夜

【注释品札】

聪明人须在"浑"字上用些工夫

①"宜从'浑'字上用些工夫"句：曾公在信中向曾纪泽兄弟讲，自己近年来反省自我修身养心之道，有八德应坚守：勤、俭、刚、明、忠、恕、谦、浑。尤其是纪泽为人太过聪明玲珑，应当在一个"浑"字上用些工夫，否则就容易滑向轻浮。这里的"浑"字当为浑厚、稳健、凝重之意。这也是曾公从小便教导长子纪泽的思想，要他语速不可太轻快，走路要稳健。而对次子纪鸿的要求，则是在"勤"字上用些工夫，但用工不可太拘泥、苦闷，而要寻找一些乐趣出来。这有一些因材施教的味道。

曾公所教之八德："勤"字，无非早起，勤于家事，勤于读书，勤于王事，而不可懈怠懒惰；"俭"字，无非是节俭、朴素，不事铺张、奢侈；刚字，无非要刚强、自强，不能懦弱；"明"字，无非是明德，要懂做人处世的道理；"忠"字，无非忠诚、忠厚，不能做狡猾、奸诈之人，要诚以待人；"恕"字，无非待人要多宽恕理解之心，多自责而少责人，要严己恕人；"谦"字，无非是待人要自谦为怀，不能傲慢待人，不能自以为是；"浑"字，则是要老成、厚道而不轻薄浮躁。

90

—— 谕纪泽：教变柔为刚，化刻为厚 ——

〔**提要**〕这是曾公从徐州平捻前指挥部调回两江总督任上，刚到南京时写给长子纪泽的复信。大概是从来信中听说了许多不愉快的事，尤其是纪泽对左宗棠、沈葆桢二人很不满，所以劝他不要以此为意。要他心胸广大一些。许多事都是传闻而已，他对二人虽也不满，但并无大芥蒂。同时劝纪泽要变柔为刚、化刻为厚，则可终身为用。

字谕纪泽儿：

鸿儿出痘，余两次详信告知家中。此六日尤为平顺，全家放心。

余忧患之馀，每闻危险之事，寸心如沸汤烧灼。鸿儿病痊后，又以鄂省贼久踞白口、天门，春霆病势甚重，焦虑之至。尔信中述左帅密劾次青，又与鸿儿信言闽中谣歌之事，恐均不确。余于左、沈二公之以怨报德，①此中诚不能无芥蒂，**然老年笃畏天命，力求克去褊心、忮心。尔辈少年，尤不宜妄生意气，着不得丝毫意见。切记切记。**

尔禀气太清。清则易柔，惟志趣高坚，则可变柔为刚；清则易刻，惟襟怀闲远，则可化刻为厚。余字汝曰劼刚，恐其稍

涉柔弱也。教汝读书须具大量，看陆诗以导闲适抱，恐其稍涉刻薄也。尔天性淡于荣利，再从此二字用功，[②]则终身受用不尽矣。

鸿儿全数复元。端午后当遣之回湘。

涤生手示　三月廿八日

【注释品札】

有五种人本性难改不能可怜重用

①"余与左、沈二公之以怨报德"句：本信中所提到的左帅、左公都是指左宗棠；沈公、幼丹、幼都是指沈葆桢。这两个人与曾国藩的关系十分微妙。

曾国藩对于这两个人而言，都称得上是老上司、老恩公。这两个人都是曾国藩一路提拔之人，而且二人都有耿直、自大的一面。在他们因此而被朝廷冷落，甚至要严办之时，都是曾国藩出面不止一次向朝廷力保力荐。但二人得意后，都攻击曾国藩兄弟，尤其在关键时刻。其中一次是围困南京时，南京附近的湘军军饷都由江西供应，但沈葆桢到江西后，为自保，在南京湘军最为艰苦时，竟然不顾大局断供军饷。后与曾国藩一直争讼到朝廷派人来调解，各分一半了事。在南京攻克以后，曾氏兄弟一面得了头功，一面大受攻击。而左、沈二人是反对曾氏兄弟最有力的人物。而且平时亦多有攻击性语言。因为二人都是曾的老部下，所以伤害也最大。因此，曾氏一门两代对此二人都恨之入骨。曾国藩尽管对二人也心怀不满，久不与之交通，但也仅此而已，始终以宽厚待之，从不弹劾攻击这两位老下属。这两个人在战场上却也都是战功卓著者。但到了晚年，左宗棠不仅对曾国藩有中肯的评价，而且在曾去世后，对于曾国藩的子女相当关照、爱护，有时都令人十分感动。但不管怎么说，对于左、沈二人对于曾公的"背叛"，人多不齿。

人是最重情义的，人也可以是最不讲情义的。那么是不是人人如此呢？不是的。否则，这个世界就没有人肯去帮人，去扶持人了。但有五种人是永远不会改变本性的：

其一，刚愎自用、自以为是之人。这种人是向来认为自己得到的都是因为自己的能耐，从无感恩之心，更无满足之时；也从来不会尊重别人的意见，也不以感情为主。其二，极端自私心胸狭窄之人。这种人从来就不知道应该为别人考虑一下，如果有一事不合己意，你就是老恩师，他也会骂你，背叛你。其三，功名心太重之人。他踩着梯子上房，上了房便把梯子蹬掉，同时不允许有人在他面前闪闪发光，因为他只希望自己亮。其四，贪鄙之人。这种人收人钱财，便可以放弃一切原则，为人办事，为人消灾，为虎作伥，为此既不怕得罪上司，也不怕别人非议，更不消说你是什么恩师、恩公。因为他不那样做，他无法向行贿送礼之人交代。这就是这种人为公事从不肯出死力，为私事可以出死力且在所不惜的原因所在。其五，势利、现实之人。这种人你有权、有地位、有决定他命运的能力时，他在你面前唯命是从，一旦你失去这些权位时，他马上对你形同陌路，唯恐避之而不及。

不贪则刚，高宽则厚

②"再从此二字用功"句：曾公对纪泽说，你这人天生的禀气太清了。太清纯的人就容易变弱。只有志向高远坚定，才可以变柔为刚。太清纯了就会以己律人，对人太刻薄太苛求，只有襟怀闲远，则可以化刻为厚。我给你起的字为劼刚，就是

怕你太弱。但你天性淡泊名利，这很好。如果再能在变柔为刚、化刻为厚这两件事上下功夫，就可受用终身了。

人这一生，尤其是为官者，千万不可贪人之利，肥己之私，而授人以柄，否则这官就是别人在做了。你就成了别人的奴仆听人指使了。刀把在别人手攥着，你刚得起来吗？什么是厚道、厚诚、厚重？有多大的宽度，多大的高度，就有多大的厚度。做人一要站得高，一要有宽人之心，那么就有厚度了。任何物体不管多长，但没有宽度、没有高度，那就没有厚度。做人又何尝不是如此呢？

⑨1

——— 致沅弟：教及时引退未尝非福 ———

〔**提要**〕这是曾国藩从剿捻前线重回两江任上，写给仍在湖北巡抚任上剿捻前线的曾国荃的家书。所言三事：其一，旱灾遍及江苏湖北；其二，军饷艰难，停止招兵；其三，同意其弟以病为由马上辞职回乡的决定，但只怕不获准，但他没想到的是竟然获准；其四，通报受到其弟弹劾的官文进京后，第一天圣上并未召见，并不见对他怎么好。你所弹劾的都是实事，但朝廷一定会给他留一点面子，因为他是旗人高官。这都是大家有目共睹，心知肚明的事，不过仅此而已。但曾国荃获准回乡一待数年与此事息息相关，无疑是一汉人下官敢弹劾满人的相爷，只有曾国荃敢为此，但亦深受其害。

沅弟左右：

接两函，知贼实已出境，为之少慰。

亢旱不雨，鄂、苏所同。禾稻不能栽插，饥民立变流寇，亦鄂、苏所同也。惟盐河无水，盐不能出场入江；运河无水，贼可以渡运窜东，此则苏患较大于鄂。岂吾兄弟德薄位高，上干天和，累及斯民，而李氏兄弟亦适罹此难耶？中夜内省，忧皇无措。

湖北饷绌若此，朱芳圃之军自可缓招。昨已用公牍咨复，由弟与筱荃会咨韫帅檄停矣。春霆既无治军之望，其军宜全行遣撤。六月告病，七月开缺，弟意既定，余亦不便阻止。**盖大局日坏，气机不如辛、壬、癸、甲等年之顺，与其在任而日日坐针毡，不如引退而寸心少受煎逼，亦未始非福。**①惟余辞江督，筠仙辞淮运司，均不能如愿，恐弟事亦难必允准。

至于官相入觐，第一日未蒙召见，圣眷亦殊平平。弟谓其受恩弥重，系阅历太少之故。大抵中外人心，皆以弟之弹章多系实情；而圣意必留此公，为旗人稍存体面，亦中外人所共亮也。

五月十二日

【注释品札】

曾氏官场落花时节之煎熬

①"亦未始非福"句：尽管中国人总是以"官本位"居上，但自古以来讲"人间五福"从来就没有做官这一项。只是没做过官的总想着做官如何好；其实有多少好处便有多少辛劳苦恼相伴随，这是万事之定律。世间从来没有天上掉馅饼的事，如有，不是陷阱便是毒药；没有免费的午餐，如有，那肯定是死刑犯行刑前的那顿断头饭。"代价"永远是必须支付的，因为世间万事万物无非"交换"二字才得以成立，非"补偿"则无以生存。这是造物先在的规矩。观曾国藩想钻进箱子闭上眼睛之想及此信中"煎逼"二字，可知其真实痛苦之心境。而到了天津教案时乃言肝胆欲裂，实让人对官场中人的落花时节、遭难之时大为怜悯。

92

谕纪泽、纪鸿：教不忮、不求、勤俭、孝友四事

〔**提要**〕这是曾公接旨处理天津教案后，以必死之心以赴时，写给二子的遗嘱，教如何处理一应后事。并以一生之经验、集古圣贤修身之百端千言，唯以不妒、不贪为要。同时教二子持家之道以勤俭、孝友二端为要。并附有不忮、不求二诗于后。鸟之将死，其鸣也哀；人之将死，其言也善。曾公临终前所教子之不忮、不求、勤俭、孝友四事，足可为人平生之鉴。以不忮而求致福，以不求而立高品，以勤俭而免贫困，以孝友以保家祥。人一生如能达有福、品高、不贫、家祥，也自是居至高之境了。

字谕纪泽、纪鸿：

余即日前赴天津，查办殴毙洋人、焚毁教堂一案。外国性情凶悍，津民习气浮嚣，俱难和叶。将来构怨兴兵，恐致激成大变。余此行反复筹思，殊无良策。余自咸丰三年募勇以来，即自誓效命疆场，今老年病躯，危难之际，断不肯吝于一死，以自负其初心。恐邂逅及难，而尔等诸事无所禀承，兹略示一二，以备不虞。余若长逝，灵柩自以由运河搬回江南归湘为便。中间虽有临清至张秋一节须

改陆路，较之全行陆路者差易。去年由海船送来之书籍、木器等过于繁重，断不可全行带回，须细心分别去留。可送者分送，可毁者焚毁，其必不可弃者，乃行带归，**毋贪琐物而花途费**。其在保定自制之木器全行分送，沿途谢绝一切，概不收礼，但水、陆略求兵勇护送而已。

余历年奏折，令夏吏择要抄录，今已抄一多半，自须全行择抄。抄毕后，存之家中，留于子孙观览，不可发刻送人，以其间可存者绝少也。余所作古文，黎莼斋抄录颇多，顷渠已照抄一分寄余处存稿。**此外，黎所未抄之文，寥寥无几，尤不可发刻送人，不特篇帙太少，且少壮不克努力，志亢而才不足以副之，刻出适以彰其陋耳**①。如有知旧劝刻余集者，婉言谢之可也。切嘱切嘱！余生平略涉儒先之书，见圣贤教人修身千言万语，而要以不忮不求为重。②忮者，嫉贤害能，妒功争宠，所谓怠者不能修，忌者畏人修之类也。求者，贪利贪名，怀土怀惠，所谓未得患得，既得患失之类也。忮不常见，每发露于名业相侔，势位相埒之人。求不常见，每发露于货财相接，仕进相妨之际。将欲造福，先去忮心。所谓人能充无欲害人之心，而仁不可胜用也。将欲立品，先去求心。所谓人能充无穿窬之心，而义不可胜用也。忮不去，满怀皆是荆棘；求不去，满腔日即卑污。余于此二者，常加克治，恨尚未能扫除净尽。尔等欲心地干净，宜于此二者痛下工夫，并愿子孙世世戒之。附作《忮求诗》二首录右。

历览有国有家之兴，皆由克勤克俭所致。其衰也则反是。③余生平亦颇以"勤"字自励，而实不能勤。故读书无手抄之册，居官无可存之牍。生平亦好以俭字教人，而自问实不能俭。今署中内外服役之人、厨房日用之数亦云奢矣。

其故由于前在军营、规模宏阔，相沿未改，近因多病，医药之资漫无限制。由俭入奢易于下水，由奢反俭难于登天。在两江交卸时，尚存养廉二万金在。余初意不料有此。然似此放手用去，转瞬即已立尽。尔辈以后居家，须学陆梭山之法，每月用银若干两，限一成数另封秤出，本月用毕，只准赢余，不准亏见。衙门奢侈之习，不能不彻底痛改。余初带兵之时，立志不取军营之钱以自肥其私，今日差幸不负始愿。然亦不愿子孙过于贫困，低颜求人，惟在尔辈力崇俭德，善持其后而已。

孝、友为家庭之祥瑞，④凡所称因果报应，他事或不尽验，独孝、友则立获吉庆，反是则立获殃祸，无不验者。吾早岁久宦京师，于孝养之道多疏，后来辗转兵间，多获诸弟之助，而吾毫无裨益于诸弟。余兄弟姊妹各家，均有田宅之安，大抵皆九弟扶助之力。我身殁之后，尔等事两叔如父，事叔母如母，视堂兄弟如手足，凡事皆从省啬，独待诸叔之家则处处从厚，待堂兄弟以德业相劝，过失相规，期于彼此有成为第一要义，其次则亲之欲其贵，爱之欲其富，常常以吉祥善事代诸昆季默为祷祝，自当神人共钦。温甫、季洪两弟之死，余内省觉有惭德，澄侯、沅浦两弟渐老，余此生不审能否相见。尔辈若能从"孝""友"二字切实讲求，亦足为我弥缝缺憾耳。

【附诗二首】

不忮诗

善莫大于恕，德莫凶于妒。妒者妾妇行，琐琐奚比数。己拙忌人能，己塞忌人遇。己若无事功，忌人得成务。己若无党援，忌人得多助。势位苟相敌，畏逼又相恶。己无好闻望，忌人文名著。己无贤子孙，忌人后嗣裕。争名日夜奔，争利东西骛。但期一身荣，不惜他人污。闻灾或欣幸，闻祸或悦豫。闻渠何以然，不自知其故。尔室神来格，高明鬼所顾。天道常好还，嫉人还自误。幽明丛诟忌，乖气相迴互。重者灾汝躬，轻亦减汝祚。我今告后生，悚然大觉寤。终身让人道，曾不失寸步。终身祝人善，曾不损尺布。消除嫉妒心，普天零甘露。家家获吉祥，我亦无恐怖。（右不忮）

不求诗

知足天地宽，贪得宇宙隘。岂无过人姿，多欲为患害。在约每思丰，居困常求泰。富求千乘车，贵求万钉带。未得求速偿，既得求勿坏。芬馨比椒兰，磐固方泰岱。求荣不知厌，志亢神愈忕。岁燠有时寒，日明有时晦。时来多善缘，运去生灾怪。诸福不可期，百殃纷来会。片言动招尤，举足便有碍。戚戚抱殷忧，精爽日凋瘵。矫首望八荒，乾坤一何大。安荣无遽欣，患难无遽慼。君看十人中，八九无倚赖。人穷多过我，我穷犹可耐。而况处夷途，奚事生嗟忾？于世少所求，俯仰有馀快。俟命堪终古，曾不愿乎外。（右不求）

六月初四日

人生求尊严何以至此?

①"刻出适以彰其陋耳"句：曾国藩在遗嘱中要求儿子不要把他早年所做之古文刻印送人。说那都是少年时努力不够，只唱高调而才力不及的作品，让人看见只能见笑于人，自曝其丑。这既可以看出他的自谦，也可以看出他一生把声名、尊严看得多重要。岂不知小孩子露屁股并不算其丑。左宗棠曾经攻击他虚伪。其实虚伪与虚伪有所不同。曾公之"虚伪"已非为一己之名，实为苛薄于已而已。人为求一名，为保尊严，自掩其丑而彰其美，至少不在恶列。总强似那些厚颜无耻以丑为美之人。

造福去忮心，立品勿贪求

②"而要以不忮不求为重"句：忮为忌妒之心，求为贪求之义。下文中的"穿窬"为鸡鸣狗盗、投机钻洞之义。曾公教子修身最重要的就是不生忌妒之心，不起贪求之意。所谓仁义二字无非是不忌妒、不生害人之心，便是大仁了；不生穿窬之心，不贪求财物功名便是大义了。如果"忮不去，满怀皆是荆棘；求不去，满腔日即卑污。"也就是忌妒他人者如怀抱针刺，何来心安快乐可言；贪求财物名利不止，尤如泥漫水中，无日不污。人到无求品自高，而贪求不止者不但人高尚不起来，处处低人一等，时时猥琐可憎，而且哪来快乐可言？见他人日进斗金、连中三元、好事不断，千万别生怨毒忌恨，总想掠人、坏人之美，有道是临渊羡鱼，不如退而结网。而名利财

物以天下之丰盈，一己之得究属一瓢，而无所谓多少大小，够吃够喝足矣。不处于一般的水平线以下便是福分。更何况树大招风，谤随名至，水涨船高，厚藏诲盗，名利所积过多，谁知道何时会祸从天降呢？

以勤俭致不贪而无须富贵

③"其衰也则反是"句：曾公教子历览国家兴衰，都是由勤俭还是懒奢而致。治国如此，治家也如此。富贵者能持以勤俭，自是可得长久，有道是细水长流，坐吃山空。而贫寒之门能以勤俭二字持家，自有丰足之时，人不是为贫困而生的，所以曾公说：我虽然要你们勤俭，但也不愿意你们过于贫困，因为贫穷到只有低声下气地去求借于人才能生存，那也是很难堪的。正为此，才需要勤俭为本，才得以长久。

败家者多祸起萧墙内

④"孝、友为家庭之祥瑞"句：曾公教子说，一家之内上孝长辈，兄弟友爱，全家和睦，这是一家之福。人们所说的种种因果报应中，只有孝友二字最灵验。家和万事兴，只要家庭内部团结和睦，马上便有吉庆兴旺气象，否则便有祸患发生。观古今无论高贵贫贱之家，祸患多由内起。所谓败家者则多由不肖之子孙，或内生嫌隙争斗之二由而起，正所谓"祸起萧墙内"。萧墙即古庭院中门口处的照墙，代指家门之内。

慈禧太后

慈安太后

同治帝

恭亲王

同治初年的权力中心四驾马车

法国画报1864年版刊载的恭亲王同英法联军代表
会签《北京条约》情形的铜版画

慈禧像　　　慈禧亲笔书写的罢免恭亲王的懿旨手迹，
就是这道手谕把恭亲王踢出了权力中心

恭亲王（左二）以养病为名赋闲情形

协助曾国藩处理天津教案的崇厚（左）与丁日昌（右）

英国使团船只到达天津口岸

曾国藩晚年像

曾国藩塑像

曾国藩六十大寿时，皇家赐予的匾

曾国藩教子弟的家训手迹

93

谕纪泽、纪鸿：教以数十年人世之得的 "四大遗训"

〔**提要**〕1871年11月3日，是曾国藩六十大寿的日子。这天同治帝御赐"勋高柱石"匾额以贺寿。在之后的24日，曾公又亲自作家训日课四条，记于日记中，并分寄其弟与二子、诸侄，以期自惕并与子侄共勖。这四条日课是：其一，慎独则心安；其二，主敬则身强；其三，求仁则人悦；其四，习劳则神钦。作此四条日课，当是曾公于六十大寿之际，总结回顾自己一生修身治家、宦海生涯的经历之经验体悟，大多儒家修、齐、治、平之道。至今读来仍大有教益。这篇日课四条，相当于曾公留给子弟们的最后遗训。该信大体先为日记，后由曾公分抄分寄二子、诸弟及诸侄。因此，版本文字大同小异。

字谕纪泽、纪鸿儿：

一曰慎独则心安。

自修之道，莫难于养心。①心既知有善，知有恶，而不能实用其力，以为善去恶，则谓之自欺。方寸之自欺与否，盖他人所不及知，而己独知之。故《大学》之"诚意章"两言慎独。果能"好善如好好色，恶恶如恶恶臭，力去人欲，以存天理"，则《大学》之所谓"自慊"，《中庸》之所谓"戒慎""恐惧"，皆能切实行之。即曾子之所谓"自反而缩"，孟子之所谓"仰不愧""俯不怍"，所谓"养心莫善于寡欲"，皆不外乎是。故能慎独，则内省不疚，可以对天地，质鬼神，断无行有不慊，于心则馁之时。人无一内愧之事，则天君泰然，此心常快足宽平，是人生第一自强之道，第一寻乐之方，守身之先务也。②

二曰主敬则身强。

"敬"之一字，孔门持以教人。春秋士大夫亦常言之，至程、朱，则千言万语不离此旨。内而专静纯一，外而整齐严肃，敬之工夫也。出门如见大宾，使民如承大祭，敬之气象也；修己以安百姓，笃恭而天下平，敬之效验也。程子谓"上下一于恭敬，则天地自位，万物自育，气无不和，四灵毕至"。聪明睿智，皆由此出。以此事天飨帝，盖谓敬则无美不备也。③吾谓"敬"字切近之效，尤在能固人肌肤之会、筋骸之束。庄敬日强，安肆日偷，皆自然之征应。虽有衰年病躯，一遇坛庙祭献之时，战阵危急之际，亦不觉神为之悚，气为之振，斯足知敬能使人身强矣。若人无众寡，事无大小，一一恭敬，不敢懈慢，则身体之强健又何疑乎？

三曰求仁则人悦。

凡人之生，皆得天地之理以成性，得天地之气以成形。我与民物，其大本乃同出一源。若但知私己而不知仁民爱物，是于大本一源之道已悖而失之矣。至于尊官厚禄，高居人上，则有拯民溺、救民饥之责。读书学古，粗知大义，即有觉后知、觉后觉之责。④若但知自了，而不知教养庶汇，是于天之所以厚我者辜负甚大矣。孔门教人莫大于求仁，而其最切者莫要于"欲立立人，欲达达人"

数语。⑤立者，自立不惧，如富人百物有馀，不假外求。达者，四达不悖，如贵人登高一呼，群山四应。人孰不欲己立、己达？若能推以立人、达人，则与物同春矣。后世论求仁者，莫精于张子之《西铭》，彼其视民胞物与宏济群伦，皆事天者性分当然之事。必如此，乃可谓之人；不如此，则曰悖德、曰贼。诚如其说，则虽尽立天下之人，尽达天下之人，而曾无善劳之足言。人有不悦而归之者乎？

四曰习劳则神钦。

凡人之情，莫不好逸而恶劳，无论贵贱、智愚、老少，皆贪于逸而惮于劳，古今之所同也。人一日所着之衣、所进之食，与一日所行之事、所用之力相称，则旁人赪之，鬼神许之，以为彼自食其力也。若农夫织妇，终岁勤动，以成数石之粟、数尺之布；而富贵之家，终岁逸乐，不营一业而食必珍馐，衣必锦绣，酣豢高眠，一呼百诺，此天下最不平之事，鬼神所不许也，其能久乎？古之圣君贤相，若汤之昧旦丕显，文王日昃不遑，周公夜以继日，坐以待旦，盖无时不以勤劳自励。《无逸》一篇，推之于勤则寿考，逸则夭亡，历历不爽。**为一身计，则必操习技艺，磨炼筋骨，困知勉行，操心危虑，而后可以增智慧而长才识。为天下计，则必己饥己溺，一夫不获，引为余辜。**大禹之周乘四载，过门不入；墨子之摩顶放踵，以利天下，皆极俭以奉身，而极勤以救民。故荀子好称大禹、墨翟之行，以其勤劳也。

军兴以来，每见人有一材一技、能耐艰苦者，无不见用于人，见称于时；其绝无才技、不惯作劳者，皆唾弃于时，饥冻就毙。故勤则寿，逸则夭。勤则有才而见用，逸则无能而见弃。勤则博济斯民，而神祇钦仰；逸则无补于人，而神鬼不歆。是以君子欲为人神所凭依，莫大于习劳也。⑥

余衰年多病，目疾日深，万难挽回。汝及诸侄辈，身体强壮者少。古之君子修己治家，必能心安身强，而后有振兴之象，必使人悦神钦，而后有骈集之祥。今书此四条。老年用自儆惕，以补昔岁之愆，并令二子各自勖勉。每夜以此四条相课，每月终以此四条相稽，仍寄诸侄共守，以期有成焉。

同治十年十一月

【注释品札】

曾国藩"三治两守"的治心之道

①"莫难于养心"句：曾国藩在临终四训的第一条"慎独"中的第一句便是"慎独则心安。自修之道，莫难于养心"。为什么而难呢？因为人有"自欺"的弱点。虽然心知善恶、心知肚明，但并不能倾其全力从善去恶。而人是否自欺，他人并不知道。所以孔子的大学篇诚意章中两次讲到了"慎独"。也就是人应该在无他人知晓的情况下，仍能奉行善德而无丑恶之行，这才是"养心"的真功夫。

曾国藩一生重养心，在日记中及他处不止一次地讲过"心"的作用："内心超人一等，一定能防人十招""人活一世，内心守约""欲为天下大事，须有容纳天下之心""内心浮躁，无法成大事""吾独心为最大乐趣""吾治心有道，故有不惧之气"。那么曾国藩的"治心有道"的"道"在何处呢？他认为要把治心、治身、治口结合起来，然后以礼守教，以乐守和，则可内外兼治。我们姑且把它简称为"三治两守"。

其一，治心之道——"治心之道，先去其毒，阳刚曰忿，阴恶曰欲"。就是说治心的办法首先应去掉心中的毒素。那么，人心中的毒素有哪些呢？有两种：外在的毒是种种忿怒；内在的毒是种种私欲。所以曾国藩教其子弟，多是待人处世以"制怒"为要，律己修身则以节欲为先——种种欲望都要节制，要以一个"淡"字处之，以一个"顺"字得之。"淡"就是不要太看重、太急切，"顺"就是顺其自然、顺应潮流、顺人应天、不拂人意、不违大势。

其二，治身之道——"治身之道，必防其患，刚恶曰暴，柔恶曰慢"。什么意思呢？就是说：治身的方法一定要防患于自己行为的过与不及。人刚烈过度了就是暴躁，所以刚烈之人一定要忌暴；人太柔和了，就近于懦弱迟钝，所以柔和之人一定要忌慢。

其三，治口之道——"治口之道，二者交惕，曰慎言语，曰节饮食"。也就是说：治口的办法有两条，一个是说话要谨慎，一个是饮食要节俭，这两条要相互惕厉。

那么，怎样才能达到这"三治"的结合呢？曾国藩说："凡此数端，其药维何？礼以居敬，乐以导和"。意思是说：这些毛病的治疗要用什么药呢？一个是"礼"，一个是"乐"，只有以礼守敬，以乐导和，只有礼敬和顺才能有效地达到"三治"结合，一个人才能内外兼修，内有美德，而外有美好的仪表气质。"容在于外，实根于内。"而这一切都是以心为根本的，心中有美好的东西，美好的德行，你的举止言谈中才会表现出美好。

扛着"名心切""俗念重"
两副枷锁走过忧患一生的曾国藩

曾国藩之所以处处以治心为本，除了归心于儒学、程朱理学之外，很重要的还在于他在几十年的军旅仕途生涯中经验教训的切肤之痛。他总结自身一生之忧患基本上始于"名心切"与"俗念重"两端。所谓"名心切"就是太以功名、名望、虚荣为重。生死可不计，一名不可损；财物可不图，事功不可无；寝食皆可废，修学不能辍。

而所谓"俗念重"，就是家庭观念太深，祖上、父母、兄弟、儿女，无所不牵系到极致，要关心到每一个人。连亲友、乡谊也一刻不能忘。不想忽略任何人。

功名、地位、声望、家庭、亲友、学问、自修，他一个都不想放弃，自己怎么辛苦都无所谓。一切为了全面实现立功、立德、立言这"三不朽"。也许正是为了家国忠孝两全，五伦俱不失丧，"三不朽"无一有亏，所以必然要拼得一生的辛苦，一生的忧患吧。他就是在一路扛着自己所说的"名心切"与"俗念重"这两副沉重的精神枷锁，走过了自己62年的人生。也许正为此，教人无以论其是非，无以定其功过，无以评价其值与不值。

曾国藩一生看似英雄、辉煌，实则最为苦辛，终生忧患不已。读其生平传略只看他的功业、学养、名位、声望，有如日之升——步入天堂之感；可是通读他的百万言家书，进入他的内心世界，则有步履沉重、万劫不复的沉溺感，我不下地狱谁下地狱的煎熬感。赵焰先生在他的大作《晚清有个曾国藩》的后记中，这样写下了自己在阅读曾国藩的文书、奏折、日记、书信时的心情："这样的方式，仿佛让我经历了一次严冬的游历，在北极的荒原上，我孤身一人，去触摸埋在冰层下的地壳。当我终于完成这本书时，我就像从一口千年深潭中爬上岸，浑身透湿，瑟瑟颤抖。"我相信他的感觉是准确的，是毫不夸张的。

人无内愧为守身第一要务

②"守身之先务也"句：曾国藩的"四训"之首便是"慎独则心安"。认为一个人只有在他人所不知不见的情况下仍旧坚守做人的准则，无一内心愧疚之事，这是"人生第一自强之道，第一寻乐之方，守身之先务也"。这是最明白不过的道理，不用做任何解说，其理自明。

在这一段里，曾公论述了为什么要"慎独"。他讲道：一个人如果心中明知善恶之所在，而不能尽力地为善去恶，这就是《大学》篇诚意一章中所讲的"自欺"。但人是否"自欺"只有他自己知道。所以，《大学》诚意一章中两次谈到了"慎独"。

那么"诚意"一章中是怎样讲的呢？开宗明义的第一句就是："所谓诚其意者，勿自欺也。如恶恶臭，如好好色。此之为自谦。故君子必慎其独也"。意思是说：求诚意的人万不可自欺。如果能够像对待恶臭那样对待丑恶，把它去掉，像对待美色那样去喜欢，这种心性才算是没有缺点了。所以君子一定要在别人不知道的情况下，一个人独处独行时，也十分谨慎自己的行为是否有亏心见不得人处。接下来又讲道：小人在独处时以为别人看不见，就放胆做坏事；可是一见到君子却假装出为善的模样，殊不知别人早已看到他心肺般地知道真实的情况了。因为人做了坏事，一定会心虚，外面一定会表现出来的，是掩盖不住的。所以，"君子必慎其独也"。以上就是曾公信中所讲的"两言慎独"。

曾公在这一段接着讲道：《大学》里所说的自省，《中庸》里所说的戒慎恐惧，曾子所说的自我反省收敛，孟子所说的仰不愧于天，俯不怍于地，所谓养心莫过于节制自己的欲望，都是这个慎独心安的道理。所以，人如果能做到慎独，自己反省时无愧疚之事，绝不会有无所悔愧之事，就能总是理直气壮。所以"人无一内愧之事，则天君泰然，此心常快足宽平，是人生第一自强之道，第一寻乐之方，守身之先务也。"这当是一个人养心守身的名言，人只要无愧于人、无愧于心，自得心安，自得泰然无惧，自得刚强，自得心情快乐宽平。

恭则四灵毕至，敬则无美不备

③"盖谓敬则无美不备也"句：曾公教子第二条便是"主敬则身强"。这一段讲道：人能够做到内心专静纯一，外表整齐严肃；出门如见贵宾，役使百姓像恭敬祖先神仙一样，内心严守自律而让百姓安定各得其所，自己恭顺而使天下太平，这就是一个"敬"字的功效。所以程子说：上和下睦如一体在于恭敬，能如此，则天地自主运行；万物自我繁衍成长；四时节气风调雨顺，阴阳上下没有不调和的；传说中的龙凤龟麟这四种吉祥物便都会一齐降临，而且人的聪明智慧也都由此而出。能以一个敬字，事奉上天，祭祀天帝，也是"无美不备"的。

仔细想来，一个人在社会生活中待人处世，能奉以恭、敬二字，那么，所得何止于"身强"。恭者为不拂逆人意，为顺于人也；敬者为不骄不慢于人，礼下于人也。敬人者人恒敬之；顺人者人恒顺之。礼尚往来，人之常情，正所谓春风换秋雨，投桃得报李是也。即使无所换、无所得，则愈显你修养高人一筹，何敬而不为呢？自古以来，恭敬二字自是致祥和远伤害之小节大道。这也许正是曾公所言之敬则"四灵毕至""无美不备"的意思吧。

竞选成功者往往不是最强的人

④"即有觉后知、觉后觉之责"句：这是曾公在该信第三条"求仁则人悦"中的一句话。一个人的成功与否不只在于你才能的大小，而在于大家喜欢你还是讨厌你。所以西方人说：竞选成功的人往往不是最强的人，而是各方面非议最少的人。对政治而言是得民心者得天下；对于个人成败得失而言，也同样取决于人际的认同、认可。也就是说你得能够取悦于人才行。许多人都有一种人际反动心理：你不喜欢我？我还不喜欢你呢。这不过是庸人之见，所以天下人便永远多庸人。

那么曾公是怎样教谕他的子弟们呢？他说：一个人得有爱他人，顾他人，为他人着想之心，才能让人高兴，让人喜欢你。尤其是那些高官厚禄、通达得第之人，如果只知道顾自己，那就是辜负了上天对你的厚待。就是读书学理也同样。你先知道了道理，但不能忘记也要让他人知道这个道理的责任。

己欲立欲达，必先立人达人

⑤"而其最切者莫要于'欲立立人，欲达达人'数语"句：这也是曾公第三条中的一句话。曾公说孔夫子教导做人的

道理没有大过"求仁"的；而一个"仁"字最要紧的又莫过于"立人达人"这几句话。也就是说，天下人没有不想"站得住"（立）和"行得通"（达）的。所以，你自己想要站得住，那你也得先考虑到让人站得住。否则你推我下水，我就把你也拖到泥里去。你自己要想行得通，那么也一定要先想到让别人行得通。否则，你堵住我的路，我便拆你的桥。这与黑格尔的自己活，也要让人活的哲学命题大体相通。宋朝的张载也在《西铭》中讲过：只有爱惜百姓事物，把救济众生视为己任的，才能称之为人；否则，只考虑自己的，便是贼。一个人如果能够广立于人，广达于人，而又不炫耀自己劳苦行善，那么天下人还有不乐于归心于你的吗？

以劳苦自济济人可得人神共钦

⑥"莫大于习劳也"句：这是曾公此信第四条"习劳则神钦"中的一句话。曾公说：人没有不好逸恶劳的，古今所同。不过人的耗用与所付出的劳动相称，则人神都予以认同。但那些不劳而获者，不仅衣锦绣而食美味，且一呼百诺，颐指气使，"此天下不平事，鬼神所不许"，怎么能长久呢？所以他劝谕自己的子弟"为一身计，则必操习技艺，磨炼筋骨，困知勉行，操心危虑，而后可以增智慧而长才识。为天下计，则必己饥己溺，一夫不获，引为余辜"。要他的子弟们向那些"极俭以奉身，而极勤以救民"的先贤们学习，要努力提高自己的才技，要做到勤而有才，不仅要独善其身，而且要有兼济天下之心。如果能做到这一点，那么，无论人与神都会依靠你、扶持你的。

官可为而不可为者三，官场可居不可久居者三

官可为，不可人人而为之；官场可居，不可久居之。

官可为者三：其一，自可抒平生之抱负，天下无以比此平台为大；其二，自可少一个坏人当途而造福一方；其三，自可免历平民生存之不易。

不可为者亦有三：其一，正直之人而又不想改变自己者不可为；其二，以做事为中心以问题为中心而不晓变通之人不可为；其三，刚硬强项而不肯屈己附和之人不可为。

官场可居者有三：其一，自下循阶而上，再居高临下，自可横竖洞烛世间一切，以此而不虚来兹世一回；其二，凡入官场者无论优劣，必有一不同常人之处，与形形色色人等打交道，自会领略种种手段，自可补一己之缺；其三，官场为社会之中枢，网通天下，自可培植天下之眼光，天下之胸襟。亦可满足人皆有之的虚荣之心。

官场不可久居者亦有三：其一，官职乃社会公职，公职乃是人人巴望的职位，一个人占位时间久了，自会惹起公愤；官场为名利场，天下人谁不为名利而往来？其二，官场险恶，穷达福祸无常却多虚无身外之物，常在河边站，怎能不湿鞋？开场容易收场难，上台容易下台难，何不见好就收，高潮勇退？自己笑傲江湖挥手告别，总强似被赶下台光彩。其三，江山代有才人出，任何人的能力、精力、体力都是有限的，官场居久了，既误事也误人更误己，三思此三误，而何苦恋栈？更何况新陈代谢乃是早晚必归的自然法则，瓜熟不早卖，烂时谁堪摘？

古有三不朽之说，这正是曾公一生追求不舍的，但他的立

功、立德今人谁曾见过？唯其立言致其于今不朽已二百年整，为我们记下了他几十年的痛苦心路，也许会让记取的人们由此而少历许多痛苦；让我们得窥他艰难的官路、心路，也许会令记取的人们，由此而不再去步他的后尘。